小倉金之助

生涯とその時代

阿部博行

小倉金之助——目次

暗い谷間の中で（一九三七—一九四五）

戦　後（一九四六—一九六二）

凡例

一、引用文・書名等の旧漢字は、すべて現行表記に改めた。

二、引用文中、旧仮名表記と新仮名表記の不統一な箇所は、旧仮名表記に統一した。句読点の欠落・不備な箇所はあえてそのままにした。明らかに誤りと思われる語には（ママ）を傍記した。

三、年号は西暦年号を原則とし、元号との併記は最少限にとどめた。巻末の「年譜」に西暦年号と元号を併記したので参照されたい。

四、本文中の著作の著者、発行所名、発行年は巻末の「主要参考文献」に一括して掲げた。論文等の出典は、本文の初出箇所にのみ記載した。

五、本文の章立ては『数学者の回想』にならった。

幼少の頃（一八八五―一九〇二）

一　幼少の頃の酒田

けふのこの日アインシュタイン生れいでマルクス逝ける三月十四日（一九五四年）

小倉金之助は一八八五（明治18）年三月十四日、山形県飽海郡酒田町船場町百九十番地に廻漕問屋の長男として生まれた（ただし、小学校の卒業証書等ではなぜか一八八四年七月となっている）。

小倉家は青森の廻漕問屋小倉十兵衛の船長だった青森県人の曾祖父金蔵が、たびたび酒田に航海しているうちに永住を決意、十兵衛の分家となり廻漕業を営んだことから始まる。天保の頃である。金蔵は一八三七年、酒田今町の永井周治の二女菊を妻としている。青森港有数の問屋伊東善五郎家の客船帳には、天保年間の青森港出入船の中に船主として、羽州庄内酒田小倉屋金蔵の名がある（『加茂港史』）。

二代金蔵（1842-1912）
金之助の祖父

曾祖父には子がなく（と『数学者の回想』〈以下『回想』〉にあるが、小倉家の墓石に刻まれている栄作は金蔵の息子である。栄作は一八六九年一月、三二歳で死亡している）、青森の本家の親戚にあたる酒田船場町松谷藤右衛門二女志賀を養女とし、自分のところで使っている船長の青森県人吉蔵（一八七九年家督をつぎ、金蔵と改名）を迎え、養子夫婦にした。これが金之助の祖父母である。しかし、祖父母にも子がなく、酒田郊外の鵜渡《うど》川原《がわら》村の農家岩本金五の二女里江を養女とし、これに店の番頭、酒田の商家富樫長兵衛二男末吉を聟養子にした。

父末吉は一八八六年、妹倉代が生まれると病死した。金之助は一八八七年、承祖孫となった。母里江は一八八九年、金之助四歳（以後、年齢はすべて満年齢とする）の時、店の番頭をしていた酒田浜町遠田半右衛門六男末吉を新たに夫に迎えた。この年、青森県東津軽郡野田村の藤田家から金之助より九歳年長の養子がきた。それで、金之助の廃嫡願が出され、養子が嗣子となった。しかし、一八九一年離縁となり、藤田家にもどっている。

一八九一年、末吉・里江夫妻は祖父母との折り合いが悪く、妹倉代をつれて酒田稲荷小路に分家した。分家後に生まれた金之助の異父妹泰は、金之助が母のことに心をかけ、中学生の頃、義父が相場で大きく失敗し生活が困っていた折、祖父母にかくれて母に米や小遣いを渡していたこと、金之助渡仏の際、見送りにきた母に五〇〇円という大金を与えたことを語っている。

一八九二年、金之助七歳の時、金之助が生まれた年に養女となっていた青森県東津軽郡一本木村藤巻仁助（金之助の祖母志賀の弟）の長女リワの結婚相手を、西田川郡加茂町の田沢家より迎え養嗣子としたが、一八九七年、夫妻とも去っている。この年、同じ加茂町の飛塚家から養子が入った。翌一八九八年、金之助の家督相続人廃除取消の裁判が確定し、登記取消申請が出された。この養子夫婦も一九〇一年、それぞれ実家にもどっている。加茂は酒田の二〇キロ南方の、酒田につぐ商港である。廻船問屋などが軒を並べ、大いに賑わっていた。

一八九一年から金之助の家で育っていた藤巻仁助の三女しまが一八九三年、五歳で養女となった。金之助の三歳年下のしまは小さい時から金之助の許嫁のように育った。しまという名が呼びにくいというので、すみ子と呼んだ。後の小倉金之助夫人すみ子である。

妹倉代は酒田高等女学校（現山形県立酒田西高等学校）を卒業後、谷地《やち》、左沢《あてらざわ》の小学校に奉職した。一九〇七年、祖父金蔵の養女となり、一九一一年官吏と結婚し、今町に分家して事業をはじめたが成功せず、朝鮮に渡り肺病のため一九一七年九月、三一歳で死亡している。

以上述べたように、祖父小倉金蔵は早急に職業上の後継者を迎え、安心したいという問題に頭を悩ましていたのである。また小倉家は「いろいろの点で決して生粋の酒田人的ではなく、多分に外来人的《エトランジエー》な色彩があり」「祖父母などは生粋の酒田人よりも、むしろ他地方から来た人たちと親しかった」（『回想』）のである。

ここで、金之助が生まれ育った酒田の歴史について述べてみたい。

一六七二年、河村瑞賢は幕命をうけ、出羽の天領米を大阪へ輸送するため西廻り航路を整備した。西廻りとは酒田湊などを出帆し、日本海沿岸を西南に航行し、下関から瀬戸内海に入り、兵庫、大坂に至る航路である。酒田は最上川舟運で集積された出羽諸藩や天領の米を積み出す港として、大きく発達することになる。

酒田に入港する廻船は北陸諸国など日本海側所属のものが圧倒的に多かった。上方から蝦夷地までの間を航行した買積船を北前船といい、一航路で千両の荷物を積んだとも、千両をもうけたともいわれた。春に日用品を大坂で買い込み出帆、航路沿いに寄港し、積荷を販売、または米などの品物を買い入れて蝦夷地にむかった。蝦夷地ではニシンなど海産物を買い込み、航路沿いに寄港し、積荷を販売、または品物を買い積み大坂に帰った。

酒田には海の荒れる冬季を避け、旧暦三月頃に入港、四月に出帆した。『酒田市史』改訂版上巻には、北前船と酒田の人々のかかわりが次のようにいきいきとえがかれている。

春、天気がよければ毎朝、廻船問屋の小僧たちが、日和山にきて沖を遠めがねで眺め、客船帳でかねて覚えているお得意の船の帆じるしを見つけると、旦那に来船を告げた。入港すると、遊女たちは髪結屋にゆき、おめかしして待った。荷物の積みおろしに忙しく立ち働く仲仕の掛声が港にあふれた。出帆のさい船乗りたちが総がかりで「エンヤラヤー、エンヤラヤー」と声をそろえ錨をひきあげる掛声が、海をふるわせるほど豪快だった……。

明治前半期の酒田は廻漕業を中心に大いに繁栄していた。『酒田市史年表』改訂版には「明治に入ると船場町などの廻船問屋の中から、奥村七之助・小倉金蔵・伊庭屋・越後屋長次郎・須田屋長助・須田伝次郎・斎藤喜七・佐々木などが北前船を持つようになる」とある。小倉金蔵、本間長三郎、川島安右

明治20年代の酒田港

衛門（伊庭屋）が共同経営者であった。航海には危険をともなったが、一八八七年十二月小倉金蔵の栄寿丸が北海道で破船、船頭以下七名が皆死んでいる。

酒田は移出品の米と移入品の水産物を軸に、特に北海道との関係が深かった。これは北海道開拓が推進され、米を大量に補給する必要があったからである。内陸部との物資輸送路であった最上川は、当時、河口の治水工事が着手されたばかりで、川岸は現在よりもずっと町に入り込んでおり、そこにはびっしりと家がたち並び、帆柱が林立していた。

金之助が生まれた船場町は古い町ではない。江戸時代前期は川の底だった。一七〇二年（元禄十五年）頃からわずかに人家を見るようになり、一七〇七年（宝永四年）に屋敷割をし、享保期の記録にはじめて船場町の名がみえるという。最上川の流路の変遷により、川の深いところが本町岸か

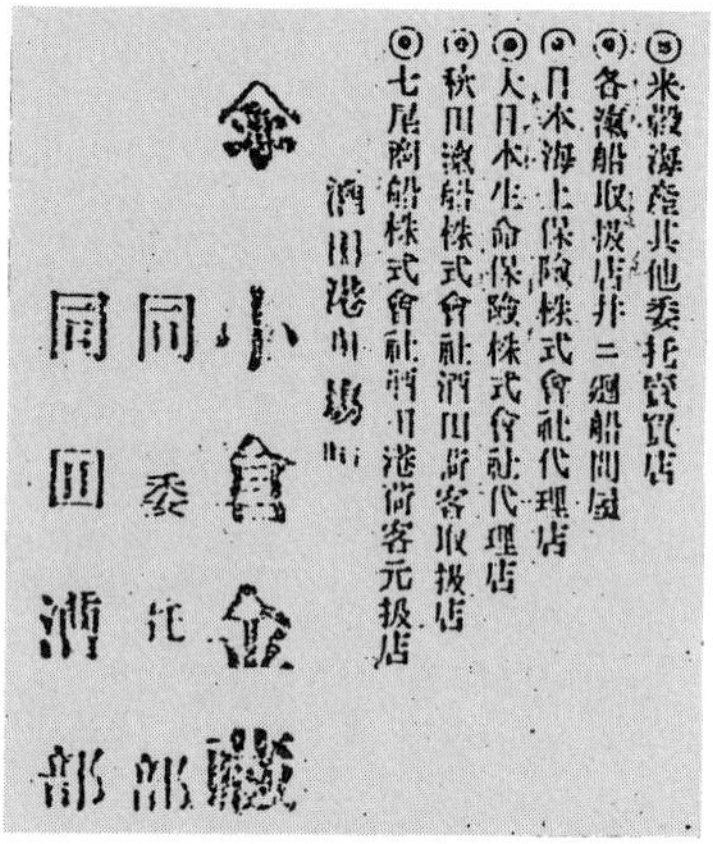

⌃キ商店の広告

ら船場町に移り、問屋が営業することになった新興繁華街である。

船場町は幕末から明治二十年代まで土蔵が軒を並べ、本町をしのぐほど繁栄した。小倉家も一八九四年の庄内大地震をはさんだ一〇年間くらいの全盛期には三つの倉、三隻の帆船を所有していた。この全盛期、『酒田商報』（一八九九年二月十五日）に上に掲げた広告が載っている。

〽今町　船場町　高野浜
毎晩お客は　どんどんしゃんしゃん
しゃん　酒田はよい港
繁昌じゃおまへんか　（酒田甚句）

とうたわれているように花柳界も殷賑をきわめた。酒田三遊所の筆頭今町は富裕階級の遊び場、船場町は船員が遊ぶのに都合がよく、高野浜がこれにつぐ第三の遊所だった。

当時の遊廓は単なる遊び場でなく、商談の場所でもあり、大きな契約が成立すると「本陣」をつけると称し、酒や女をあてがったという（田村寛三『続酒田みてあるき』）。小倉家には船長などが船が出るまで滞在し、旅館のようで芸者も出入りした。『回想』に、彼自身も三、四歳のころからよく帆前船の船長に連れられて料理屋に行き、酒を呑まされ、「結構なお酒ですねえ」といったとかで、花柳界の姐さんたちから十銭銀貨をもらって帰ったとある。船場町は「淫蕩の風が漲る」といった気分の町でもあった。

一八九三年八月、最上川を下り清川より徒歩で新堀の渡しまで来て渡船し、酒田を訪れた正岡子規はその紀行文「はて知らずの記」に次のように書いている。

限りなき蘆原の中道辿りて酒田に達す。名物は婦女の肌理細かなる処にありといふ。夜散歩して市街を見る。紅灯緑酒客を招くの家数十戸檐をならぶ。毬灯高く見ゆる処にしたひ行けば翠松舘といふ。松林の間にいくつとなくさゝやかなる小屋を掛けて納涼の処とす。此辺の家古風の高灯籠を点す。

子規二七歳。日本新聞社時代である。

志賀直哉の「年譜」（岩波版全集）の一八九七年の項に「この夏（推定）、黒木三次と山形から秋田地方を旅行」とある。学習院中等科の生徒だった直哉は、山形から大石田まで歩き、大石田から一日半船に乗って酒田に入った。「山荘雑話」㈣で当時を回想している。

酒田は賑やかな町だった。宿屋は清潔で気持がよかったが、夕飯を済まし、散歩に出ようとすると、若い番頭が急いで出て来て、「今夜、お帰りになりますか」と訊いた。私達にはその意味が分らず、「帰って来るよ」と答へたが、何年かして漸く番頭の云った意味が分ると、意味も分らぬ十六七の私達にそんな事を訊く番頭は余程馬鹿な奴だと可笑しく思った。船着場でさういふ泊客が多く、番頭は一つ覚えに、出かける男客には必ずそれを訊く事にしてゐたのであらう。

二人は三浦屋に一泊し、港から汽船で土崎港に行く予定だったが、番頭の手違いで人力車で本庄まで行った。

子規が逍遙した船場町界隈は後述する一八九四年の庄内大地震で壊滅した。直哉が来酒した頃は花柳界は高野浜に移されている。

当時の酒田の栄華を物語る逸話に、一八九三年一月の「相馬屋事件」がある。今町の相馬屋は三階建の貸座敷で、正月や祭りは客の申し込みに応じきれぬほど繁昌したという。日清戦争前で米価が高騰し、米問屋は金の使い道に悩むほどの好景気だった。そこで、酒田の旦那衆が正月は趣向をこらした新年会をやろうと計画し、東京で必要な衣裳、調度品を調達し、宮廷の儀式の練習などに数十日の準備を費やし、宮中風の大宴会を挙行した。問屋を営んでいた県会・町会議員など計一七名は、案内をうけ、いそいそと相馬屋「内裏」に参朝し、大礼服に着替え、定刻に楽官の君が代吹奏、敬拝の礼に続いて宴に移った。

それが「空前絶後の一大奇獄」(『東北日報』)、「酒田の僭上事件、富豪二十余名の拘引」(『奥羽日日』)などの見出しで新聞に暴露された。不敬ということで出席者が逮捕、拘置された。留置場の臭い飯はのどを通るまいと毎日御馳走が差し入れられたが、当人たちは心配で箸もつけられず、差し入れは全部署員にまわり、署員には腹をこわすものも出たという。

結局は金にいとめをつけず四方八方手をつくして無罪となるのであるが、当時の問屋衆のはしゃぎぶりと獄中でのげんなりぶりが目に浮かぶようである。この事件は当時の新聞に大きく取り上げられ、耳目を奪ったが、以後、酒田の恥としてタブー視されたため、一般には長い間知られなかった(『酒田市史』下巻、佐藤三郎『酒田の歴史』)。

二　小学生の頃

金之助をとりまく環境は、躾は厳しいが学問とは縁遠く、祖父母、父母はほとんど学問がなかった。金之助は「十歳くらいになりますまで、小学校の教科書以外には、書物らしい書物を読んだこともなければ、雑誌や絵本などを見たこと、いや、そんなものが世の中にあることさえも、知らなかった」（『回想』）のである。

一八九〇（明治23）年、金之助は五歳で酒田高等尋常小学校に入学した（一八九二年、学校の名称を酒田尋常高等小学校と変更）。

一八七九年、酒田尋常高等小学校の前身琢成学校が、諸学校を統合して開校された。校名は太政大臣三条実美が『礼記』の中の「玉不琢不成器　人不学不知道」から命名した。洋風三層、屋上に大時計が設けられ、通行人の便に供した。時報は数町かなたまで聞こえたという。また、時の郡長が大工、左官、人夫まで自分の郷里鹿児島から連れてきて建てたというので問題になった。開校式には東北巡回中の大蔵大輔、松方正義が出席している。一八八一年、明治天皇の東北巡幸の折、琢成学校に立ち寄った。在校生の高山林次郎（樗牛）が奉迎文を朗読したという。

一八八三年、学校付近の料理屋から出火、類焼し、琢成学校は全焼した。一八八五年、焼跡に規模を小さくして再建されたが、一八八七年、放火のため再び全焼した（『琢成五十年』）。『回想』にある、

三歳のとき私の家から二、三町離れた学校が全焼したことがありますが、ちょうど、そのとき私は

学校のすぐ隣の家におったので、母におんぶされて逃げだし、家に帰って窓から眺めたときの、一面の真赤な空が、今でもありありと見えるような気がするのです。

は一八八七年の火災である。

一八八八年、学校は寺町泉流寺の畑地に移転新築された。金之助は洋風二層で、理科室を特設しているこの新築まもない学校に入った。学校は町の北東の端にあり、港口に近い、町の西南の端にある金之助の家から一キロ以上の距離であった。また、近所の子供はもっと近い学校に通っていたことから、金之助は学校に行きたがらなかった。困った祖父母が無理やり店の小僧に背負わせて登校させようとすると、金之助はいつの間にか拾った石で、小僧の頭を叩いたという。この登校拒否的傾向は尋常四年まで続いた。

当時は学区が自由で、酒田尋常高等小学校は大学校《おおがっこう》と呼ばれ、世間で他の学校よりも格が高いと考えられており、大きな商家の子弟は遠くからでも通っていた（『琢成百年』）。小学校には制帽はなく、普段は袴も着けなかった。

一八九四（明治27）年に日清戦争が勃発し、いろいろな勇士の奮闘や三国干渉などの話を聞いたが、金之助の小学校時代の最も鮮明な事件は九歳の時、一八九四年十月二十二日の庄内大地震である。災害は全庄内に及んだが、最上川河口を中心に赤川・大山川・藤島川の合流点付近が最も被害が大きかった。ランプの時代で、また夕食の準備にとりかかった時刻だったので、方々から火災が起こった。特に最上川川岸の船場町は火災だけでなく、地盤が裂け噴出した泥水による水害が加わり、最もひどかった。

酒田町三〇〇〇戸のうち全焼家屋一七四七戸、死者一六二名、負傷者二二三名であった。船場町は死

庄内大地震　船場町の焼け跡

者七〇名と最も多く、当時の写真を見ると、土蔵と木が焼け残っている程度で、惨状のすさまじさを物語っている。有力者が上京し、復旧のための陳情を行なったが、日清戦争中であり国民の同情は高まらず、国の救済への意欲は薄かったという。

小倉家の家族は辛うじて助かり、家が新築されるまで約一年間、間借生活を余儀なくされた。また酒田尋常高等小学校も玄関の方の一棟と体操場を残し、三棟が倒壊した。児童は大きな民家などを借りて分散授業をすることになる。学校は翌一八九五年十一月、復旧工事が完了している。

酒田は地震の被害に加え、日清戦争後の好況期に投機的事業の乱立、倒産があいつぎ、「全町にようやく疲れの色がみえ、市中を往復する人影もまばらで、北海道への移住者が多」く「一等地といわれた船場町も、いたるところに草が生い茂り」（『酒田市史』下巻）地価下落の状況に追いこまれた。

金之助の小学校時代の友人に、山王森のふもと日枝神社の高い石段の上り口の左側のろうそく屋伊藤丹蔵の養子吉之助や浜町の荒物屋池田亀蔵の六男亀三郎などがいた。吉之助とは家も近くしょっちゅう行き来していたという（小倉泰談）。

小倉金之助は「小学生のころ」（『わが師わが友』所収）の中で、小学校時代に大きな影響を受けたものとして、二つあげている。一つは高等科三、四年に担任された和島与之助先生のことである。和島は一八六七年十月、五〇町歩の田地をもつ地主和島与惣右衛門の長男として田川郡大宮村で生まれた（一八八九年、飽海郡西平田村大宮となる）。父与惣右衛門は一九〇〇年発行の『山形県紳士鑑』によると、父親に従い漢学を修め、大宮学校世話掛や西平田村学務委員など教育行政を担当し、また西平田村会議員や助役を勤めている。和島は、金之助の担任の頃は二九歳の師範学校出の教師であった。訥弁の雄弁でゆっくり考え、ポツリポツリと文章語風に話した。生徒を訓戒する時も、頭ごなしに叱り飛ばすことがなく、生徒と共に謹慎する態度であったという。

修身の時間には教育勅語を一年半かけて教えた。「父母ニ孝ニ」は日本や中国の故事をひき、三時間かけ熱心に話した。「夫婦相和シ」についても三、四時間ぐらい話した。「先生の態度は真剣そのものであり、純な魂で、良心的なものの考へ方を、徹底的に生徒の胸の中に打込まずにはゐられないという様子」（「小学生のころ」）であった。一八九〇年十月三十日に出された教育勅語は、酒田高等尋常小学校では十一月十八日奉読式、翌年一月十三日に勅語謄本の拝戴式が行なわれている（『琢成五十年』）。

和島は地理、歴史、国語など文系の教科を得意とし、自然科学は比較的不得意な様子であったが、理科では小学生としては危険な爆発現象の実験を行なったり、算術では答えをすぐ出すというやり方ではなく、ゆっくり考えて正確に解答した。「算術や理科の授業は立派なもの」（『回想』）だった。また数週間にわたる宿題を出し、時にはテーマを生徒に選ばせ、自由研究をさせた。そして、レポートを提出すると、厳密に調査し、長い批評を書いてくれた。

このような熱心で真面目な指導により、金之助は学問への興味が湧いてくるようになる。

一八九八年に酒田尋常高等小学校を卒業した金之助たちは卒業式当日、和島を主宰とし顕親会を組織した。和島は金之助の卒業後、新設の酒田町立女学校へ転出し、数年後、日本大学に入り、帰郷後、また女学校にもどった。

小倉金之助は「先生が、身を以ってお示し下さった教育態度、真面目、熱心、良心的——さういったことは、私共の一生を通じて忘れることが出来ないものがあるのであります」「いろ〳〵精神的な感化影響を受けた方々もありますけれども、幼少の頃、和島先生に受けた強い精神的感化に及ぶものが、無いやうな気がします」「先生の強い人格的な精神的な感化を受け得ましたことを、一生の幸福としてをります」（「小学生のころ」）と尊敬をこめて回想している。

大きな影響をうけた第二は書物である。金之助は自分で金を使うことがなく、いつも妹倉代に菓子を買いにやらせていたが（妹泰は小倉が生涯病弱だったのは、小さいころあまり甘いものを食べたからだといっている）、震災後、間借りしていた時、近くの本屋に出かけ、いろいろな書物に接した。以後、自分の欲しいものをよく叱られながらも手に入れるようになった。

巌谷小波を中心として博文館から出ていた『少年世界』の中の小波のお伽噺などはかなり読んだ。また一一歳の秋に、家でとっていた『読売新聞』に載った尾崎紅葉「青葡萄」を読んだ。これが最初に読んだ小説だった。震災後に店に入った店員には相当の知識人がおり、ツルゲーネフ『片恋』などを読んでいた。金之助は店員の本を読んだりもした。船長たちも読み終えた本を金之助にくれていった。ある船長からもらった徳富蘇峰の随筆集を何遍も読みかえした。

小説といえば、友達と二人で小説を読んでいて和島にみつかった。次の時間に和島は小学生が小説を読むことの可否を、必ずしも否定的な態度でなく語った。金之助の中学時代に寄宿舎で小説を読んでいて、舎監に取り上げられたこととくらべ、和島の見識を評価している。進取の気風の港町酒田と士風の根強い城下町鶴岡の気風のちがいをかいま見ることができる。

金之助が興味をもっていたのは文学ではなく、科学であった。祖母から二〇銭で買ってもらった冨山房の『化学新書』を読んで、化学に興味をもった。本に書いてあるのをやってみると、みんな書いてある通りになった。これが金之助の科学的なものの見方、考え方の出発となるのである。後年、「自分の力で道を切りひらく。わたしの一生の学問の傾向は、子どものときに決まったんですね。わずか二十銭の一冊の本がどんなに大きな影響を与えたか、いまさらのように驚かされます」（「読書遍歴①数学　小倉金之助氏」『中国新聞』一九五九年十月五日）と述べている。

それからは、祖母に少しばかりの金をもらっては実験器具、薬品を買い実験をした。劇薬は最初は薬屋で売ってくれなかったが、薬屋の主人が金之助の態度に共鳴し、証明書なしで劇薬を売ってくれ、それればかりではなく、いろいろと化学上の指導をしてくれた。四、五名の友達を集め、ABクラブというハイカラな名の化学研究会を開いたりした。金之助が小学校を終える頃には簡単な定性分析の実験を行なっていたのである。

また、HとかOなどの化学記号が英語であることを知り、夜学の塾に通い『ナショナル読本』巻の一

小学校卒業写真　4列目左から3人目が金之助．2列目左から9人目が和島与之助

を読んだ。化学方程式に出る x が代数であることを知り、代数の本を買って独学で学んだ。

金之助の勉強は化学を中心に、英語、代数へと広がっていった。『回想』に「今日の言葉で自学自習といった教育の方法、学問を自ら学びとる方法を、若い時分から全く自然の間にみずから体得し得たということは、私の一生にとって非常に幸福なことであったと、私は考えております」と書いている。

和島が中学入学を薦めたが祖父に拒絶され、金之助は年老いた祖父と早くかわるため、当時の伝統と習慣に従って北海道に番頭見習いに出されることになった。しかし、化学書によって学問への興味に目覚めた金之助は、祖父の上方参りの留守中に、中学を出たら必ず家に引込むからと祖母を説きふせ、酒田から二五キロ離れた鶴岡町の荘内中学校の入学試験を受け、合格した。そして、祖父が上方から帰ってこないうちに、中学校の寄宿舎に入った。

小倉金之助の孫欣一は「祖父小倉金之助の思い出」（酒田市立図書館報『光丘』第五九号）の中で、小倉はガン細胞が体内深く喰い入り苦痛を訴えていたある日、「決定的な時期に自分の臆病さを批判し力づけてくれたのは女性であった」と語ったと書いている。絶対的な家長である祖父に象徴される家制度への金之助の最初の反逆の庇護者が祖母志賀であった。

三　中学生の頃

金之助は一八九八（明治31）年五月、荘内私立尋常中学校（現山形県立鶴岡南高等学校）に入学した。志願者一四七名中一三九名（飽海郡は三二名中三一名）が入学した。

荘内私立尋常中学校は一八八八年に設立され、東西田川郡（後に飽海郡も加わる）の有志者の醵出金で運営された。小倉が入学した当時の校主は西田川郡長相良守典で、ドイツ文学者相良守峯の祖父である。創立時の生徒数は一一三名だったが、一〇年後、金之助が入学した一八九八年には四三九名（西田川郡二五八名、東田川郡九一名、飽海郡八五名）に達した。

創立当初の校舎は旧藩主酒井伯の御殿を借り、いくつかの教室に仕切って間に合わせた、採光の悪い仮教室だった。体操場は御殿から廊下をつないだバラックで、冬、吹雪の時は一面が粉雪で真白になるような粗末な建物だった。その地は「卑湿陰欝以テ永ク校地トスルニ適セズ」（『荘内中学校沿革史』）であった。手狭で、運動場もなかったため、旧藩時代に七つ蔵があった地に校舎を新築し、一八九七年七月

荘内中学校校舎（1897年新築）

一日、開校式が挙行された。同年、二階建の寄宿舎も建てられた。

一八九九年、中学校令改正で道府県に一校以上の公費による中学校を設置することができることになった。荘内私立尋常中学校を荘内私立中学校と改称し、翌一九〇〇年には一切を県に引き継いで県管理の学校となり、一九〇一年四月から山形県立荘内中学校となった。金之助は荘内中学校の揺籃期に在学したことになる。

金之助の中学入学は祖父を怒らせたが、祖母が親戚を動員し、中学だけはやらせることに決まった。金之助と同期の西川速水「在学時代の思い出を語る」（『山形県立鶴岡南高等学校創立七十周年記念誌』所収）によれば、生徒の服装は筒袖、袴から小倉の制服と制帽にかわり、靴は体操の時間だけはき、普段は下駄ばきで外套を着るものも少なく、雨の日は蓙蓑姿で通学したという（『回想』には制服はなく、皆筒袖に袴とある）。

中学に入学して早々、金之助は生まれ育った商人町酒田と士族町鶴岡の相違に直面した。酒田町には幼少の頃に子弟に国語、漢文を学ばせる風習がないが、鶴岡町には知識人も多く、幼少の頃に私塾や家庭で学んだものが多かった。それを反映して「鶴岡士族の子弟たちは酒田商人の子弟を、軽蔑の目で見て」（『回想』）おり、生徒は鶴岡対酒田という対立的な感じを抱いていた。

金之助の荘内中学での一級下の学年に黒崎幸吉がいる。黒崎は旧藩士の家に生まれ、中学校卒業後、一高、東京帝大を経て住友に入社した。東大時代に内村鑑三の門下となり、妻の死を契機に職を辞し、伝道生活に入っている。黒崎は一九五九年から『永遠の生命』誌上に「恩恵の回顧」(『黒崎幸吉著作集』五所収)を連載している。これによって当時の鶴岡の状況をふりかえってみたい。

鶴岡は最上氏の改易後、徳川四天王の一人酒井忠次の孫忠勝が入部し、以後、明治維新まで譜代大名として東北の地に重きをなした。戊辰戦争では新政府軍と最後まで戦い降伏した。同じく抗戦した会津藩への苛酷な処分とくらべ、処置は寛大であった。これは西郷隆盛の配慮ということで、藩あげて西郷を崇拝し、旧藩主とその弟が鹿児島に赴き、西郷に師事するなど庄内と鹿児島は親密になった。

庄内藩では廃藩置県後も旧藩士が一団となって密接な関係を維持し、儒学(徂徠学)を学びながら山野の開墾に従事し、農業、養蚕、製糸を営んだ。西郷が西南戦争で敗死すると、旧藩主は東京を引き払い、旧藩士は官界から退いた。旧藩士のこの一団は「御家禄派」とよばれ、老人組、中年組、幼年組に分かれて四書五経の講義を聴くことが義務づけられていた。黒崎も幼年時代から孝経、詩経、書経の順で素読を習っている。

士農工商の意識はなお残存し、士族の子弟は年齢の上下を問わず平民の子弟を呼び捨てにし、一方、平民の子弟は士族の子弟には敬称を用いた。金銭は極端に卑しめられ、男女七歳にして席を同じうせずの思想や反キリスト教意識も強かった。御家禄派は言葉づかいも挨拶の仕方も平民とは異なっていたのである。

高山樗牛の『滝口入道』がベストセラーであったが、旧藩士グループは小説を民心を毒するものとして排斥していた。御家禄派は明治政府の啓蒙政策に反発し、荘内中学校の創設にも激しく反対した。御家禄派は子弟を上級学校に進学させないことを不文律としていたが、庄内の教育熱は高く、荘内中学から一高、東大へ進学する数は全国でも多い方で、また鶴岡高等女学校から日本女子大に入学する数も東京を除いて、名古屋、岡山について多かったと黒崎は記憶している。

小倉の中学時代の頃の鶴岡は以上のような風潮が支配的だったといってよいだろう。

酒田商人の躾も相当厳格だった。金之助の家では食事は祖父母が居間で食べ、あとは全員台所で敷物を敷いて食べた。金之助が中学に入ってからは居間と台所との間の部屋で一人で食べた。家督相続人教育としては、朝晩には神前に灯明をあげさせられた。また元旦には一人午前二時頃起き、若水を汲みあげ、新しい火によって湯を沸かし、それから餅を焼いた。餅が焼きあがると女たちが起き出し、それから餅を煮て、祖父母の居間で全員揃って屠蘇を祝った。夜が明けると金之助は正装し、得意先などに夕方まで数十軒の年始の挨拶に廻らせられた。

『聞き書　山形の食事』には昭和の初期のものながら、廻船問屋の食事が記されている。酒田は関西と北日本の物資流通の主役だった北前船の往来する港町だったため、経済面だけでなく食生活の面でも関西地方の影響をうけた。普段は簡素な食事で、朝食は醬油の実をかけておかゆですませ、昼食は白米のごはんに塩鮭や梅干が入り、夕食は白米のごはんが多く、ときにはぞうすいを食べた。おかずは体菜の漬物や魚だった。また元日、節句、祭りなどの行事食や来客の接待食は手数のかかるものや皿数の多いものがみられた。小倉の少年時代、商人時代の食事もこれと大差なかったのではないか。

この本には廻船問屋の住居について、「縦屋形式のものが多く、通り土間が道路側から奥に長く続いており、そのわきに上がり縁がついている。この住居内部の土間を通りの間とか通り庭といっている」と書いている。小倉泰によれば、小倉家にも長い通りの間があった。

金之助は化学を勉強したいという願望をもって入学したが、和島のような先生に出会わず、化学の実験もまったくやることができなかった。中学は金之助の学問的希望に対して縁遠いところだった。

数学は一年で和算家の老人から教わった。理論の説明はなく、問題を解きさえすればよしという授業だった。小学校の頃から独習していた代数の方程式で難問を解き、いつもよい点をもらった。二年で菊池大麓『初等幾何学教科書』を学んだ。この本は後に東京物理学校でも教わっている。代数は二年からチャールズ・スミス『代数』を長沢亀之助訳で教わった。

『荘内中学会々報』第一号（一九〇二年一月発行）に過去数年間の学校行事が列記されている。一月一日、二月十一日、十一月三日の三大節の拝賀式をはじめ、一月下旬から二〇日間の寒中休業、二月下旬梲《たらのき》代《だい》・宝谷方面での兎狩、三月中旬卒業証書授与式、四月上旬入学選抜試験（金之助が入学した一八九八年は五月二日に入学選抜試験、七月二十二日卒業証書授与式）、五月中旬三年生以上の修学旅行（金之助三年、新庄方面、四年、飽海方面で三泊四日）、七月一日創立記念式、十月中旬秋季大運動会、十一月発火演習等々である。金之助と小学校から同年であった池田亀三郎は「私の履歴書」（『日本経済新聞』一九六〇年十二月）で、発火演習では校長は「洋服に日本刀をたばさんで、さっそうと現われたものであった。私は特待生だったので、発火演習のときにはいつも隊長をやらされた」と回想している。

金之助は病弱な体質で、小学校時代に肺尖カタルに類した病気にかかり、中学一年では主治医から強制的に炭酸クレオソートを一年間投与された。二年の夏は命拾いするほどのひどい赤痢にやられ、翌年一月まで数カ月間療養した。この療養中、一八九九（明治32）年十二月下旬、祖父から退学届が出され、退学となっている。金之助が家族の許可を得、再度入学の手続きをとったのは翌年二月中旬だった。学校では退学した生徒を三学期になってから、しかも原級に復させるということで問題になったが、学年試験に受かればという条件で教室に出、三年に進級している。

金之助は身体虚弱のため過激な運動はできなかった。器械体操などはなるべく免除してもらったが、足は案外強く、一五歳の夏には海抜一五〇〇メートルの湯殿山にも登った。『荘内中学会々報』第一号に運動会での各種目の順位が掲載されているが、金之助の名前は出ていない。

金之助は三年生の中ごろ（「中学生のころ」〈『受験の数学』一九五九年四月号〉には終わりとある）まで寄宿舎生活を送った。一カ月の舎費は食費も全部入れて三円五〇銭だった。学校の北側にある総二階建の二棟で、当時はまだ電灯がなく、ランプのあかりで勉強した。鶴岡に電灯がともるのは一九〇〇年八月である。池田亀三郎は「そのころ寄宿舎の一日の食事代は十三銭だった。脚気などになると、パンにみそをつけて食ったものだ。しかし、なにしろ食い盛りがいつも腹をすかしていたので、なにを食べてもおいしかった」（「私の履歴書」）とふりかえっている。

酒田組は土曜日午後になると、下駄や草鞋《わらじ》がけで酒田に帰った。やむをえない場合に人力車に乗った。当時の酒田街道は道形《どうがた》、文下《ほうだし》の村中を通って赤川に架かる蛾眉橋を渡り、横山の通りを抜け、三本木、対馬の西側を通って押切新田に入る。それから東に折れ、落合、家根合《かねあい》、宮曽根、局《つぼね》から新堀に入り、西に折れ、落野目《おちのめ》を過ぎ、最上川に架かる両羽橋を渡り、大宮の西に出て、鵜渡川原から酒田に入るのである。

普通、徒歩で帰る時は、押切新田から東に迂回せず、村道を通り広野新田から十五軒まで歩き、小舟で京田川を渡った。そこから畑道を歩いて落野目に向かい両羽橋に出て橋を渡り、酒田に入るか、最上川の渡しから川北に出るかいずれかだったろう。金之助の一〇回後輩で荘内中学二一回卒の本間与一は「明治時代末期の思い出」(『山形県立鶴岡南高等学校創立七十周年記念誌』所収)に「日曜は毎週酒田に帰った。下駄ばきで洋傘一本もって最大馬力でかけ歩いたので、鶴岡から酒田まで十五軒の渡しを通り五里を四時間で歩きました」「少しふところ具合のよい時は、十五軒又は押切から共同で舟を頼んで乗船帰りました」と書いている。

一八九四年に竣工した両羽橋は高い方杖橋脚をもつ木橋で庄内大地震でも破損しなかった。位置は現両羽橋より上流である。新堀側には往還の旅人が休む茶店を中心とした台湾という集落があった。一九一一年十月に来酒した河東碧梧桐は紀行文「三千里」に「両羽橋は新堀から三十町ばかり下流にある。限りなき蘆原はなおその面影を止めて、道の左右ただ茫々、すでに酒田の入口にありながら、町はいずくぞと疑わしめるほどである」と記している。

一九一四年、酒田に鉄道が開通する前は、両羽橋が酒田の陸の玄関口で、見送り、出迎えは橋のたもとで行なわれた。金之助も小学校時代、日清戦争に出征する軍人をここで見送っている。

西川速水は「在学時代の思い出」(『山形県立鶴岡南高等学校八十年史』)で次のように述懐している。

私の級で、入学の際伊藤吉之助君が首席で、小倉金之助、鳥海道三、池田亀三郎君の順位で飽海方面而かも酒田の連中が圧倒的でした。……二学年以後は池田君がいつもトップで特待生でした。……小倉金之助君は数学に関しては天才的存在でありました。中学の寄宿舎生活中、理科の難問題を二年上級而かも首位であった大平君に解説したという一こまもありました。

『酒田新聞』に「一隅より」を書いていた「愚公」とは久松宗作である。一九一六年八月、小倉が理学博士号を受けた時、「小倉君は小学中学共に同級にして其中学時代は殊に親善の交誼あり、寸にして蛇を呑みし天才児なり、中学在学中に、角田老先生を《マヽ》鶴岡中学空前の天才と舌を捲かせたり、其当時にも数理の専門家として濶歩するの実力ありしなり」と書いている。

金之助の二級上級には「如何にも思想家らしく見えた」（『回想』）阿部次郎、宮本和吉、同級に伊藤吉之助、一級下に「漢文と英語に秀でており、中学時代から非常に特色のある人」（『回想』）大川周明がいた。また三級下には石原莞爾がいた。高山樗牛が鶴岡出身なので、中学生の優秀な層が強く樗牛の影響をうけた。宮本和吉は次のように回想している。

当時すでに有名であった高山樗牛は、この鶴岡の生れでありましたので、私達文科志望の生徒にとっては実にあこがれのまとでありました。（宮本和吉「学生時代の思い出」『図書』一九七八年九月号所収）

高山樗牛の『太陽』に書く評論や美文のやうなものは非常な興味を以て愛読した。高山樗牛は鶴岡出身でもあり『滝口入道』以来その文名が地方にも喧伝されてゐたから、私達は深き関心を彼に寄せその華々しい活動を注視し且つその感化を受けたと思ふ。（宮本和吉「荘内中学時代の阿部君」『阿部先生の横顔』所収）

前記の哲学をめざした人々への樗牛の影響のほどがうかがわれるが、金之助はほとんど影響をうけなかった。

金之助は伊藤吉之助や小倉家と共同経営者だった伊庭屋の川島竹蔵、本長の本間長一たちと仲が良く、

荘内中学校の酒田の友人たち　左が金之助

よく近所の書店青山堂にいっては本を買っていた。青山堂とは中学三年の頃から懇意にしていたのである。
中学を卒業すれば家業に従事することを運命づけられていた金之助にとって、前述のように中学校の授業は学問的欲求を充足させるものではなかった。そこで、学校の課程とは別に独立の時間割を作成し、化学と物理学、そして、その準備としての数学、英語を勉強した。内村鑑三の『外国語の研究』からは英語熱を鼓吹された。荘内中学には池田夏苗など英語のよい教師がそろっていた。試験の答案に内村口調の翻訳をやって激賞された。雑誌『英語青年』も愛読した。
池田菊苗『中学化学書』など日本語の化学書を読んだが、それにあきたらず、英文の化学書も読んだ。かなり英語の力を必要としたため、フェリス女学院を出た人に時間講師を願い、イソップ物語を教材に勉強したが、学力が違いすぎたため、半年ぐらいでやめた。その頃、金之助の憧憬の的となったのはオストワルドらであった。オストワルドにかじりつき、読めるところだけを少しずつ読んだ。
一方、関係のない学科は無視し、四年生になると国語の教科書を買わず、隣りの生徒から見せてもらい、教室にいる間はまじめに先生の話を聞いた。ついには体操、図画の時間や『土佐日記』の時間がくると、早引きしたり、この時間のある日は一日中休み、下宿で自分の時間割で勉強するまでに徹底するようになった。この時間割で縛ってしまったので、よほどの用事がない限り、人を訪問したり座談することはなくなった。この影響は以後も長く続くことになる。

中学三年の頃、啓蒙的な思想運動を行なっていた丁酉倫理会主催による公開講演会の集録『倫理講演集』が出版された。金之助は伊藤吉之助などと読みあった（土岐田正勝「酒田が生んだ哲学者　伊藤吉之助」『方寸』第八号所収）。「学問と言論の自由をめぐって」（『日本読書新聞』一九四九年十月十二日）の中に「そういえばI君。おなじ中学時代にガリレオの『それでも地球は動く』と呟いたという伝説や『われに自由を与えよ、然らざれば死を』というパトリック・ヘンリーの演説を読んで感激し合っ」たとあるが、このI君とは伊藤吉之助であろう。

一高生の藤村操が「巌頭の感」を書いて華厳の滝に身を投じたのは金之助が四年の時だった。この事件は全国に大きなセンセーションをおこし、人生問題に関する書物が非常に読まれた。

その頃、寄宿舎内で相当読まれた小説に尾崎紅葉『多情多恨』、徳冨蘆花『自然と人生』『不如帰』などがあったが、舎監にみつかると取り上げられた。『西鶴全集』や与謝野鉄幹ら明星派の歌、島崎藤村『若菜集』なども読まれていた。

『回想』には文学的なものには興味がなく、何一つろくに読まなかったと書いているが、『回想』以外の文を読むと、金之助の中学時代は文学的なものの周辺にいたことがうかがわれる。

中学前の古い稲荷神社に寝ころびながら、『わが袖の記』や『余は何故に基督教徒となりしか』等

を朗読し合ったのも、思へば金峯山麓の紅葉紅なる頃だった。（「熱の譫言」『待兼学報』第四号、一九二四年二月）

私を思想的に動かしてくれた、最初の女性の作品は、何と申しましても、当時二十二歳の若い与謝野晶子さんの『みだれ髪』（一九〇一年）でした。この歌集は私が十六歳になったばかりのとき、まだ郷里におりまして、中学の友人に見せられたのでした。……女性の立場からの大胆な人間性の肯定――少なくとも、恋愛の解放の叫びは、形式的な因習的な、いわゆる「道徳」などとはちがいまして、年少の私の胸に強く焼きつけられたのでした。（「女性文化の歩み」『婦人公論』一九五四年九月号）

私がはっきりとルソーの名に接したのは、一九〇〇年ごろ中学生の時分に、早稲田のある学生から、革命的政論家としてのルソーの話を聞いたときである。（「ルソーをめぐる思い出」『改造』一九五二年九月号）

などである。

そして、何よりも『荘内中学会々報』第一号の「雑録」欄に、四年生の金之助が「文士たらんとする諸兄に与ふるの書」という文を載せた。青年文士が名をなさんとして蘊蓄修養の如何をも顧みず作品を公にし、ついには堕落していく風潮を指摘するとともに、遊惰、柔弱、腐敗の淵藪となっている文学の現状を批判し、青年は文壇の改革、文学の復興につとめなければならないと説いている。若き金之助の熱と気負いが感じられる文章である。

当時、学校には生徒が加入する二つの会があった。

一つは一八九五年、職員と生徒全員によって組織され、相互の親睦を厚くし、志気を養い、身体を強健にし、校風を振起するために創立された荘内中学会である。この会は月々会費を徴収、毎月一回、演説、討論等を行なう集会を開くこと、そして春秋二季大運動会を開くことであった。会長には校長が就任した。

もう一つの学友会は卒業生と生徒の有志で組織され、生徒の自治に任せられた。会の行事は、演説、討論会、運動会等であり、学校のいろいろな問題に対しても批判的であった。一定の会費はなく、そのつど実費を徴収した。学友会の方が創立は古い。

荘内中学七回卒の秋保親孝は「回顧六十五年」(『山形県立鶴岡南高等学校創立七十周年記念誌』)に「最初の中は両々併行して進んで、多少の軋轢などもあったが、いつの間にか学友会は自然消滅の姿となった」と書いている。

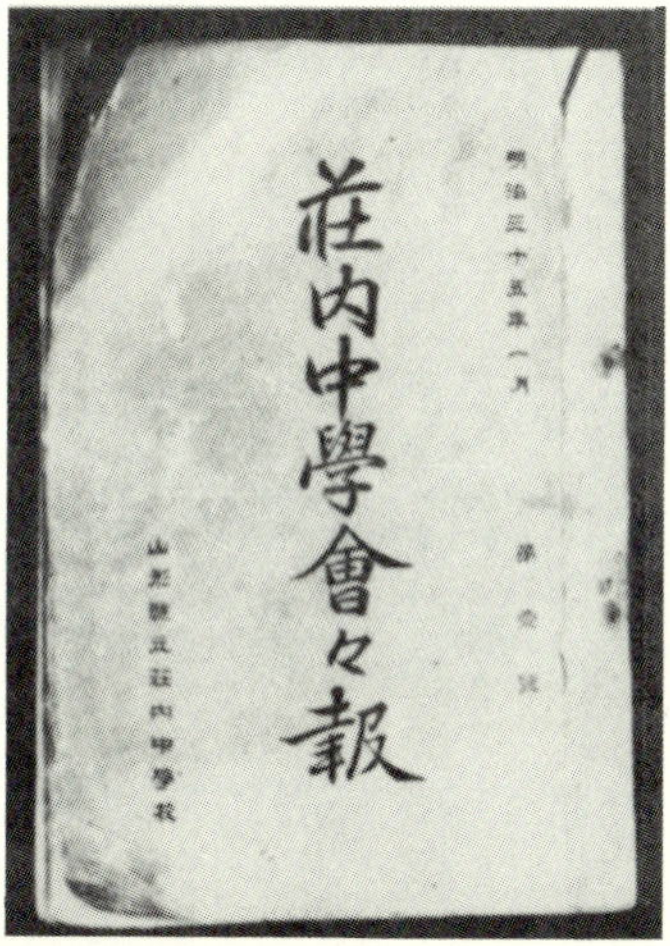

『荘内中学会々報』創刊号

金之助は学友会の幹事だったが、学校中心の会合にも進んで出席し、その演説会などに参加し、講堂で校長や教員を目の前にして学校の姿勢を批判した。『荘内中学会々報』第一号に、一九〇〇年十二月十三日の臨時大演説会の記事がある。三年生の金之助は「化学と国家との関係を論じ併せて我国中等教育に於ける斯学の現状に及ぶ」という演題で演説している。演説者は伊藤吉之助「国民趣味の堕落」、宮本和吉「本校に於ける余が最後の声」など七名である。

最後に校長である羽生慶三郎会長が「法律上にも学生、軍人は政治に関する事を談ずべからずとせられたれば学生の本分として論政治に渉り、或は他人を攻撃するは、其不可なること固より言を俟たざるなり」と述べ、演説盛んな米国は「演説を試みるの際は必ず先づ其の草稿の検閲を教師に乞ひ、然る後聴衆に発表すと云ふ」等の講評をしているから、演説の中身はかなり激烈だったことがうかがわれる。

講演会では特待生制度を批判した生徒もいた。金之助は成績が優秀で当然特待生になる資格があったが、一回も特待生にはなれなかった。『荘内中学会々報』第二号に前年度の特待生として、第四年級、池田亀三郎、伊藤吉之助、野尻房長、今学年現在の特待生として、第五年級、池田亀三郎と載っている。池田は第四年級で「品行端正学業優等ニ付次学年ノ特待生ヲ命ス」(池田亀三郎追想録『池田亀三郎』)と特待生を拝命した。金之助は学校当局から「品行端正」との評価をうけなかったのだろう。

金之助は中学校で、小学校時代の和島与之助のように大きな感化を与える教師に出会わなかったが、『回想』では、自宅を訪問した金之助たちに日本の歴史は間違っており、紀元が七、八〇〇年くらい違うということなどいろいろと批判的な話をしてくれた早稲田出身の若い教師佐藤と、六〇歳をすぎた漢文教師角田俊次についてふれている。

角田は高等学校から教授に招聘されるほどの学者で『山形県立鶴岡南高等学校八十年史』所収の履歴書によれば、藩校致道館で漢籍を学び、致道館典学から藩命で東京昌平学校で漢学を修学し、一時内務省に出仕するが、教育界に転じ、大阪で師範学校長等を勤めた後帰郷し、創立された荘内私立尋常中学校の漢文教師となった。角田は教室では超然とした態度で授業をすすめ、細かいことをいわず漢文の読みより意味を重んじた。その教えが、後年、中国の古典的数学書を読む時、あまり辞書を引かなくとも読め、中国数学史研究に役立った。

角田は修身の時間には中国の四書五経の中から短い文章を黒板に書いて解釈し、人生観や時には性教育の方面にも脱線したという。角田は金之助の四年生の時の監督教員で、金之助は副組長だった。金之助の一級下の大川周明は中学時代寄宿舎に入らず、角田宅に下宿して漢学を学んでいる。

小倉家の事情はますます切迫してきた。最後の養子夫婦が金之助の三年生の二月、家を去った。祖父は六〇歳で、中風を患い健康がとみに衰えた。四年生のころには汽船の取り扱い、生命保険の代理店をやめた。金之助は中学を出れば家業をみることが当然のことになったのである。

金之助は『東洋学芸雑誌』『東京物理学校雑誌』『英語青年』の三種の雑誌を読んでいた。面白くない中学生活を『東洋学芸雑誌』に投書したりして、鬱々として過ごしていた。『東洋学芸雑誌』は一八八一年に創刊され、井上哲次郎や杉浦重剛などが中心となって編集した、日本で最初の月刊学術総合雑誌である。東京大学系の人々が多く執筆した。一九〇一年の質疑応答欄に「アルゴンの物質的性質に就て」、「アルゴン外四気体の週期的位置に就て」(第二三六号)「高等化学書に就て」、「シヤン化水素の構造に就て」「シヤン酸等の平衡に就て」(第二四一号)の二つの金之助の寄稿が載っている。

一九〇二年の四年生の時の冬休みに友人二人が温泉場で芸者をあげて一杯のむという事件があった。一人は金之助に荷物をあずけ上京、一人は捕まって生徒たちの鉄拳制裁をうけ、学校から停学を命じられた。金之助は生徒たちの私刑と学校の処置に反発し、中学をやめる決意をした。後に金之助は中学の後輩で近所に住んでいた大平楨介に「自分が荘内中学を中途退学したのは、もう自分に教えられる先生がいなかったからだ」と語っている（大平楨介「数学の小倉金之助さんの思い出」『山形新聞』一九六二年十月二十五日）。

もっと高い水準の学問を身につけたいという欲求が彼の心を満たしていた。金之助は再び祖母に二、三年勉強させてくれれば喜んで家業を継ぐから東京に出させてほしいと相談し、承諾を得た。そして、祖母の言う通り、祖父の許可を得ず、東京に着いてから親戚や祖父の懇親のところに依頼状を出すことにしたのである。分家している母にだけ告げ、祖母から旅費、生活費をもらい出奔した。金之助の学問か家業かという二度目の大きな選択でも、祖母が最大の理解者であり庇護者であった。

金之助は雪の中、四〇キロ近く古口まで歩き、翌日、そりで五〇キロある奥羽線の楯岡駅に出て、汽車で上京した。一九〇二（明治35）年三月、金之助一七歳の春だった。当時、山形県内の鉄道は奥羽線が敷設中で、新庄まで開通するのが一九〇三年であるから、一九〇一年八月開業の楯岡駅は酒田からは最寄りの駅だった。

金之助は終始なじめない世界であった士族町の中学校から、大きな不安を抱きながら、東京遊学へと駒をすすめていったのである。金之助が本郷元町にある、先日上京した友人の下宿を探しあてたのは三月のはじめであった。中学校は三月三十一日付で退学した（学校では四年修了の証明書を出している）。

東京遊学時代（一九〇二―一九〇六）

一　東京物理学校の頃

学資の目途がつくまで八畳に三人の生活がはじまった。一九八四年十一月、黒田孝郎は山形県立酒田東高等学校での講演「小倉金之助先生の生涯と仕事」の中で、小倉は酒田東高校旧職員鳥海俊士のおじの下宿に入ったと述べている。筆者が鳥海に聞いたところによれば、他の二人とは高橋三蔵と鳥海広七とのことである。しかし、高橋は一九〇一年、鳥海は一八九九年に荘内中学を退学しているので勘定があわない。芸者をあげた友人が誰かは不明である。

高橋三蔵は一八八六年、山形県飽海郡遊佐村に生まれた。小倉より一年年下だが、高等小学校二年卒で小倉と同じ年に荘内中学校に入学した。高橋への手紙の形式で書かれた「グラフの思ひ出」（『高等数学研究』一九三一年十一月号）には「君と毎日行き来していた本郷元町時代（明治三十五―三十八年）を思い出した」とある。『回想』にある一足先に上京していた友が同居していた「同郷の人」とは高橋であろう。なお、故郷をはなれ自立することになる金之助を以後、小倉と呼ぶことにする。

当時の東京には中学校中退の者が理学（当時、自然科学という言葉は一般にはまだ使われていなかった）を学べる学校は少なく、また小倉が与えられた二、三年の猶予期間では、高等学校から帝国大学へのコースは望むべくもなかった。また教員養成の高等師範学校は小倉の境遇にあわなかった。それで速成に理学を学べる学校として東京物理学校を選んだのである。小倉は中学三年の頃から『東京物理学校雑誌』を購読しており、中学校には二人の物理学校出の数学教師がいたことから、物理学校が理学の普及を目的とし、卒業生は中等教員が圧倒的に多いこと、入学の時期が二月と九月であることなど、ある程度の様子は知っていた。

物理学校の入学資格は一四歳以上で、ほぼ算術を解し、筆記に差し支えないことという寛大なものであった。運よく欠員があり、すぐ入学が許され、その日のうちに講義を聴くことができた。千本福隆の代数の時間で、アルキメデスの伝説を面白く話した。小倉がまだ聴いたことのないほどの興味深い立派な講義だった。

『東京理科大学百年史』には「明治三十五年（一九〇二）、生徒数が四百五十名を超え、これは既往十年間にみられない多数であった。当時の学校日誌によれば、これも次第に理学思想が発達し、その必要性の認識が高まった証であろうと記されている」と書いてある。一九〇二年は小倉が入学した年である。

小倉に家から当分の間勉強を許すから、なるべく早く戻ることとの連絡が入った。学資の目途がつき、一人で六畳の部屋に移った。下宿料は一カ月七円五〇銭、電灯も水道もなかった。以後三年間、この下宿から御茶の水橋をわたり物理学校に通うことになる。

『回想』に物理学校の成り立ちが簡単に述べられている。『東京理科大学百年史』を中心に、歴史をたどってみよう。

東京物理学校は理学の普及が国運発展の基であると考えた東京大学理学部物理学科（フランス語）を卒業または中退した二一名によって創立された、東京物理学講習所が前身である。一八八一年六月十三日、東京物理学講習所設立の趣旨および生徒募集の件を『郵便報知新聞』に広告した。当初、理学普及の第一歩として街頭に立って公開演説しようと計画したが、当時は自由民権運動の最盛期で、政府は言論集会に強い規制を加えたため、創立者たちのように学校や官庁に勤める者は学術上のものであっても、公開演説は許可されなかった。それで学校設立に計画を変更したのである。

創立者たちが大学で最初に高等数学を学んだフランス語の物理学科は、まもなく廃止となり、英語による学科が創設された。彼らは官吏としての本職があり、余業に属するものだったので夜学校であった。専任の教師は一人もいなかった。理学系学校は設備に費用がかかり、また生徒不足で経営が苦しかった。東京専門学校と同志社英学校も理学科を設置したが、ほどなく廃止している。明治期、私立の理科系学校は、東京物理学校と一八八七年に帝大出の技師の下で技手として働く中・下級技術者を養成するために創立された工手学校くらいだったという。工手学校は東京商業学校附属商工徒弟講習所を仮校舎として開校した。夜間に限り、予科・本科合わせて一五カ月で卒業した。工学院大学の前身である。

物理学講習所も経営が苦しく、創立者は無給で、赤字分は負担しあった。一八八三年、東京物理学校と改称した。一八八五年には創立者二一名中一六名が東京物理学校維持同盟を結成した。規則には、本

東京物理学校小川町校舎

校維持員として三〇円を寄付すること、毎週二回ずつの講義を義務づけ、自分の都合だけでなく、学校の都合で講義を欠いた時には、一回につき二五銭を支払うことなどが書いてある。授業料収入で校費が賄えるようになるのは生徒数がふえた一八八七年頃からであった。

理学普及の志で困窮時代を乗り切った創立者たちの努力は感動的である。小倉は「明治科学史上における東京物理学校の地位」（『東京物理学校雑誌』一九四一年十一月）の中で、物理学校が継続した理由として、「物理学校維持員諸先生の強く堅き結束力、諸先生の学問的信用と社会的地位、さらにそれに加えて、卒業生の世間的信用と団結力」を挙げている。

初期の物理学校の維持、存続に東京大学関係者が果たした役割も見のがせない。一八八一年、東京大学で器械貸付規則が定められた。「理学士ニシテ十人以上結社シテ学校ヲ創設セントスル者ハ願ニ因リ理学器械ノ貸附ヲ許ス事アルヘシ」「器械ハ結社ノ学校ニテ講義ノ度毎ニ貸付シ講義済ノ上ハ直ニ返付セシムヘシ」とある。一橋の東大理学部から夕刻に使丁が器械を運搬し、その夜のうちに返却したという。

物理学校は現在地の新宿区神楽坂まで八回所在地を変えている。特に九段下の稚松小学校の一部を借り、小学校の机で学んだ最初の校舎から、煉瓦造の勧工場（現在の百貨店に類するもの）を半分割って、後の半分の仏文会（フランス語の研究を目的に発足）の校舎を夜間のみ借用した一八八六年の神田小川町の校舎までの五年間に、実に七回移転している。一八八九年にはこの校舎を購入した。

小倉が在学していた当時の小川町校舎は「実に汚い、まるでろくな設備もないような、変に暗い――第一印象の恐ろしく悪い学校」で「ある教室のごときは隣がすぐ便所で、夏になれば臭気ふんぷんとする」（『回想』）茅屋のような校舎だった。

小倉が購読していた『東京物理学校雑誌』は一八九一年十二月、毎月一回発行することとし、一般に公開、販売した。一九四四年廃刊するまで長期間継続し、小倉の師林鶴一は九六篇、小倉は四五篇の論文を投稿している。数学については『東洋学芸雑誌』よりも読みがいがあった。小倉は物理学校在学中、『東京物理学校雑誌』に載った論文によって、林鶴一や三上義夫などの初期の仕事を知ることができた。

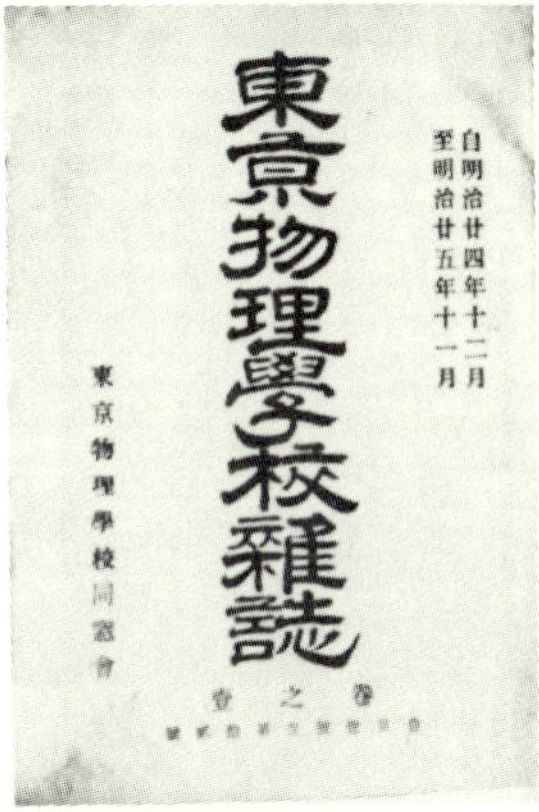

『東京物理学校雑誌』

物理学校は学ぶ者に対して、卒業する者がきわめて少なく、落第生を多く出す学校として名高かった。学則では引き続き二回落第した者は退学としている。これは一九〇六年には三回落第したものは除名するとやや緩和されている。第一学期二一八名であった小倉の同期生は、卒業時には上級生で落第した者を加え二四名であった。一割ぐらいしか卒業しなかったのである。

小倉は入学資格をゆるめ、生徒をたくさん入れ、進級、卒業を厳しくする制度の欠点を指摘し、この制度を経営上からくる一種の商業主義と批判している。そして、最も大きな欠点は、

大多数の生徒をまるで試験準備のために勉強する動物であるかのように、考えさせるように仕向けたことです。本当に学問をするために学校にくるのではなく、ただ試験を受けて上級にのぼること、あるいは、検定試験に合格することのみを考えさせる。そういうふうに自然と生徒を仕向けていったのです。(『回想』)

といっている。小倉も難問題を解けなければ落第するということがたえず頭にあり、丸一年はこのようにして過ごした。

物理学校はフランス風であったが、一九〇〇年代になると学界はドイツ風が盛んになり、小・中学校ではイギリス風の数学を採用したので、物理学校のフランス風の特色は次第に崩れていった。小倉が入学した当時は、フランス風が半ば崩れ、これに代わる新しい学風のなかった時代であった。修学年限は三年、一年を二学期に分け、六学期制がとられていた。数学、物理、化学だけで、一般教養科目、外国語、修身、体操などは一切なかった。「普通にいわゆる学校という概念からみますと、随分変則的なもので、それは非常に偏った一種の専門的技能教育であった」(『回想』)のである。

生徒は中等学校教員の検定試験に合格するための勉強に専念した。維持員先生の中には文部省の中等教員検定試験委員がかなりいた。しかし、自然科学の本質的な研究をやりたいとか、科学の普及、科学の大衆化に志す者は少なかった。物理学校には図書閲覧室も参考書などを読む設備もなく、実験室や実験設備も不完全で、二年目を終えるまで実験はほとんどなかった。物理学校は理化学の実験的方面に力

を注ぐことができず、机上でやれる数学や数学的な物理学へ偏重をきたすのである。物理学校も小倉の学問的欲求を満たすことができなかった。

それで、小倉は学校とは独立して自学自習することにした。湯島聖堂内にあった教育博物館にいったが、ここには外国語の本はほとんどなく、日本のものでも、数学、理化の新刊書はなかった。上野の帝国図書館はすばらしかったが、図書館で短時間のうちに何かまとまった結果を得ることは初学のものにはほとんど不可能だった。神保町から九段下までの古本屋を一軒一軒のぞいたが、程度の低い受験参考書が目についた。当時、日本には日本語で書かれた高級な数理関係の書物が少なかった。

そこで、なるべく安く、やさしい数学・化学の英文の原書を買い集めて読んだ。田村書店が出していた翻刻書は大変参考になった。小倉は後年、次のように書いている。

田村書店という出版社は、当時の数学や物理などの学生に対して、じつにりっぱな仕事をやってくれたものだと、今日でも私は感謝しております。それから以後何十年かの間、田村の翻刻書がどんなに参考になったかしれません。（「語りつぐ日本の数学」『数学セミナー』一九六二年四―七月）

二年目（一九〇三＝明治36年）からは難問題を解くことに時間をとる必要もなくなり、外国語の参考書が使われるようになり、学問への興味が蘇ってきた。春からドイツ語を始めた。それで、学校に近い西小川町の独逸学協会学校附属独逸語専修学校で隔日三時間、午後一時から四時まで学んだ。物理学校の授業は第三学期から午後四時半から九時までだった。独逸学協会学校は一九〇二年、火災にあい校舎を全焼、同年秋、目白台に校舎を新築した。小倉が学んだ独逸語専修学校は旧校舎敷地に新築された分校校舎の中にあった（獨協学園編『目でみる獨協百年』）。

1903年 8 月，酒田で病後撮影

暑中休暇にはドイツ語の勉強のためアンデルセン童話を読んでいる。この年の春から夏にかけ烈しい気管支カタルを病んだ。医師の指示に従い、第三学期の試験が終わると帰省し、二カ月ぐらい療養した。

小倉は下宿に近い壱岐坂の本郷教会で内村鑑三の講話を数回聴いている。しかし、特定の宗教に対して、ほとんど何の関心ももたなかった。一九〇三年秋、小倉が購読していた『万朝報』の黒岩涙香社長が、戦争もやむをえないと主戦論に転向すると、社員で非戦論者の内村鑑三、幸徳秋水、堺利彦らはいっせいに退社した。「そのころの私には、非戦論が正しいかどうかについて、よく分らなかったが、しかし権力に屈服することなく、断乎として進まれた堺さんたちの態度には、感激したのであった」(「ルソーをめぐる思い出」)。

一九〇三年十月十二日付『万朝報』に、内村は、「小生は日露開戦に同意することを以て日本国の滅亡に同意することゝ確信致し候」で始まる「退社に際し涙香兄に贈りし覚え書」を載せている。幸徳、堺らは十一月に平民社を結成、『平民新聞』を創刊した。小倉は社会主義の講演を二、三度聴いているが、深い関心はもたなかった。『近代日本総合年表』によれば、一九〇三年十月八日「社会主義者、神田青年館で非戦演説会開催、堺利彦・木下尚江ら演説」、また一九〇四年「この年平民社を中心とする社会主義者の集会一二四回」とある。

一九〇三年八月、東京電車鉄道が新橋・品川駅間に東京で最初の路面電車を開通させた。同年九月、東京市街鉄道の数寄屋橋・神田橋間も開通した。これらは鉄道馬車の軌道を利用したものであった。小倉は友人と神田橋まで歩いて電車に乗っている。

小倉が物理学校で教わった寺尾寿（東京帝国大学教授、天文台長、物理学校初代校長）、中村精男（中央気象台長、物理学校二代校長）、三守守（東京高等工業学校教授）ら維持員先生など明治科学界の元老と小倉とは三〇歳ぐらいの年齢の差があった。「回想の半世紀」（『思想』一九五六年八月・十一月号）で、自分の学び方がいたらなかったものもあり、彼らから純粋な学問を学んだことが少ないと書いている。一方、桑木彧雄《あやお》、岡田武松、愛知敬一ら当時まだ二〇代の若い教師に学問上の大きな影響をうけた。

中山茂は『帝国大学の誕生』の中で、幕末に生をうけ、明治の学術体制がまだ定まらないあいだにあって、体制づくりに励んだ「明治アカデミズム」世代と、初等教育から帝国大学まで学者になるコースを歩み、学問的実力では「明治アカデミズム」世代をしのぎ、国際的研究水準に挑もうとする大正「研究至上主義」世代を対比させ論じている。林鶴一、桑木彧雄、愛知敬一ら大正「研究至上主義」世代を「官製アカデミズムのなかに行儀よくおさまりそうにない、個性のある、ひとくせありげ」で「科学者のくせにものを書きたがる文筆家であり、また科学技術を効率的に社会に役立たせようとするテクノクラート」と書いている。小倉もこの系譜に連なっていくのである。

桑木彧雄は小倉より七歳年長で、東京帝国大学理科大学物理学科を卒業、当時、母校と物理学校の講師を兼任していた。小倉は桑木の初等力学の講義にうたれた。桑木はしばしば力学の根本的概念や方法についての認識論的な問題にふれた。そのような哲学的な話が非常に面白かった。当時の小倉には十分な理解ができなかったが、「そこには何か、ほかの先生たちには全くみることのできないものがあった」

（『回想』）。

小倉は桑木の宿題に答えるため、上野の図書館などで原書を読み、苦心のすえレポートを提出した。これを機会に数回自宅を訪れ、薫陶をうけた。また東京帝大理科大学物理学教室での、世界でも新しい研究結果の液体空気実験に同行、物理学校では不可能なその実験に非常に感動し、大学で学問したいという考えをもつようになるのである。

桑木は科学史にも関心をもち、その方面の論文も書いている。小倉は晩年、自分が数学史を研究するようになったのは、若い頃の桑木と三上義夫の影響だと常に言っていたという（大矢真一「小倉金之助先生と数学史の研究」『科学史研究』一九六三年第六五号）。小倉は少年の頃、歴史がきらいで竹越与三郎『二千五百年史』のほか、政治史、英雄伝などをのぞいたことはなかった。

桑木は日露戦争が始まると召集された。新カント哲学を日本に移植した桑木厳翼は兄である。

岡田武松は一一歳年長で、帝国大学理科大学物理学科を卒業後、中央気象台に就職、予報課技手となった。小倉は岡田の力学の時間にジョン・ペリーの名をはじめて教わり、早速『技術者用の微積分』を読んだ。ペリーは明治初期に来日、工部大学校で土木工学を教えたことがある。一九〇一年、グラスゴーでのイギリス科学振興会の年会で数学教育改造の急務を訴え、改造運動は世界に広がった。

岡田は一九〇四年に予報課長となった。一九〇五年の日本海海戦の時、「天気晴朗なるも浪高かるべし」と大本営に通報、東郷平八郎連合艦隊司令長官は大本営への報告で、岡田の予報文をそのまま使い、「この日天気晴朗なれど浪高し」とあてたのはあまりに有名である。

愛知敬一は五歳上で、東京帝国大学理科大学物理学科で理論物理学を専攻した。小倉は三年目（一九〇四＝明治37年）の第六学期に愛知から力学の講義を聴き、理論物理学に興味をもった。それで愛知に依頼し、東京帝大理科大学物理学科に選科生として入学できるように、理論物理学講座担任の長岡半太郎教授に共に願い出るが、選科生はとらないと拒絶され、その道は閉ざされた。

小倉は愛知にすすめられカジョリの『数学史』を読んだ。愛知は後に欧米に留学し、帰朝後、東北帝国大学理科大学教授に任ぜられ、小倉と職場をともにしている。

このように桑木、岡田、愛知の影響で、小倉の学問的興味は化学から物理へと移っていくのである。小倉にとって、二年間の物理学校の講義では化学が一番程度が低く、内容も劣っていた。

一九〇四年十二月、小倉は『東京物理学校雑誌』に二つの科学論文を発表した。一つは「ベルヌリー兄弟の数学的生涯」である。小倉はマッハの『力学発達史』を読んだ時、ベルヌリーの業績に興味をもった。ニュートン、ライプニッツの壮大な事業にかくれ、忘れられた存在になっているヤコブ、ヨハンのベルヌリー兄弟の生涯と業績を記述したもので、未完である。この論文は愛知の指導をうけ、学友椿繁蔵の協力によって書かれ、愛知が『東京物理学校雑誌』の編集主任山下安太郎に紹介し、掲載された。もう一つは「ラール氏数理化学教科書梗概」である。これはオランダの化学者ファン・ラールの化学書紹介であった。未完である。これらは小倉が公にした最初の科学論文である。

黒須康之介「在学中より偉材」（『東京理科大学新聞』一九六二年十月二十日）によれば、「小倉先生は東京物理学校在学中から、すでにその卓抜な偉材を母校の先生方からも、母校外の広い範囲の学者の間にも驚異と感歎をもって語られ、噂されていた」という。

東京物理学校といえば夏目漱石の『坊ちゃん』だろう。兄から父の遺産分けで六〇〇円をもらった坊ちゃんが、それを学資にして学校に入ろうと考え、物理学校の前を通りかかったら生徒募集の広告が出ていたのを幸いに、すぐ入学の手続きをする。席順は下から勘定する方が便利であったが、どうやら卒業し、校長の世話で四国の中学へ赴任するのである。

小倉は帰郷し家業に従事した時期に『坊ちゃん』を読んでいる。そして、この本の中に扱われている正義感を「近代的な人間解放とか、人権の擁護とか、新しい思想というような考えとは違ったもので、あの中には何か封建的道徳というふうな保守的なものが、わたしには強く感じられたのです」(「素人文学談義」『改造』一九五四年二月号)と書いている。

小倉は中学だけは卒業したらどうかという桑木のすすめを実行し、一九〇四年九月、私立大成中学校五年生だった同郷の友人熊谷直治の尽力で同校五年生に編入した。『大成七十年史』によれば、同校は一八九七年に大成学館尋常中学として創立された学校で、翌々年の一八九九年、私立大成中学校となった。創立された頃は、東京に公立中学校は東京府立尋常中学校(現日比谷高校)だけで、あとはすべて私立だった。

大成中学校をはじめ神田周辺の私立中学は途中編入を大幅に認めており、卒業も五年間在学した者より途中編入者の方が多かった。創立者杉浦鋼太郎は日本の予備校の草分けの大成学館の設立、国語教育の振興をはかるための国語伝習所の設立、実業学校の必要を認め、東洋商業学校の創設など教育の振興に尽くしたが、大成中学校の校長に就任したことはなく、校主とよばれた。小倉は在学時は杉浦を事務員と思っていた。

小倉は中学校の授業を物理学校の開始時間の午後四時半までに終わると考えたが、物理学校の第六学

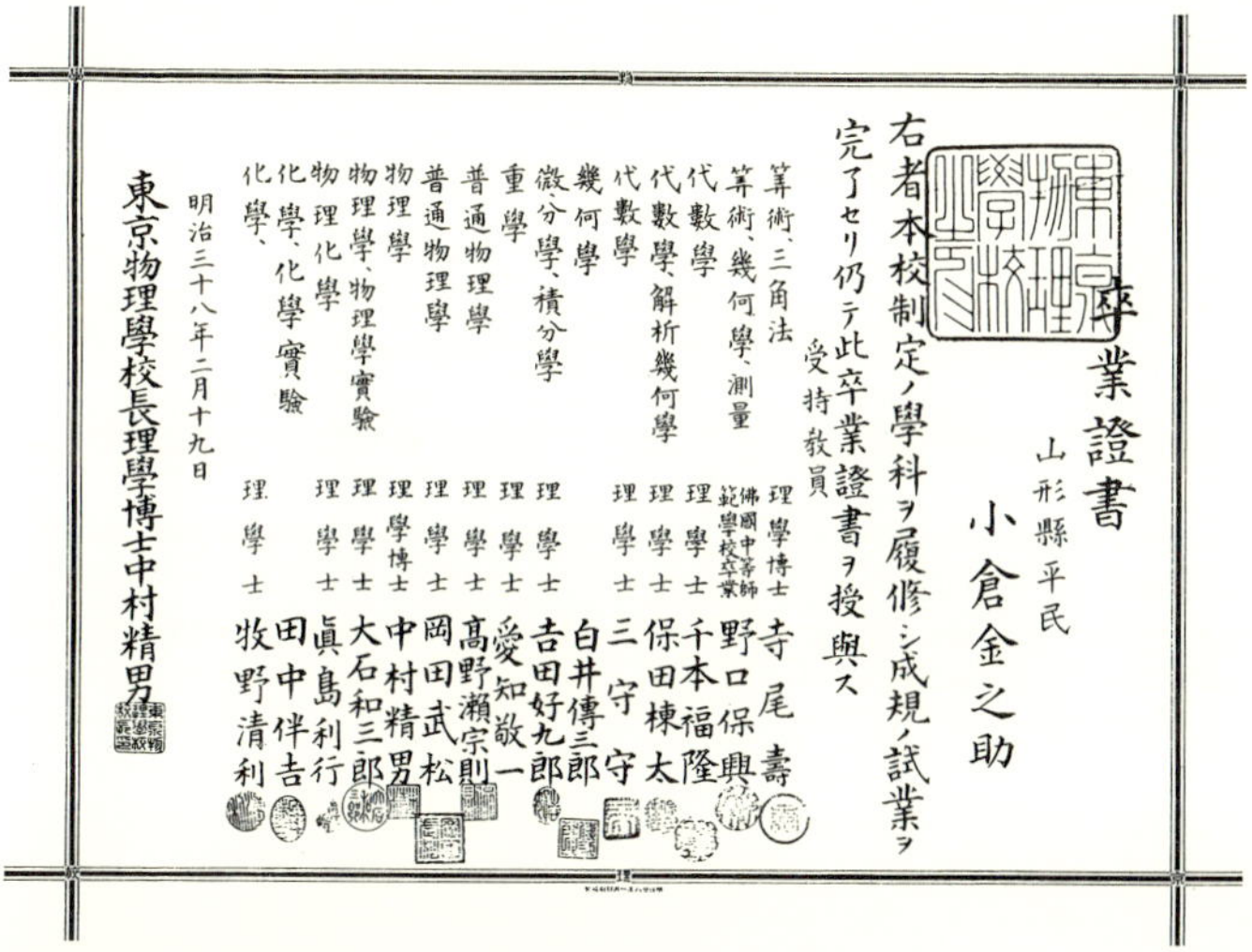
卒業證書
山形縣平民
小倉金之助
右者本校制定ノ學科ヲ履修シ成規ノ試業ヲ完了セリ仍テ此卒業證書ヲ授與ス
受持教員
筭術、三角法
筭術、幾何學、測量
代數學
代數學、解析幾何學
代數學
幾何學
微分學、積分學
重學
普通物理學
物理學
物理學、物理學實驗
物理化學
化學、化學實驗
化學、
理學博士　寺尾壽
佛國中等師範學校卒業　野口保興
理學士　千本福隆
理學士　保田棟太
理學士　三守守
白井傳三郎
理學士　吉田好九郎
理學士　愛知敬一
理學士　高野瀬宗則
理學士　岡田武松
理學博士　中村精男
理學士　大石和三郎
理學士　眞島利行
田中伴吉
理學士　牧野清利
明治三十八年二月十九日
東京物理學校長理學博士中村精男

東京物理学校卒業証書

期では化学実験が午後一時からであり、また中学でも午後遅くの日があり、週二回はどちらかを欠席しなければならなかった。それで中学の方は休みがちになり、十二月頃からはほとんど学校に行かなくなった。校主の杉浦はろくに出席しなかった小倉を下宿に訪ね、卒業するために体操の時間だけは出席してくれと忠告している。

神田三崎町の校舎（現在は日本大学経済学部の校舎が建っている）は、木造で校地もせまかった。裏の小路を北へ一〇〇メートルほどいったところに運動場があった。校門を入ってすぐ右手に生徒監室があった。生徒監は体操の教師全員がこれに当たり、生徒の出入りを監視した。朝遅れてくるとよくここでしぼられたという。『回想』に小倉と熊谷が体操の授業をさぼって下宿に帰ろうとした時、遅れてきた熊谷が校門付近にいた体操の先生二人につかまったとあるが、生徒監のことだろう。

『大成七十年史』の「回想」篇で多くの人が国

語の平田盛胤にふれている。平田は篤胤から数え第四代目にあたり、神田明神の社司（『回想』では宮司となっているが、官幣社以上が宮司、府県社以下が社司で、戦前は固く区別されていたという）をしながら、大成中学に四〇年勤務した。かなり専門的で平田一流の国語文法の学説に、欠席しがちな小倉は大いに閉口している。

一九〇五（明治38）年二月、東京物理学校全科を卒業した。第三七回卒業である。その後は、毎日中学に通い、地理や歴史の教科書は初めから丸暗記して卒業試験に備え、三月に卒業した。この年の大成中学の卒業生は一二九名、第八回卒業生である。

一九〇三（明治36）年の古地図を見ると、本郷元町から御茶の水橋をこえ、神田小川町の物理学校へは長い距離ではない。また神田三崎町の大成中学校へは元町からわずかの距離である。病弱ながら飛鳥山や大森までも散歩したという健脚の小倉には、手ごろの距離だったろう。

二　東京帝国大学理科大学化学科の頃

小倉が物理学校三年の時、物理学にひかれ、大学入学を望むが、実現しなかったことは前に書いた。しかし、小倉が『東京物理学校雑誌』に掲載した「ラール氏数理化学教科書梗概」を読んだ東京帝大理科大学化学科教授池田菊苗が、熱心な者がいるなら、簡単な試験の上で化学選科に入れてもいいと言った話を聞き、化学選科入学を決意した。

家庭の事情も祖父母の相談に乗ってくれる人が出て、二、三年の遊学が可能になってきた。一九〇五年三月、中学の卒業試験を終えると帰郷し、五月に病気がちの祖父の隠居により家督を相続した後、入学試験を受けるため再上京した。

『東京大学百年史』によれば、東京大学創立の一年後の一八七八年に撰科制度（後に選科と改める）が設置され、正科生の数が少なく人員に余裕がある場合、一部の専門科目について修学を希望する者に大学教育課程を開放した。一八八六年、帝国大学創設と同時に撰科が開設されたが、規定は東大のものとほぼ同様であった。在学者の呼称は生徒とされたが、取り扱いは基本的には正科生と異ならず、選択科目について正科生と同じ試験をうけ、合格すれば証書を得た。

撰科生の休学は一八九四年に、これを認めない方針が決められ、一八九七年には撰科生募集についての官報や新聞の広告の廃止が決まり、今後、学科等で差し支えない限り志望者に対し、入学を許可するとした。撰科修了者に対する図書館利用の便宜はなかなかはかられず、「修了者一同ヨリノ願出」が何度か繰り返された後、一八九六年の評議会で利用についての種々の制限が加わった「元撰科生ノ特別閲覧」に関する規定が作られた。

小倉の入学に厚意を示した池田菊苗は化学第三講座の担任であった。小倉が一八九八年荘内中学校に入学した時、校長心得であった教諭文学士池田夏苗は菊苗の弟である。その縁からか、一八九九年七月一日の荘内中学校創立記念式で、東京帝大助教授池田菊苗の講話があった。また小倉は中学時代、池田の『中学化学書』を読んでいる。

池田は少年時代、父が莫大な借財をかかえ、学業を続ける上で苦労しているが、宮田親平『科学者の自由な楽園』によれば「大学在任中、彼は正規の学歴を経てきていない人々に親身になって助力を与え、学位号を授与したり、就職を世話したりしたと伝えられている」と書いてある。

一九〇一年、池田はイギリスに留学、夏目漱石の下宿に逗留した。漱石は池田の人となりについて、友人に次のような手紙を書いている。

目下は池田菊苗氏と同宿だ同氏は頗る博学な色々の事に興味を有して居る人だ且つ頗る見識のある立派な品性を有して居る人物だ（藤代禎輔宛、一九〇一年六月十九日付）

つい此間池田菊苗氏（化学者）が帰国した同氏とは暫く倫敦で同居して居った色々話をしたが頗る立派な学者だ化学者として同氏の造詣は僕には分らないが大なる頭の学者であるといふ事は慥かである同氏は僕の友人の中で尊敬すべき人の一人と思ふ君の事をよく話して置たから暇があったら是非訪問して話しをし給へ君の専門上其他に大に利益がある事と信ずる（寺田寅彦宛、一九〇一年九月十二日付）

池田は一九〇八年、夫人が買ってきた昆布の味をきっかけに、成分を研究し、グルタミン酸ナトリウムを発見、特許を得た。これは「味の素」の商品名で販売された。

大学の入学試験は化学の理論と実験、物理、英語だった。小倉は正則英語学校に入り、英語に没頭した。選科の受験者六名の中に、物理学校の先輩河上暢輔がいた。河上肇の二歳下の異母弟である。当時、河上肇は東京帝国大学農科大学実科講師で、本郷真砂町に住んでいた。小倉は試験の結果を見にきた河上肇から、自宅で菓子をごちそうになっている。小倉はこの縁でその後も河上の言行に関心をもつのであるが、小倉が河上と会ったのはこれが最初で最後であった。

河上はこの年の十月、勉強に専念するため妻子を郷里の父母に預け、神田淡路町の食事付きの借間で生活をし、十月一日から十二月十日まで三六回連載で『読売新聞』に「社会主義評論」を書いている。そして、「無我の愛」を唱えていた伊藤証信の影響をうけ、「絶対的非利己主義」の道を突き進む決心をする。一切の教職を捨て、「社会主義評論」の擱筆の辞を書き、十二月八日、伊藤証信の無我苑に入った。小倉は河上が学問を捨て、「無我の愛」に投じたことに一種異常な感激をうけるのである。

小倉は九月に入学するが、祖父母の意向にそって、小倉家の養女しま（すみ子）と同居することになった。すみ子は三歳で小倉家に来てから、小倉とは許嫁のように、兄妹のように育った。すみ子は一九〇四年三月の酒田高等女学校第五回卒業生である。すみ子は上京後、入学試験をうけ、津田英学塾に入った。

小倉たちが上京した直後、ポーツマス条約が成立し、日比谷で講和反対国民大会が開催され、政府系新聞社、交番、電車などの焼き打ち事件がおこり、東京市とその周辺に戒厳令が出された。

化学科の講義では立体化学を桜井錠二から、分析化学の実験を池田菊苗、真島利行に教わった。本多光太郎の物理実験の講義はよく学生の程度を考えた一種独特のものだった。小倉は「思い出（本多光太郎先生）」（『本多光太郎先生の思い出』所収）で、「鋭い才能を表面に現わさず、平凡のなかに深味のあるような、急がずにゆったりと、しかも休みなく仕事をつづけるといった風格は、もうその頃から現われておりました」と追想している。

小倉は物理学校にくらべて、東京帝大の図書室の蔵書、化学教室の設備には驚嘆した。化学の図書室には専門的単行本が割に少なく、専門の化学雑誌のバックナンバーが実に多かった。小倉は「学問の研究には、でき上がった単行本よりも、なまなましい雑誌のほうがはるかに必要だということを初めて知った」(「語りつぐ日本の数学」)のである。

図書室内で教授、学生だけでなく卒業生も参加した談話会があった。会では新しい研究、新しい文献の紹介などを行なった。小倉は中学校、物理学校では満たされなかった少年時代の夢がようやく実現されるような学問的雰囲気の中に入り込むのである。

そして、学問の自由を理念として創立された私学が、現実には経営の厳しさから学問研究の不自由をきたしており、自然科学の方面では、むしろ官学に学問の自由があることを痛感した。民間の数学者としてその姿勢を貫いた小倉が、二〇歳の青春時代に官学に身をおいて、官学と私学の違いを感じたというのは大きな意味があろう。

三上義夫とは物理学校を卒業する頃知り合ったが、化学選科の頃は同じ森川町一番地に住んでおり、ときどき遊びにきた。小倉はすみ子を妹だといって紹介したという(大矢真一『小倉金之助著作集』三〈以下『著作集』〉「解説」)。当時、三上はリベラリストでかなり急進的だった。三上は和算の研究をはじめていたが、官学にも私学にもほとんど無縁であるため、資料を得ることが困難だった。

小倉は大学で学びながら、学問は短期間に成るのではなく、一生の事業であることを悟った。一九〇六(明治39)年一月下旬から悪性の感冒にかかり、長く病臥した。祖父も六四歳になり中風の病状もよくなく、家業も不振であることから、帰郷して家業につくことを決意し、学問は家業のかたわら一生の仕事として継続していこうと考えるのである。小倉は、この年第一高等学校を卒業した友人の伊藤吉之助や池田菊苗教授などの意見を聞き、三月末、大学を退学し、すみ子とともに帰郷した。小倉の東京帝大時代はわずか六カ月である。

小倉の東京遊学時代は一九〇二年から一九〇六年までで、一七歳から二一歳までの約四年間である。ちょうど、間に日露戦争がある。前述した『万朝報』の非戦論、日比谷焼き打ち事件の他にも『回想』には、大成中学の卒業試験を終えて帰郷し、再上京した時、途中の宇都宮駅で日本海海戦の号外が舞い込んだこと、東京帝大化学選科の英語の入学試験に「日本海の海戦についての感想を英語で書け」があったことなどが書いてある。日露戦争は明治国家の浮沈を賭けた戦争であった。その緊迫した雰囲気の首都で、小倉は学問を続けたのである。

『東京理科大学百年史』には、日露戦争後、清国の学生の入学が次第に多くなり、その成績はいずれも優秀であったと書いている。この時期、清国からの留学生の数はおびただしかった。魯迅の友人范肇基（愛農）は東京物理学校に一九〇六年四月入学し、翌一九〇七年二月に退学している。当時の東京は清朝を倒そうとする中国革命運動の策源地であり、范愛農も勉強どころではなかったのかもしれない。

魯迅の末弟周建人は「魯迅が紹興師範学校校長に任ぜられた一年」の中で、

范愛農が進んだ学校は、どんな学校かというと、物理学校という私立学校であった。この学校は進級、卒業がむずかしかった。そのわりに中国に帰国してからの資格は、他の学校に及ばなかった。というのは、私立だし、さらに大学、専門などという文字が入っていないからである。……かれは徹頭徹尾、日本の官立学校に入学したいとは思わなかった。官立学校に入学すれば、中国の官費の支給を受けられるし、卒業後、帰国してから、学歴を言うとなかなか聞こえがよく、その上比較的よい職業が楽に見つかるのだが、かれは万事正反対の、進級と卒業が大変むずかしい私立学校に入学したのである。（今村与志雄『魯迅の伝統』所収の「魯迅と范愛農についてのノート」に引用）

と書いている。

魯迅の日本遊学は一九〇二年から一九一〇年までで、仙台医学専門学校在学の一九〇四年九月から一九〇六年三月を除く期間を東京で過ごしている。魯迅は主に本郷に住んでおり、また神田駿河台にあった清国留学生会館にも出入りしていたので、小倉の活動範囲とほぼ重なる。

小学校を卒業すると北海道に番頭見習に出るはずであった小倉は、学問への志捨て難く、祖母の庇護をうけ中学校、東京物理学校、そして東京帝大で学んだ。八年間の猶予期間を終え、『回想』にある「不安の時期」に入るのである。

不安の時期（一九〇六―一九一一）

一　廻漕問屋若主人の頃

一九〇六年三月、小倉は帰郷し、病気療養中の祖父にかわって家業に従事した。二一歳のことである。当時、酒田の廻漕業界には往時の栄華はなかった。奥羽南線鉄道が一九〇三年には新庄まで開通し、それにともない酒田は山形県全般からの物資の集散地としての地位を失うのである。しかし、庄内に鉄道が敷設されるまでは、酒田港は庄内地方の最も重要な輸送路として、また主に北海道とを結ぶ輸送路としての役割を担っていた。明治末年までの県内移出総価額の酒田港の比率は約二二％～三〇％、移入は約二〇％～二四％前後である（『山形県史』商工業編）。

一九〇九年の酒田港の県外移出入物資として、米、藁工品、雑貨等を東京、北海道へ移出し、海産物等を北海道から移入している（『酒田築港調査資料』）。

明治末期の船場町界隈

酒田港は河口港のため、年々堆積する土砂で河口が浅くなり、大きな船が入港できず、酒田港所有の汽船玄洋丸で艀を曳航し、沖合の大型汽船に物資を運んだ。玄洋丸は狼の遠吠のような音を出すことから、狼蒸気と呼ばれ親しまれたという（『目でみる酒田市史』）。また酒田・新潟間には一八八六年から定期航路があり、渡津丸が就航していた。湯野浜、温海に湯治に行くにもこの汽船を利用していた。

一九〇九年八月、後藤新平逓信大臣が最上川河口を視察し、酒田・新庄間の鉄道敷設の有望なことを示唆した。また一九一〇年八月、政府は羽前、羽後に商港設置の方針を示し、内務省の技師が派遣され、酒田、船川、土崎を調査した。前記の『酒田築港調査資料』はこの実現のために、酒田築港期成同盟会が作成し、提出した資料である。三港間に激しい競争がひきおこされたが、一九一一年の帝国議会で土崎、船川との競争に敗れた。

面目を一新する築港は一九一七年まで待つことになる。一九一四年十二月、陸羽横断鉄道酒田線が開通、酒田駅が落成した。翌一九一五年には臨港鉄道が敷かれ、最上川駅ができた。

一九〇〇年代、商業の振興発展のため、鉄道敷設、近代的港湾の築港実現にむけ、酒田商人の間で大きな運動がおきた。当時、政友会系統の内閣だったので、その実現のため政友会に大挙して入党している。これは交通の谷間にならないため、庄内空港実現にやっきになっていた近年の状況に似ていなくもない。

小倉家（屋号は『回想』には⌃キ商店、『加茂港史』には小倉屋とある）も最盛期の帆船三隻、倉庫三つからみると、家業は振わず、北海道、カムチャツカで鰊、鮭をとり、それを酒田、土崎、新潟で売り捌くのが主な仕事になっていた。小倉は「家業が投機的な冒険をおかす方向に傾きつつあるのに驚きもし、また悲観もした」（『回想』）のである。

一九〇九年刊行の『山形県荘内実業家伝』に「米穀運送業　小倉金蔵君」という記事がある。

> 小倉金蔵君は酒田の実業家なり二十七年震災に遇ひ事業頓挫し殆んど又奮闘の余地無かりしと雖も多年鍛練せる実業的力腕は九死に一生の余地を得て奮戦敢行着々成功の域に進み今日に到りては米穀荒物海産物商及び運送業者として既に失へる震災の頽勢を挽回したるのみならず酒田実業界老者として重きを為すに至れり

と賞讃しているが、商売の内情はかなり厳しかった。

当時、⌃キ商店は二隻の帆船をもっていた。その中の一隻が宝栄丸である。『酒田築港調査資料』の「酒田港出入船舶調」の一九〇九年五月の項に「宝栄丸　総頓数一〇一　満船吃水九・〇」とある。持船二隻はいずれもほどなく沈没している。

一九〇五年九月、一年半に及んだ日露戦争の講和が成立し、ポーツマス条約が結ばれた。その第一一条が「露西亜帝国は日本海、オホーツク海及びベーリング海に瀕する露西亜領地の沿岸に於ける漁業権を、日本国民に許与せむが為、日本国と協定をなすべきことを約す」である。そして、約一年にわたる交渉の結果、一九〇七年、有効期間一二年の日露漁業条約が調印された。日露両国の漁業家は競売によって貸与された漁区で漁獲、製造を行ない、税金、労働者の雇用は平等に取り扱い、日本への輸出には輸出税をとらないことになるのである。

北洋漁業は春の鰊から八月の鮭に終わるまでの六カ月の操業で、豊漁、不漁の差が大きく、ロシアの資源保護で厳しく取り締まられ、漁区取り上げ、漁船没収などがおき、また海難事故も多く、危険な漁業であった（板橋守邦『北洋漁業の盛衰――大いなる回帰』）。

㋖商店も日露漁業条約の調印で、カムチャツカの漁業権を得る必要が出てきた。小倉は船長とともに赤坂溜池の大日本水産協会にいき、許可をうけている。

小倉が帰郷してほどない五月四日、恩師和島与之助が死亡した。三八歳であった。酒田高等女学校の雑誌『さざれ石』第二号（一九〇七年発行）に「明治三十九年一月十三日、和島与之助先生新任披露式あり。五月七日《ママ》、和島先生去る三十日俄に発病の処本日死去せらる。生徒一同大宮村に会葬す」とある。また、第九号には女教師須田ますが、創立の頃、和島が校長より校務一切を任せられ、式典の時など壇上に校訓十則を携え滔々と弁じる姿を回想する文を寄せている。

『酒田商業高等学校八十年史』に次のような文がある。

当時、和嶋与之助は教育の将来を洞察して、しきりに商業学校の設立を唱道した。これに須藤善太郎が賛同しておおいに奔走するところとなった。ここで、五十嵐三作・竹内丑松を中心に画策して再三学務委員会を開き、町当局を動かすこととなった。特に町立高等女学校で教鞭をとったことのある和嶋与之助は、酒田の実業界の不振をなげき、商業学校設立の急務を説いて、設立運動の半ばに過労で倒れたほどであった。小倉金之助の『わが師・わが友』の中に「和嶋先生こそ、死をもって商業学校建設の任を果たした人」と記されている。

明治三十九年二月九日、学務委員会に中村助役・堀井書記・塚本視学並びに和嶋与之助が加わって、商業学校の骨子を協議し、続いて二月一七日、再度学務委員会を開き、前記の諸氏にさらに荒木商業会議所会頭、本間専助同書記が加わり細案を協議した。

翌一九〇七年、町議会に「酒田町立商業補習学校ヲ設立シ明治四十年四月一日ヨリ開校スルコト」が提案、審議され、満場一致で可決された。「小学校のころ」には設立運動から過労で倒れた和島を見舞った小倉に対し、もはや口もきけず、紙に「遺憾」の二字を書いて示した、死ぬ数日前の和島の姿が書かれている。

竹内丑松は「回顧三十年」（『酒商同窓会誌創立三十周年記念号』所収）の中で、次のように書いている。

　商校の創設に最も奔走、否寧ろ発案者に和島与之助とて、現西平田村長和島喜与太《（ママ）》氏の実父がある。これは実に眠食を忘れて四方に遊説、これ力めたものであるが、或はこれを知るもの殆んど稀れかと思ふ。商校を思ふものは此の貢献者の名を逸してはならぬと思ふ。

一九〇七年五月九日、酒田尋常高等小学校付設商業補習学校の開校式が竹内丑松はじめ町の有力者、有識者が多数参加して挙行された。

和島与之助の名前は、一九〇一年四月刊行の『荘内館第四回報告』にも出てくる。荘内館は一八九六年、荘内出身学生のために東京市本郷元町に設立された寄宿舎である。『第四回報告』の維持員（五〇円以上の寄付申し込み者）の中に「飽海郡酒田高等女学校和島与之助」とあり、毎月俸給の一〇〇分の一宛出金とし、一円五〇銭を寄付している。翌一九〇二年の『第五回報告』をみると二円八〇銭を寄付している。また『第八回報告』には春季運動会に五〇銭寄付とある。和島は郷党の後輩たちの育英事業にも意を払っていた。

小倉は帳場に座り金銭の支払いをしたり、さらに番頭と田地の見回りをすることはあったが、家業は不向きとして大体は番頭に仕事を任せていた。妹泰によれば、小倉は仕事をすることなく、読書や勉強ばかりしていたという。それは病気加療中の祖父金蔵には心配の種であった。大平楨介は、次のように書いている。

大家の坊んち金之助さんは、いつもひっそり奥まったところで洋書らしい部厚い本に向かっていた。青白い顔にまだ珍しかった細みの金ぶち眼鏡が光り、寺の本堂のような薄明の中に薩摩上布の白が浮かぶ。ソロバンを持たぬ商家の若旦那、角帯さえ重そうな細腰になんで船場の差配ができよう。評判のみなと美人、姉《ママ》さんのくらよさんの華やかなお転婆の蔭にすっかり立ちすくむ弱々しさ。主人金蔵翁が私の家に立ち寄るといつでもそれを父にこぼしていた。（大平楨介「数学の小倉金之助さんの思い出」）

『日本読書新聞』（一九四〇年六月二十五日）の「蔵書家漫訪」で小倉は「山形の生家へかへって商売を

やる事になり始めて十露盤を手にして和算の有難さを知ったのです」と言っている。

小倉は一九〇六年六月、祖父母のすすめに従い、すみ子と結婚した。小倉は自分たちの結婚について「二十年代」（『私の人生訓』所収）の中で、

私は古い家族制度による幼い時分からの許婚と結婚しました。私達は結婚後、自分達の生活を考えるよりも、何時でもまず、家を中心として考えるように習慣づけられました。それで幸いにあまり大きな喧嘩もしなかったし、他人からみては、比較的成功した結婚と思われるかも知れませんが、少くとも恋愛的な情緒に乏しかったことは争いえない事実

であったと記している。小倉はその頃、堺利彦が家族制度、夫婦関係について新しい進歩的見解を示した『家庭の新風味』を読んだ。

この年、徴兵検査をうけ丁種となった。

小倉には十分読書の暇があった。持っていた本でまだ読んでいない科学書を読み始めた。『中央公論』も購読しだした。国木田独歩の『少年の悲哀』には幼年時代の船場町への郷愁からか、不思議なほど激しいショックをうけた。

小倉は学問を捨てる気はなかった。なぜ家業をつぐことが運命であるかのように決められているのか、家業と学問の研究を両立させることははたして可能か、また、実験のいらない独学でやれる数学（小倉は今まで化学や物理学を学ぶための準備のつもりで数学を学んできており、特に好んだわけではなかった）を選んだ場合、はたして「もの」になるか、など封建的な家族制度への不満と学問の研究への不安が頭にこびりついて離れなかった。まさに『回想』にある「不安の時期」だったのである。

一九〇六年、小倉は『東京物理学校雑誌』に載った林鶴一の論文に、ちょっとした注意をしたのをきっかけに林と知り合い、十一月末に上京して悩みをうちあけ指導を仰いだ。これが一九三五年、林が急逝するまで三〇年にわたる二人の交友の出発である。

初対面の時、林は三四歳で「逆境にある時代」(『回想』)にあったが、林からうけた第一印象は老大家や秀才型の学者とまるで違い、快活で男性的であった。小倉は林から、家業をやりながら傍ら数学をやった方が安全だと教えられ、元気づけられた。また数学を専門的に研究するための読書、勉強上の注意などを聞いた。それで、家業に従事しながら数学の研究をすることを決意するのである。

小倉は酒田時代、林から学問上の助言、論文の訂正、学会での論文代読など、ひとかたならぬ学恩をうけるが、何よりも林の生き方に感化された。逆境の中で「東京大学の数学教授連を向うに回わして、意気昂然」(『回想』)とした林の生きざまは当時の小倉の境遇からすれば、大きなはげましになったはずである。小倉は時間割を作って、まずは田村書店の翻刻書からざっと読みはじめた。

ここで、林が東北帝大教授になるまでの略歴を書いてみよう。

林鶴一は一八七三年、徳島に生まれた。第三高等中学校在学中、教授で後に京都帝大の初代数学科教授となる河合十太郎に学び、河合宅に下宿し図書も自由に利用することを許されていたという。林は歴史に興味をもっていたが、河合の影響をうけ、大学で数学を専攻することになる。帝国大学に入学したが、チフスにかかり一年間休学、一八九七年卒業した。大学に在学中は菊池大麓教授の指導で和算の論文を発表、卒業後も海外の雑誌に寄稿している。卒業同期に高木貞治、吉江琢児がいる。卒業と同時に東京高等師範学校講師となった。

一八九八年、京都帝大助教授に就任するが、わずか八カ月で辞職した。平山諦「林鶴一(1)」(『数学史研究』第一〇〇号)によれば、この京都行きは見かけは栄転であるが、林の望んだものでなく、藤沢利喜太郎東京帝大教授のため左遷されたと言っていたという。

一八九九年より二年間、松山中学校で数学を講じた。一九〇一年、嘉納治五郎に招かれて再び東京高師講師に就任、一九〇七年には教授に昇進した。林は数学教育にも関心をもち、中学校や予備校で教えた経験をもとに、中等学校教科書を数多く著した。一九〇七年、林監修の「数学叢書」(大倉書店)の刊行がはじまっている。この頃、林は東北帝大創立委員の藤沢利喜太郎から東北帝大数学科主任教授を薦められ、大役なので藤原松三郎も行くならばと言って引き受けた。藤原松三郎は「林博士の業績」(『文化』第三巻第四号)で、一九〇一年から一九一一年までの「九年間の活躍は頗る華々しいものがあった」と述べている。

雑誌『木鐸』(一九〇七年二月号)に小倉は「明治三十九年に於ける日本数学界の回顧」という文を寄せ、現今の数学の衰頽を歎じながら、前年一九〇六年の数学論文を紹介している。また「所謂大家なるものが教授法の改良や教科書の編輯にかくれ」、たいした仕事をしていないのに対し、和算の研究の三上義夫や四次元の空間に関する研究の後藤平一など無名の数学者などはいっそう尊敬に値し、わが数学界の誇りであると賞讃している。

そして、最後に「読者諸君をして、若し神社の扁額中に、和算の問題の載せたるものを発見せられ給はば、何卒額面御写し取りの上小生の許まで御送り下されたい、日本数学の為めに、深く之を祈る」とよびかけている。

「回想の半世紀」に、

郷里に帰った一九〇六年の秋に、鶴岡市にある算額のことで、（まだお目にかからなかった）林先生に手紙をあげますとき、鶴岡市の日枝神社にちかい古本屋の店頭で、四、五冊の妙な本を見出したんです。「ああ、これが和算の本だ！」そこで早速『算法新書』などを買って帰ったのでした。

とあるが、この時期に小倉の日本数学史研究の萌芽が見られる。また「明治三十九年に於ける日本数学界の回顧」の末尾に「東京市本郷六丁目一五、本郷家方」とある。廻漕業は日本海の風浪の高い冬は暇であったため、長く東京に滞在した。また時々上京したが、その止宿先であろう。小倉は下宿にいる間は朝から晩まで数学のみに没頭した。

小倉が本格的に数学の研究を始めたのは一九〇七（明治40）年からである。はやく家業を止めてしまいたいという気分からも、反抗的に純粋な学問の世界に入りたいと念願し、数学のための数学という心境にあこがれた。四月、商用で上京の折、友人伊藤吉之助につれられ、哲学会の公開講演会で林鶴一の「非ユークリッド幾何学について」を聴いている。五月、長男真美が生まれた。

六月、東京数学物理学会に入会した。「熱心な会員の一人であった」（「50年前入会のころ」『数学』第九巻第二号）。この会の会員数は一九〇五年二二四名、一九一〇年三一九名であった。小倉は東京帝大化学科に半年ほど在学した関係で物理の先生で知っている人が多く、出席しても孤独感はなかった。物理では田中館愛橘、長岡半太郎らが陣頭に立っていたが、数学では藤沢利喜太郎は例会にほとんど顔を出さず、会は物理が主で数学は添えもののような感じが濃厚であったという。

十二月、神田一橋の高等商業学校大講堂で、東京数学物理学会主催の関孝和二百年忌記念通俗講談会

1907年撮影
左から妻すみ子，長男真美，祖母志賀

が開かれ、小倉も聴いている。午後六時より午後九時半までの会で入場無料であった。聴衆一〇〇〇余名で非常な盛会だった。東京数学物理学会刊行の関孝和先生二百年忌記念『本朝数学通俗講演集』は、講演の筆記を各講演者が自ら訂正したものを集録している。

開会の辞は座長の藤沢利喜太郎が述べた。藤沢は東京数学物理学会の関孝和二百年忌の取り組み、和算の保存に功績が顕著である川北朝鄰、遠藤利貞の紹介、東京数学物理学会の沿革および出版物などにふれ、最後に次のように結んでいる。

直接には数学思想の普及を図り、間接には我同胞五千万人中、何所にか気運の然らしむる所、必ずや伏在して居るならんと思はるゝ数学的天才が、世に現はるゝことを促す上に於て、本日の催が、多少の効果あれかしと、深く希望もし又期待も致しまする次第であります。

ひきつづいて、林鶴一「関孝和先生の事蹟に就て」、狩野亨吉「記憶すべき関流の数学家」、菊池大麓「本朝数学に就て」の各講演があった。

いざ数学の研究を始めるとすぐ困難にぶちあたった。それは、小倉が学んだ東京物理学校の数学は旧式で、厳密な近代数学の考え方や方法をほとんど学んだことがなかったからである。ドイツ版『数学百科全書』を先生とし、読んでは考え、考えては読む独習をするしかなかったのである。

一九〇八（明治41）年一月、東京数学物理学会で「二つの複点をもつ四次曲線について」という英文の処女論文を発表した。原稿は林鶴一から徹底的に訂正してもらった。春以降は酒田に腰をすえ、丸善に専門書を注文し貪り読んだことで、数学の理解がすすんでいった。雑誌は費用がかかることなので集めることはむずかしかったが、三上義夫が時折、ドイツの雑誌などに載った数学史に関する論文の別刷を送ってきた。これには非常に啓発された。

『木鐸』（一九〇七年十一月号）の「書斎雑談」に小倉は、現代数学を代表する数学書を刊行しているライプチヒのトイプネル書店から三種の雑誌を購読しているが、そのうちの一種の前金が七月で切れたのに、勘定書を入れて八月発行分が送られてきたと書いている。また同じく「書斎雑談」其二（一九〇八年二月号）には、戸川秋骨「丸善回顧」に同感し、丸善の会計がとどこおるのにあまり催促しないので有難い、そのうち恩返ししたいと書いている。大学からの注文以上に酒田の無名の人からむずかしい本の注文がきて、丸善では何人《なんぴと》かと不思議に思ったというから、小倉が購入する洋書はかなりなものだったろう。

「語りつぐ日本の数学」で小倉は、郷里で読んだ英語、ドイツ語の本を「教科書のつもり」で読む、「気分転換のつもり」で読む、「番外として」読む、の三つに分類している。彼は特に、番外として読んだドイツのクラインとノルウェーのリーに大きな刺激と影響をうけ、幾何学に興味をもつようになった。クラインの『高等幾何学入門』は読みにくい謄写版の原書で読んだが、「数学にもこんなに直観的総合的な面白い本があるのかと、強い感激を受け」（「読書の思い出」『学生と読書』一九五〇年八月号）た。

一九〇九（明治42）年十二月、『ケージー氏幾何学続編』（山下安太郎・高橋三蔵共訳）が刊行された。「緒言」によれば、小倉はこの訳述に対し助言を与え、材料を供給し、「附録」を執筆した。「附録」に「コノ拙キ小篇ヲ林鶴一先生ニ捧グ　千九百〇九年三月　小倉金之助〔酒田ニ於テ〕」という献辞がある。

クラインの著作の中で『高等な立場から見た初等数学』には特に感動し、『東京物理学校雑誌』に二回にわたり紹介文を寄せている。最初は「クラインの初等数学に就て」（一九〇九年九月号）で、家業を捨てて職業的数学者として立つことを決意する新潟滞在の直前に書かれた。

次が「クラインの初等数学講義第二巻を読む」（一九一〇年三月号）で、新潟から帰って、東京に出る間に書かれた。これらは「一生の危機における記念品」（「回想の半世紀」）であり、「数学教育に関係ある私の最初のもので」「生涯における一転機の記念品」（「クラインの『高い立場から見た初等数学』を読む」の「追記」）であった。

「クラインの初等数学講義第二巻を読む」の末尾の文で、「友よ！　大なる初等幾何学建築の美をみんと欲せば、速やかにここに来れ！　算数・幾何の隔離という旧衣を脱して、算数・幾何の融合という新衣を求めんと欲せば、速やかにここに来れ！」と熱っぽく紹介している。

小倉はクラインの著作を通じ、国際的な数学教育改造運動のこと、ジョン・ペリー、エミル・ボレル、E・H・ムーアなどのことを知った。またボレルの教科書のドイツ語訳を読んで、グラフ通になっていった。

小倉は東京数学物理学会の会誌『東京数学物理学会記事』に、一九〇八年二篇、一九〇九年三篇の英

文の論文を載せている。それらが評価されると、家業と研究との矛盾がだんだん大きくなり、二元的な生活が非常に苦しくなっていくのである。一九〇九年は「一生の危機」であり、「生涯における一転機」の年であった。

前記の『山形県荘内実業家伝』の「小倉金蔵君」の最後に次のような文章がある。

嗣子金之助氏学を好み中学を終えて東京物理学校に入り成績優等を以て卒業し今や専ら学事に熱心して或は読書或は著書に孜々として怠ることなく時に文を誌上に寄せて自ら心を慰めつゝあり蓋し理数の学力に於いて其蘊奥に至れるものありと云ふ又多望なる哉

いままで『木鐸』掲載の小倉論文を三つ引用した。ここで『木鐸』についてふれてみたい。

小倉が酒田に帰り、家業に従事した一九〇六年の十一月、山形県酒田町浜町三六番地、木鐸社より月刊の総合雑誌『木鐸』が刊行された。木鐸とは木製の舌のついた金属製の鈴で、古代中国で法令を人民に知らせる時に振り鳴らしたもので、転じて世人を覚醒させ、教導する指導者という意である。

「発刊の辞」では、日露戦争勝利による国運の進展にくらべ、維新後急速に衰退した荘内の現状を嘆き、その頽勢を挽回する方策として、思想の改善、知識の発達、風気の振作、時代精神の発達の必要を説き、さらに政治、経済、教育、文学等の方面に刷新を加え、大いに言論を開き、真理を明らかにするため本誌を刊行することを宣言している。また木鐸社同人の発刊にのぞんでの「吾人の信条」として、秕政を正すこと、国益を計ること、文教を興すこと、弊風を矯ること、の四カ条をあげている。これらの文からは世の木鐸たらんとする気負いが伝わってくる。

『木鐸』は東京帰りの文学青年グループを中核とし、竹内丑松などの町の名望家が応援して創刊された。寄稿者は新聞記者、教員、弁護士、宗教家、医者、商人など多岐にわたり三〇〇名近くにのぼった。論稿は社会主義、無政府主義から国家主義まで両極を包含していたが、個人主義、自由主義を基調としていた。鶴岡新聞主筆の笹原潮風によるマルクス『賃労働と資本』の本邦初訳が載っていることは特筆される（和田守「雑誌『木鐸』と大正デモクラシーの展開」『近代日本におけるジャーナリズムの政治的機能』所収）。『木鐸』は「地域の新旧両思想の自由な討論を保障し、大正デモクラシー前期を代表するわが国でもっとも水準の高い地方総合雑誌のひとつであった」（『山形県史』第四巻）のである。

一九一五年八月刊行の第九巻第一〇号に社友斎藤恵のアルツィバアセフ作品の紹介記事「労働者セヰリオフ」が掲載された。斎藤は無政府主義を「欠陥に充ちた、現在の社会制度の総てを破壊し、一切個人の自由行動を放任するの理想的無政府の社会を建設せんとする主義」と書くなど詳しくふれており、朝憲紊乱の罪科で新聞紙法違反に問われた。第三審まで争われたが、結局、敗訴した。

この事件で木鐸社が蒙った被害は大きく、ついに立て直すことができず、一九一七年十月、廃刊となった。『木鐸』は日露戦争終結一年後に生まれ、米騒動の前年に姿を消した。その間一一年、全誌一一六冊であった。

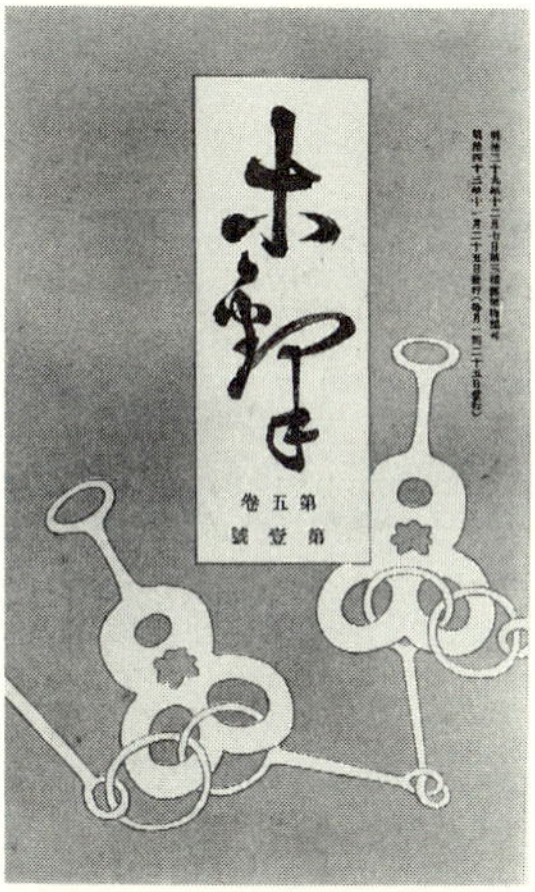

『木鐸』（1910年11月発行）
小倉の「一二の教育問題に就て」が掲載されている

小倉は社友として参加し、以下の九篇の文を寄せている。初期の約四年間である。『回想』には「一二の教育問題に就て」の一部が引用されているが、『著作集』八所収の「著作目録」には載っていない。

「明治三十九年に於ける日本数学界の回顧」（一九〇七年二月）
「通俗講演　空間の話」（一九〇七年九月）
「一大閨秀数学者の話」（一九〇八年八月）
「書斎雑談」㈠（一九〇八年十一月）
「書斎雑談」其二（一九〇九年二月）
「書斎雑談」其ノ三（一九〇九年四月）
「書斎雑談」（一九一〇年一月）
「所謂名論卓説に対する疑問」（一九一〇年八月）
「一二の教育問題に就て」（一九一〇年十一月）

小倉のこれらの文の中で、教育にふれた部分は彼の批判精神、反逆精神が強くあらわれており、特に興味深い。長くなるが、その箇所を抜き出してみたい。

> 日本の現時の教育はあまりに形式的である、また所謂学者と呼ばれる人にもあまりに教授法家的であるまいか（「書斎雑談」㈠）
>
> ○教育界には、実に野暮な人間が多い、少し物の解った人々は、自分が教職にありながらも、所謂教育家たらんことを免れやうとして居る、また少し狡猾な人間は、教育を看板か売物の様に心得て居る……
>
> 教育者連は、文芸の意義を知らぬ、彼等は『作文』といふものを作るが、文芸は見も聞きもしな

い、否、見ても聞いても解らぬかも知らぬ、否々、これが解った日には免職になるかも知れぬ。……

○高い理想は、教育者に禁物とされて居る、宛も社会主義の様に恐れられて居るのだ、それだから教員は沢柳前文部次官の『教師及び校長論』の一冊位も、拝読して居ればそれでよいのだ、ニイチェやワイルドを読むと、免職の恐れがある。

敢て教育者諸君に望む、諸君は今少し『考へること』をして貰ひたい、人生は考へねばならぬものであることを考へて貰ひたい、人はただの器械でないことを考へて貰ひたい。（「書斎雑談」其ノ三）

教育勅語や戊申詔書は「朝早く起きよ」といふ様なものだ、其実新らしい「生の曙」とは、少しく意義の相違を認めねばならない。……

僕等が小学校で教った修身などは、今から考へて見ると、まるで論理学の試験問題に於て「下の論理の誤りを示摘せよ」といふ項目の中にはいるべきものであった、孔子や孟子の言を仮りて、非論理を修めた様なものだ、つまり小学校の修身科は虚言を教ふる教科に過ぎなかった、（「書斎雑談」）

○今の教育では余り思想を束縛して居るではないかと思ふ、校長も教師も生徒も、圧迫と束縛との下に半分死にかゝって居る、帳簿の整理と教科書の丸暗記とが、教育の生命でもあるまい、自由の空気を吸ふた頭でなければ、自由には働くまい。……

○僕は小学校中学校女学校等で修身を教ふることなく、また歴史などの中で倫理的批評を加ふることなく、教育して見たら面白からふと思ふ、つまり一切の権威や伝習を除き去った教育が欲しい、また家庭にあっても、神仏に権威を附けずに、ただ美術的文学的に、考へて飾って置いても置かないでも勝手にしたいと思ふ。

斯様に人が作った得手勝手な批評、独断、空想を一切小供の頭に注入しなかったらば、余程完全な人が得られるだらふと思ふ。……

○愚劣なる批評を加へざる智識、これを生徒に授けなくては駄目だ、五六十歳の老人が道徳の眼鏡を掛けて、枕の草子や源氏物語の字句と文法とを講義するのを聞いたらば、清少納言や紫式部も、あまりの悔しさ、情なさに、泣き出すかもしれない。(「一二の教育問題に就て」)

一九〇二年、小学校教科書採択をめぐる贈収賄で一斉検挙が行なわれ(教科書疑獄事件)、一九〇三年には小学校令が一部改正されて国定教科書制度が成立し、一九〇四年から修身、国語、歴史、地理の国定教科書が使用された。日露戦争後の一九〇六年、学生、生徒が社会主義思想や自然主義文学の影響を受けるのを取り締まるための文相訓令が出され、一九〇八年には、学生、生徒の風紀取り諦まり強化の通牒が出、国民教化を強めるために戊申詔書が発布された。このような教育をめぐる情勢の中で、教師に「考へること」「自由の空気を吸ふ」ことを求めた商家の若主人小倉金之助の主張は教育史の面でも特筆されるべきものではないだろうか。

束縛を排し、自由な思想を養えと唱えた小倉の教育観は、「一二の教育問題に就て」で明確に表明されているが、それに対し、酒田高等女学校教員吉野安民が「偶感三論」(『木鐸』一九一一年三月)で反論している。吉野は小倉を「其の学殖に於て余輩の畏敬する我郷出身の名士にして将来わが国に於ける有望なる一学者として重きをなされんことを信じつゝあるところの人なれば、この人が何も危険なる思想ありなどとは一毫も思はざるところ」としながらも、小倉のような思想が危険な思想を養成し、人を誤った方向に導くのではないかと危惧し、ペンを進めている。

吉野の思想は、

我が国に於ける各種教育の目的は明確なる規定あり、各科の教授要旨も一点誤解を生ずる余地なきまでに指示せられあり、況んや、教育に関する勅語及び、戊申詔書の厳として教育の淵源国民道徳の標準処生の心得を明示し給へるものあるに於てをや……

自由の真意義は道徳的訓練を経て始めて生ずる……

或る程度迄は圧迫も束縛も修身教授も歴史の倫理的批判も教権も余は必要なるを疑はざるなりで、小倉の思想とはまったく相容れない。

小倉は家からほど近い秋田町の堀青山堂に始終出入りし、小説から雑書の類まで読んだ。漱石の『吾輩は猫である』『坊ちゃん』『草枕』、二葉亭の『其面影』などを読んだが、漱石は「虫が好かな」(「科学・宗教・恋愛」『展望』一九四七年三月号)かった。ついには経営者の堀美代治よりも本の所在がわかるようになり、青山堂は小倉の家庭図書館になった。小倉泰によれば、小倉は青山堂の飯米が出るほど本を買ったという。

堀美代治の孫で堀青山堂社長堀真一によれば、堀家は美代治の父が中平田の荻島から酒田の荒町に出、宮造り業・陶器販売業を営んでいたが、庄内大地震の時、梁が落ちて負傷し仕事ができなくなった。それで、当時、職人にならず郵便局に勤めていた美代治が勤めをやめ、秋田町に四二坪を買い本屋を開くこととなった。そして、営業を開始するため東京へ出かけるが、途中、日光東照宮に営業祈願に立ち寄

秋田町通り（1911年撮影）　書林は青山堂

り、スリにあって営業資金五〇〇円を失った。途方にくれたところを、当時、出版と全国への書籍卸しをしていた至誠堂の鹿島寅吉に出会い、本をわけてもらった。一八九五年のことである。

青山堂は多くの友達に借金しての船出だった。店は間口二間半、奥行一間そこそこで、本がふえると畳をはがし、一部屋つぶし一部屋つぶしして拡張した。堀は将棋が好きで、熱中すると客に店番をしてもらうほどだったという。小倉たちの集まり場所であり、彼らも店番をしたとのことである。

佐藤三郎の「ですかばー庄内人」(28)（『庄内散歩』一九七六年十月号所収）に「青山堂書店で『新希望』という総合雑誌を出すというので当時酒田で著作活動をしていた斎藤美澄とともに編集を手伝って第一号を発行した。この雑誌は一号で終わりとなったが、これに小倉は『輓近ノ哲学思想ニ影響セル自然科学ノ発達』と題する大論文を発表」したとあり、その一部を紹介している。「数学ノ新観念ニツキテ述ベル積リデアル。元来数学ハ正当ナ意義ニ於テ自然科学デハナイケレドモ、コレト多大ノ関連ガアルコト故ココニ付記スル……『数トハ何ゾヤ』コノ疑問ノ解決ハ吾人ガ常識ト学トノ結絡ヲ求ムル……」である。

小倉の所には、酒田高等女学校の数学教師土田甚次郎がたびたび訪れたというが（小倉泰談）、この専門的な論文を含め、彼の学問研究は一般の酒田の人々にはほとんど理解されなかっただろう。

『目で見る酒田市史』に一九一一年の秋田町通りの写真が載っており、「荷車をひく人や、荷車に縄がつまれているところなど、明治末期の風物をしのばせる。『書林』の看板が出ているのは青山堂。若き日の小倉金之助がよくここへ遊びにきて、本のありかを主人よりよく知っていたという」と説明されている。

『山形県荘内実業家伝』の「堀三代治君」の文に、「幼にして赤貧洗ふが如」き彼が、大成功を夢み、郵便局員から書籍商に転身し、親切と迅速と安価とをもって従事したため、家業が隆盛し、文房具、絵ハガキ販売にも手を広げ、「今日に至りては酒田有数の書籍商となりて青山堂なる名詞は酒田近在の信用ある商店として人の知らざるものなし」となったと書いている。お人好しで他人のためになり、保証弁済に苦労したという堀美代治は一九五二年三月、八二歳で死亡した。

前述のように、小倉には十分読書の時間があった。数学の専門書を読むかたわら、多くの小説を濫読している。その頃、信頼していた文芸評論家は島村抱月だった。「反抗心なんかがあって、むしゃくしゃしておって何かそれをつき破って逃げ出そうというような時分だった」（「科学・宗教・恋愛」）から、人間の解放や社会や文明に対する批判、つまり、反逆の精神が貫かれている作品を求めた。それは当時勃興しつつある自然主義文学であった。国木田独歩や島崎藤村の小説を読み耽った。

一九〇九年、島崎藤村の『新片町より』を読んだ。「序」にある「吾儕《われく》は『人』としてこの世に生れて来たものである。ある専門家として生れて来たものではない」の言葉に大いに感激した。これはルソーの一生を藤村風に解釈したものだが、この言葉は小倉の人生観や学問に対する態度に大きな影響を与えた。「開拓者精神の炬火となって、その後における私の思想の、相当大きな一面をつくっている」と戦後、「二十年代」の中で述懐している。

小倉は自然主義文学の中から批判的精神だけでなく、いかに物事を科学的にみるか、いかに物事を科学的に考えるかという科学的精神を学ぶようになる。

「私と文学」（『文学』一九五三年九月号）には自然主義文学に熱中したのとほぼ同じ時期に、西洋文学に興味をもち、ツルゲーネフを読み、『父と子』のバザロフの性格、虚無主義者という言葉にずいぶん感動したと書いている。モーパッサンは小倉が日本の文学を含め、最も多く読んだ作家であった。

小倉が特に影響をうけたのは永井荷風であった。荷風は一九〇八年九月、五年ぶりで帰国し、翌一九〇九年には続々と小説を発表している。岩波版『荷風全集』の「年譜」の一九〇九年には次のような記述がある。

三月二五日、『ふらんす物語』が博文館から刊行され、納本と共に発売禁止処分を受けた。
九月二〇日、『歓楽』を易風社より刊行し、収録した作品『歓楽』、『監獄署の裏』のために発売禁止処分を受けた。

『歓楽』に収録された作品は「歓楽」「監獄署の裏」など九篇で、雑誌初出の時は見逃されていたが、単行本になると発禁になった。与謝野晶子はこの発禁に対し「新しき荷風の筆のものがたり馬券のごとく禁《とゞ》められにき」と詠んでいる。

小倉は家業と研究との矛盾がいよいよ大きくなる「青春時代における危機ともいうべき時期」（『回想』）に荷風文学の妥協を許さない反逆性、社会批判に激励され、家業を捨てて学問の道を志すのである。

人間としての私は、日本のいわゆる倫理や道徳によってではなく、荷風文学の反逆性によって救われたのである。実際荷風の作品こそ、私の一生中の最も決定的な口において、運命を支配する力を私に与えてくれたのである。（「荷風文学と私」『文藝春秋』一九五〇年二月号）

一九〇九年九月、小倉は塩鮭を売る用件で、約三カ月、新潟に滞在した。伊藤博文がハルビンで暗殺されたのもその頃だった。料理屋で酒を飲みながらの商談の連続にはとうてい耐えられるものではなかった。刊行されたばかりの易風社版『歓楽』をくり返し読んだ同業者の二階で、彼は妻に商売から足を洗うとの長い手紙を出すのである。この年の大晦日、小倉は店の帳場に座り、年末の金銭の支払いなどをしながら、『中央公論』（一九一〇年一月号）を読んだ。この号には荷風の「見果てぬ夢」が載っている。年が明け、一九一〇（明治43）年になると、幸いにも物理学校から講師の依頼があった。小倉は職業的数学者の第一歩をふみ出すことになる。

小倉は「回想の半世紀」で、人間形成にとって必要なものをパスカルは「幾何学精神」と「繊細の精神」であると強調しているが、「幾何学精神」を「科学的精神」、「繊細の精神」を「芸術的精神」といいかえ、これに「社会的精神」を付け加える必要があるといっている。そして、自分が四年間実務についたことは、学問の専門的研究という立場から考えればマイナスだが、実生活から芸術的精神と社会的精神を学び、人間形成ということではプラスだと述べている。

それは視野を広くし、当時流行の観念論にかぶれず、物事を実証的に見ることを教えてくれた。そして、何よりも独立心の尊さを直接教えられた。その体験が小倉を、「教室しか知らない野暮な先生や、鬚をはやした官僚型ではない、何か物のわかった、自由な庶民」（「回想の半世紀」）にしていったのである。

小倉の孫欣一は、祖父がどんな人間であったかを次のように述べている。

明治の中期、東北の回漕問屋という当時の新興ブルジョアジーの家庭に生まれ、数年間その実務にたずさわったということが、一生を決定したとまで考えている。……ここで何よりも進取の意気と独立心と行動力とを学び、同時に明治人の反骨精神をも体得したのである。（小倉欣一「祖父金之助の一面」『数学セミナー』一九六三年二月号）

一九〇六年から一九一〇年までの廻漕問屋若主人の時代は、以後の小倉の軌跡を解く鍵である。

二　東京物理学校講師の頃

一九一〇年二月、小倉は母校東京物理学校の講師に就任した。『東京理科大学百年史』『東京理科大学一〇〇年略史』によれば、東京物理学校は一九〇五年、牛込神楽町二丁目二四番地に三九四坪の敷地を購入し、翌一九〇六年、二階建木造校舎（二二六坪）を建設した。この白亜の瀟洒な建物には化学実験室、物理実験室が備わり、以前の茅屋のような小川町校舎からみるとかなり立派なものだった。東京物理学校は昭和初年の拡張で外堀に面することになるが、当時は住宅区域の背後になっていた。

東京物理学校神楽坂校舎

北原白秋が東京物理学校裏の神楽町二丁目二二番地に転居したのは、一九〇八年十月末である。石川啄木の「明治四十一年日誌」の十月二十九日に、その日白秋より転居の葉書を受け、午後に新居を訪れ、夜八時半まで話し込み、「二階の書斎の前に物理学校の白い建物。瓦斯がついて窓といふ窓が蒼白い。それはそれは気持のよい色だ。そして物理の講義の声が、琴の音や三味線と共に聞える」と記している。

白秋に「物理学校裏」という詩がある。『スバル』二年四号（一九一〇年四月一日発行）に発表され、詩の最後に「一九一〇年、三月二十二日夜」と日付が載っている。ちょうど小倉が講師となってすぐの時期の作品で、当時の東京物理学校と神楽坂界隈の様子がいくぶんうかがわれる。

東京物理学校は一九〇六年六月、規則の大改正があり、第一学期から第四学期までを尋常科、第五、六学期を高等科とし、高等科を数学科、理化学科に分けた。教授内容もいくぶん専門的になっている。

小倉は微積分の講義を毎週四、五回担当した。前述のように東京物理学校の数学は計算の方法とか問題を解く方面に力点がおかれ、基礎が十分に正確でなかったことから、根本的な考え方、基礎的なことを重視し、謄写版刷りをつくって事前に配布し講義した。

小倉の講義を聴いた黒須康之介は次のように回想している。

講義の時間の中間で、十分か十五分の休みがあるときは、先生がたは教室から引きあげて教員室で休息されるのが普通ですが、小倉先生は違うのです。この十分か十五分の休みの間にも、生徒の机の間におりてこられ、生徒の仲間にはいられなれ《(ママ)》ていろいろと有益なお話や熱心な御指導をして下さるのです。（黒須康之介「恐怖に近いまでの尊敬を抱く」『東京理科大学新聞』一九五六年十一月二十日）

「一二一の教育問題に就て」（『木鐸』一九一〇年十一月号）に彼の講義の内容がふれられている。

僕は目下或る学校で数学を教へて居るが、その講義の中には歴史を多く教へて居る、普通の数学の講義には歴史が殆んど全く這《(ママ)》いって居ないが、僕の方針はこれに反対である、僕はその歴史を教へて生徒の研究心を盛ならしめやうと考へて居る、新たなる思想を啓く為めに旧思想の歴史を語るは、趣味深いことである。

○僕はその講義の一節をここに引き、敢てこれを教育家、特に女学校の諸先生に捧げる。

僕はソフキーフォンコワレウスキーに於て、最も意義深い近代生活を見る、彼の女は北欧に生れた婦人解放問題の一種の解決者であった、彼の女は不偏《(ママ)》の恋を敢てした、彼の女の脈管には野獣の血が流れて居た、――そして彼の女は世界の歴史が有する最大数学者の一人であった。彼の女はイプセンの国に生れた、けれども彼の女の色彩はノラよりもヘダよりも尚ほ一層強烈であった、矛盾せる強き近代人、病める大なる超人の姿を、僕は彼の女に於て視る、――奔放なる感情と冷静なる智識との相伴随し相矛盾する処に、生の深い々々謎がある。

コワレウスキーについては『木鐸』（一九〇八年八月号）に「一大閨秀数学者の話」を書き、四一歳で長逝したこの女流数学者の業績を紹介し、「コワレウスキーの如き強き女性の存在は、即ち人類の光栄である」と賞讃しているが、彼の講義の一節からはものごとを歴史的にみる（社会的精神）、文学的なものを大切にする（芸術的精神）をかいま見ることができる。

一九一〇年から一九一一年にかけての小倉の物理学校講師時代に、幸徳秋水はじめ多数の社会主義者が天皇暗殺計画の容疑者として逮捕され、一二名が処刑される大逆事件がおきた。この事件後、社会主義運動に対する弾圧が強化され、いわゆる冬の時代を迎えることになる。

荷風は一九一〇年、慶応義塾文学部教授となり、『三田文学』を主宰していたが、この事件に衝撃をうけた。荷風の作風は以後、次第に江戸町人的な官能と遊芸の世界に移るようになった。「花火」で次のように書いている。

明治四十四年慶応義塾に通勤する頃、わたしはその道すがら折々市ケ谷の通で囚人馬車が五六台も引続いて日比谷の裁判所の方へ走って行くのを見た。わたしはこれ迄見聞した世上の事件の中で、この折程云ふに云はれない厭な心持のした事はなかった。わたしは文学者たる以上この思想問題について黙してゐてはならない。小説家ゾラはドレフュー事件について正義を叫んだ為め国外に亡命したではないか。然しわたしは世の文学者と共に何も言はなかった。わたしは何となく良心の苦痛に堪へられぬやうな気がした。わたしは自ら文学者たる事について甚しき羞恥を感じた。以来わたしは自分の芸術の品位を江戸戯作者のなした程度まで引下げるに如くはないと思案した。その頃からわたしは煙草入をさげ浮世絵を集め三味線をひきはじめた。

その頃の小倉はドレフュス事件も、社会主義のイロハさえもほとんどまったく知らなかった。

東京物理学校は専任の教官を置かなかったため、学問的雰囲気が育たず、研究者として自立していく展望を見出せなかった。また小倉の俸給は非常に安く、経済的には不安定であった。安全な生活の道をたてること、母校をたよりに将来の研究生活を確立することは不可能であった。本代を捻出するため、林鶴一が編集していた「数学叢書」の一篇として『級数概論』を書くことにした。

このような前途不安の状態の中、一九一一（明治44）年開学の東北帝国大学理科大学教授に決定していた林鶴一から、助手就任をさそわれ、承諾した。『東京理科大学百年史』に一九一一年の卒業記念写真が掲載されており、和服姿の小倉が写っている。小倉の東京物理学校講師時代は一年で終わり、一九一一年三月、新天地仙台へ移住する。「私の生涯の夜明けへといった希望をもって、新しい生活に飛込んでいった」（『回想』）のである。

仙台時代（一九一一―一九一七）

一　東北帝国大学の創設

東北帝大の開学までの経緯は『東北大学五十年史』に詳しい。主にそれに拠って略述してみたい。

一八八六年、「国家ノ須要ニ応スル学術技芸ヲ教授シ及其蘊奥ヲ攻究スル」（『帝国大学令』）を目的として帝国大学が東京に創設された。西の京都にも帝国大学設置を求める世論が高まり、日清戦争後の一八九七年、京都帝国大学が設置された。

一八九〇年代末、東京以北の高等教育機関は、第二高等学校、仙台医学専門学校、札幌農学校の三校のみであった。一八九八年以降、第三の帝国大学設置にむけ、東北地方選出の議員たちは東北帝大設立を建議し、宮城県は寄付を申し出るなど活発な誘致運動をくりひろげた。一九〇〇年、「九州東北帝国大学設置建議案」が特別委員会で可決されたが、政府は同意せず予算化しなかった。また、一九〇二年にも「東北大学設置建議案」が可決されたが、政府は大学は二つで足り、実用的技術者を養成するための専門学校を新設するとし、仙台には高等工業学校を設置することを地元当局に求めた。

一九〇六年、文部省は東北、九州両帝大案を予算化したが、日露戦争後の不況期にあたり、各省折衝の間に予算が大幅削減され実現が危ぶまれた。しかし当時、古河合名会社副会長をしていた内務大臣原敬は、足尾鉱毒事件で非難をうけていた古河家に、公共のための献金をし世論をやわらげることを進言した。古河家は福岡、仙台、札幌の大学建築の寄付を申し出、許可された。翌一九〇七年、予算案として上程され、帝国議会で承認された。「寄附により帝国大学が設立されるのは実に破天荒のことであった」(『東北大学五十年史』)。古河家寄付金一〇六万円の内訳は、東北帝大農科大学四〇万円、理科大学二六万円、九州帝大四〇万円である。

一九〇七年六月、東北帝大設置の勅令が公布され、札幌農学校が東北帝大農科大学となり、仙台に大学本部と理科大学が創設されることになった。帝国大学は二つ以上の分科大学で構成され、学長の上に総長が置かれた。初代総長には沢柳政太郎が内定した。仙台への理科大学設置は地元の要望ではなく、東京、京都、東北、九州四帝大の分科大学のバランスから決められたという(佐々木重夫『東北大学数学教室の歴史』)。九月、農科大学学長が総長職務取扱に任命され、農科大学が開学した。

理科大学は教授の選任、敷地の選定など第一歩からはじめなければならず、開学まで四年を要した。東京帝大理科大学の教授たちが創立委員に委嘱され、理科大学の学長や教授の人選に入った。初代の理科大学学長に予定されたのは長岡半太郎である。長岡はヨーロッパの諸大学の視察を行なうなどして新大学の準備に奔走したが、浜尾新東大総長に田舎に行かず腰を落ちつけて東大に留まれ、と十数回にわたり慰留され、仙台行きを断念した（長岡半太郎「総長就業と廃業」『文藝春秋』一九三六年九月号）。初代の学長は小川正孝が就任することになる。

教授陣には長岡の弟子本多光太郎、日下部四郎太、小倉の学問上の師林鶴一、小倉の東京物理学校時代の師愛知敬一、真島利行などが内定し、そのほとんどが文部省の在外研究員として海外留学した。彼らはヨーロッパの諸大学で研究するかたわら、時に会合をもち設置各学科の設備費の割り当てを協議し、書籍、機械類を購入した。

敷地については、政府は緊縮予算のため土地購入金を支出しなかった。結局、片平丁の第二高等学校の運動場の西北角を、建物を建てるだけの扇形に区切って敷地と定めた。当初の建物は煉瓦色塗りの木造二階建と木造平屋の講堂だけで、翌年、その北に赤煉瓦造りの二階建が建設された。これらの大半は一九四五年七月十日の仙台大空襲で焼失した。一九六八年、所在地の前に当時の木造屋根の装飾金具、古河家寄附と印した銅板、赤煉瓦などを配した「東北帝国大学理科大学創設の地記念碑」が建てられた。

東北帝国大学理科大学創設の地記念碑

一九一一年、数学科、物理学科、化学科、地質学科の四設置学科、その講座数が決まり、理科大学規程が制定された。規程は東京帝大理科大学に準じているが、独自の特色として傍系入学の門戸開放があげられる。理科大学は法・医・工科ほどには実生活に関係が少ないため志望者がそれほど集まらないことが予想された。東京、京都両帝大が入学資格を高等学校卒業者にせまく限定していたのに対し、文部大臣が高等学校、大学予科と同等と認めた学校の卒業者、中等教員免許状所有者、中学卒業者でも試験の結果、学力適当と認めた者の入学を許可することにしたのである。

物理学科第一回生で小倉の東京物理学校の先輩山下安太郎は四七歳で沢柳総長と同年、数学科助教授窪田忠彦は山下の中学校教師時代の教え子だった。山下は窪田に中学で物理、化学を教え、大学では画法幾何学を教わっている。

また帝国大学令では女子の入学を禁止していないから、女子高等師範学校、女子大学校卒業者の入学も可能になったのである。これは画期的なことだった。小倉は、学生代表が沢柳総長に反対意見を述べた時、沢柳が「君らは私よりも年若いくせに、女子に学問研究を許さないなんて、そんな馬鹿なことを考えているのか」と笑って相手にならなかったということを学生代表の一人から聞いている（「女性文化の歩み」）。

一九一四年度には四名の女子が応募し、三名が試験に合格、入学が許可された。彼女たちはいずれも母校（女高師、日本女子大学）の助教授であった。一九一六年、病気で一年遅れた一名を除く二名が卒業、日本最初の女性学士が生まれた。

一九一一年六月、図書館が創設され、林鶴一が図書館主幹となった。独立した建物ではなかった。講堂が図書閲覧室と兼用で、書庫はなく講堂北側の一室を事務室にあて、書棚をおき図書を収納した。同じ部屋には共通学科の科学概論、ドイツ語を担当した田辺元講師が同居した。各学科は図書を借り受け、別個に図書室を設け、職員・学生に閲覧させた。

八月末、一週間の日程で中等教員のための学術講演会を開き、大学の宣伝につとめた。九月初め、入学試験が行なわれた。各学科の募集人員は一〇名で計二六名の入学を許可、十一日、入学宣誓式が挙行された。この日は一般の人々に大学を公開した。十七日、林鶴一教授の微積分講義が最初の授業となった。

一九一四年九月二十二日、東北帝国大学開学式兼理科大学開学式が挙行された。昼は市内小学校児童三三〇〇名の旗行列があり、大学玄関前に整列し、万才三唱した。夜は記念講演会と二高生以下市内中学生二五〇〇名の提灯行列が行なわれた。理科大学は五日間にわたり一般公開した。数学教室ではグラフやダイヤグラムを多数書いて展示した。「日露戦勝以来の壮観」(『東北帝国大学の昔と今』)であったという。

仙台は一八八九年四月一日に市制が施行された。小倉の仙台時代の仙台の様子を『仙台市史』第二巻に拠ってながめてみたい。

東北地方の諸都市は人口増加率が旺盛な地方を周辺に持ちながら、都市自体の生産力の不足から人口を吸収することができず、関東や北海道へ流出し、人口が比較的少なかった。仙台でも一九〇六年、凶作の荒廃に対する特別措置として北海道移住が奨励され、渡航者に渡航費割引券が交付され、長期にわたり継続されていった。

一九〇四年に仙台医学専門学校に入学し、一九〇六年に離仙した魯迅の「藤野先生」にあるように「仙台は市ではあるが、大きくない。冬はひどく寒かった」という状況であった。一九一一年、東北帝大助教授に任命された石原純は「石原純年譜」(『短歌文学全集　石原純篇』所収)に「仙台の町は頗る静寂の感があり、且つ東北弁の耳馴れないなかに異郷の思ひが深かった」と書いている。

「仙台市戸口関係累年表」（『仙台市史』第九巻、資料篇）によれば、一九〇八年人口八万二二五三人、東北帝大創立の一九一一年は九万六七八二人、そして小倉が仙台を去る一九一七年は一一万五一一三人である。大正初期、人口が大きく上昇しはじめる。

一九〇五年、一九〇六年の凶作のきずは容易に癒えなかったが、一九一一年、近年稀な豊作で米価も比較的高価で、農家の購買力も高まった。しかし翌一九一二年春以来、米価が高騰し、八月になると著しく、貧民の窮乏は極まった。市会では三万円以内で米麦を購入し、時価以内で販売することを決議、三万円を一時借り入れ、旧市二四町共有金および篤志家の寄付金四一〇〇円を合わせ外米を買い付け、救済用として委託販売した。七月、明治天皇の死で大正天皇践祚、大正と改元された。

一九一四年八月、第一次世界大戦が勃発し、生糸価の高騰などで不況が持ち直す気配もあったが、輸出杜絶のため糸価が暴落、ついで米価も下落し、深刻の度を増した。一九一五年八月には対米貿易が好転、糸価が持ち直し、米価も回復した。一九一六年は貿易、投資の増加など戦争景気により、商工業も復興発展することになった。

仙台は周辺に欝蒼と茂る樹林に囲まれた寺社が点在し、市内には道路沿いの部分が宅地に利用されるだけで、過半は畑地・果樹林となっている武家屋敷が多く残っていた。まさに緑に恵まれた「杜の都」であった。これらの武家屋敷には空家がいくらもあり、ここに居を構える教授たちが多かった。また、城下町特有のせまい道路であった。

交通は人力車が主で、公営の市街自動車は一九一九年に、電車は一九二六年に登場する。仙台は豪雨になると溝渠の汚水に雨水がまじり氾濫する非衛生な環境であったため、下水道が先に整備され、一九一二年には第一期事業全工事が完成した。上水道は一九一二年に測量が始まっている。創立早々の東北帝大では、一九一二年、モーターが自動的に止動する井戸ポンプを使い、隣りの第二高等学校の中庭の井戸から水をひいて給水している。

理科大学は校舎は狭隘、貧弱であったが、学術研究第一主義をとり、清新の気風に満ちあふれていた。自由解放の雰囲気の中で研究ができたのは沢柳総長の経営方針によるところが大であった。洋行帰りの教授たちは仙台をドイツの科学都市ゲッチンゲンのような町にしようと唱えるなど大いに意気があがった。

創設当時の数学科の陣容は教授・林鶴一（三八歳）、藤原松三郎（三〇歳）、助教授・窪田忠彦（二六歳）、助手・小倉金之助（二六歳）の四名で、二講座を担当した。一九一二年には窪田にかわって掛谷宗一（三六歳）が着任した。前述した林鶴一をのぞき、小倉が助手をつとめていた時期のそれぞれの人たちの経歴をふれてみる。

藤原松三郎は一八八一年、津で生まれた。第三高等学校をへて東京帝大数学科に入学、一九〇五年卒業した。一九〇七年、第一高等学校教授となった。同年十一月より欧州留学。その間、ゲッチンゲン大学の数学図書室の蔵書目録を参考にし、書籍・雑誌を購入、製本して日本に送った。世界にも誇るほどの数学書を買い集めたのである。帰国後東北帝大教授に就任した。一九一四年、総長推薦で理学博士の学位を得ている。小倉は藤原のことを優等生で、本質的には官僚的であったと述べている。

窪田忠彦は一八八五年、東京に生まれた。第一高等学校をへて東京帝大数学科に入学、一九〇八年卒

1914年，東北帝国大学数学科図書室にて　左から掛谷宗一，小倉，林鶴一，藤原松三郎

業した。同年第一高等学校教授となった。一九一一年、東北帝大助教授に就任した。翌一九一二年、欧米留学。帰国後教授となり増設された第三講座を担当した。一九一五年、総長推薦で理学博士の学位を得ている。小倉の評では窪田は優等生型の勉強家であった。

掛谷宗一は一八八六年、広島県に生まれた。第三高等学校をへて東京帝大数学科に入学、一九〇九年卒業した。一九一一年、第一高等学校教授、翌一九一二年、窪田のかわりとして東北帝大助教授に任命された。一九一六年、小倉とともに東北帝大での論文による最初の理学博士となった。小倉は掛谷を優等生だが、むしろ独創家と評している。

数学科では教員も学生も、和気あいあいの空気の中で研鑽しあった。これには持ち味の対照的な林鶴一と藤原松三郎のコンビのよさが、大きく寄与している。二、三年生には隔週土曜日の午後「雑誌会」があった。外国雑誌の論文を自分で選ぶか先生や先輩に頼んで選んでもらい、それを教授はじめ大勢の前で解説した。質問・批評されるので学生には厳しい会だったが、研究の姿勢を身につけるには絶好の機会だったという。

三年生ではセミナリーがあり、林・藤原両教授が担当した。当時、学生だった黒須康之介によれば、純粋の数学からはなれた題目が多く選ばれた。セミナリーでも雑誌会でも、第一回生の小島鉄蔵はいい結果を出すので評判だった（黒須康之介「東北大学数学科開設のころ」『数学セミナー』一九六三年二月号）。

東京帝大・京都帝大は専門別で、教授たちは同じようないくつかの講義を繰り返し、自分の専門に深く没頭したが、東北帝大では講義の受け持ちが専門化せず、専門外の分野をまわり持ちした。

「談話会」は隔週土曜日の午後、雑誌会と交互に開かれた。外国文献を紹介したり、各自の研究を発表し、討議を深めた。第二高等学校、仙台高等工業学校、第三臨時教員養成所、仙台医学専門学校などの教員も参加した。学内でも物理学科の石原純が加わった。第三臨教の波木井九十郎も二、三度発表している。小倉はいつも大判の洋罫紙の部厚な原稿を手にしてやつぎばやに論文発表をしたという（柳原吉次「仙台時代の思い出」『科学史と科学教育』所収）。また二年以上の学生は出席することができた。創作的な良い研究があった談話会の後は、祝賀の盃をあげることを取り決めたりした。

林たちは師弟ともに考えることのできる共通の問題をつくり、これを雑誌会、談話会に座談的に提出した。林はこれを付録とよび、付録の方が面白いと言っていた。

「散歩会」をときどき開催し、各学科間の親睦、師弟のふれあいの機会を作った。物理学科の日下部教授の散歩会会則には「清遊するを以て目的とす経費は各自負担」とある。津金仙太郎『日下部四郎太』には散歩会の様子がいきいきと描かれている。

数学科では林を中心に和算の研究がさかんであった。図書館主幹の林は一九一二年、仙台の実業家の寄付により、文学博士狩野亨吉の蔵書を購入した。六万冊にも及ぶ狩野文庫には八〇〇〇冊をこえる和算書が含まれていた。林は和算書、後に藤原は中国の古算書の収集に努力した。

数学科と物理学科の関係は緊密で、互いの講義を聴き、単位をとることができた。物理学科創設時は三講座制で本多光太郎、日下部四郎太、愛知敬一が教授であった。一九一四年には石原純が教授となり、第四講座を担当した。このうち、一九二〇年に石原が休職退官、一九二三年、愛知が食中毒で病死、一九二四年には日下部が丹毒で病死している。

新進気鋭の教授・助教授たちはめざましい業績をあげ、学界に発表した。大学が公刊したものが『東北帝国大学理科報告』である。一九一二年一月、数学・物理学・化学の三学科で第一巻第一号を創刊した。論文はすべて欧文で書かれた。地質学科は一年遅れて設置されたため、別に刊行した。三学科のものを第一集、地質学科のものを第二集として、毎年一号ずつ刊行された。

林鶴一が資金を出し出版したのが、日本最初の数学専門誌『東北数学雑誌』である。これは大胆な冒険であって、林の断固たる決意のもとに一九一一年七月、創刊された。発行者は林鶴一、発行所は林宅、発売所は丸善、当初は年四回発行の予定で、定価は一円五〇銭だった。共編者は藤原松三郎・窪田忠彦・小倉金之助・石原純で、第三巻から掛谷宗一が参加した。なお、第一二巻から小倉が、第一七巻から石原がはずれている。

小倉は林から一九〇九年頃に何遍も専門的学術雑誌の発行の企てを聞かされた。売れ行きのよかった林監修の「数学叢書」の利益を費用にあてるつもりだったという。なお「数学叢書」は一九三〇年まで二九冊出版された。

当時、数学の論文を発表できる雑誌は『東京数学物理学会記事』と東京・京都両帝大の紀要ぐらいで、数も多くはなかった。『記事』は数学の論文が少なく、物理の宿かりのような状態だった。紀要は大学教員・卒業生しか研究成果の発表ができなかった。林の私費出版である『東北数学雑誌』は大学の制約をうけず、日本人・外国人の区別なく、独創的な価値のある研究論文を掲載したので、国際的数学専門誌として高く評価された。これにより論文発表は飛躍的にふえ、日本の数学の発達に大きな役割を果たした。「それは数学の研究の解放と発表の自由を狙ったもので、……それは当時の数学界における官僚封建性との闘いであった（『回想』）。

初期の『東北数学雑誌』には「抄録短評」「雑録彙報」の二つの欄があった。「抄録短評」は各国の新刊数学書の紹介と各国の新刊数学雑誌の論文紹介の欄である。「雑録彙報」は欧米主要大学数学科の講義科目と担当教授、各国数学会の動向、各国の著名数学者の消息などが報告されている。小倉はこの二つの欄の大部分を書かされた。この二つの欄は「若い人達に世界の数学界に対して目を開かせ、どれだけはげましを与えたか測り知れない」（佐々木重夫『東北大学数学教室の歴史』）。

『東北数学雑誌』は沢柳総長の好意で、国内外の大学・学会への寄贈分は大学で買い上げ配布された。しかし、会計検査院から寄贈のために大学の経費で同じものをたくさん買い上げるのは、国家の会計制度上支障があると横槍が入り、結局、第九巻からは大学刊行物に移管された。

林は個人が編集し、出版業者が発行する雑誌でないと発達せず、大学の刊行物になると学内者の研究発表機関になりかねないとし、大いに不満であった。「ああ雑誌も、とうとう官僚に奪われてしまうのか」と憤慨し、小倉と飲みまわった（『回想』）。林の通夜の夕にも林夫人からこの時の話が出た。林以外の教授たちは大学移管に賛成だったらしく、窪田忠彦が『東北帝国大学の昔と今』に「創立当時の思出」を寄せ、その中に「東北数学雑誌は初め林教授が私費を以て創刊せられ、漸く北条総長時代に大学の出版物となった」と書いている。

小倉は共編者として六年近く編集を手伝うが、雑誌の仕事が面白く、毎号印刷の日が待たれ、発送の手数さえも楽しかった。「すべてものの歴史というものは自分たちが作っていくものであることを、なによりもよくこの雑誌の創刊によって学んだ」（「林鶴一先生に語る」『数学セミナー』一九七〇年九月号）のである。

一九四三年まで四九巻を出版したが、太平洋戦争による印刷事情の悪化のため数年間出版できず、一九四九年には『東北大学理科報告』第六集として再刊された。戦後、丸善で第一巻から第一〇巻まで再版し、国際的に売り出した。

二　東北帝国大学助手の頃

一九一〇年十二月、「東北帝国大学官制」が公布され、翌年施行された。その第六条「分科大学ニ職員ヲ置ク左ノ如シ」の中の「助手」、第九条「助手ハ専任二十一人判任トス教授助教授ノ指揮ヲ承ケ学術技芸ニ関スル職務ニ服ス」の規程によって小倉は助手に任用された。一九一一年三月末、東京物理学校講師を辞任し、東北帝大理科大学助手として仙台に着任した。建物がやっとできたばかりで、教授もまだ二、三名しか赴任していなかった。

当時、洋行中の教授たちが古本屋などで購入し送った書物は、第二高等学校で保管していた。小倉は化学科の助手、二高の図書館員と三人で一つの部屋に収め、帳簿と実物を照合させる仕事をした。そして、その中から数学関係の本を着任した林と二人で一週間かけ、数学教室の図書室に運んだ。六月十四日付の辞令は「図書館兼務ヲ命ス」とある。図書は専門書のほか雑誌のバックナンバーが非常に多く、東大・京大よりも豊富だった。

小倉は助手のほかに物品会計官吏を兼任し、一九一七年三月まで続けている。この役職には大学で会計課長と小倉の二人がつき、小倉は図書のみを扱った。これは会計課長が外国語を不得意としたからである。七月一日付の辞令には「物品会計官吏ヲ命ス　但東北帝国大学図書館ノ図書」とある。この仕事で雑誌のバックナンバーの値段について調べることができ、将来に対して相当の効果があった。会計検査院から調べにきた時は、一週間検査員につきっきりとなり、質問に答えた。

大学創設期は全職員が職務繁忙であった。小倉は大学から一九一二年三月二十五日付で、「創業ノ際職務格別勉励ニ付為其賞金参拾円給与」の辞令をうけている。

小倉は妻すみ子、長男真美と三人で借家住まいをした。最初の家は家賃三円五〇銭だったが、あんまり酷い家だったので、次に七円五〇銭の新築の家に移っている。しかし、ここも雨が漏ったりして具合が悪く、米ケ袋中丁の借家に引っ越した。広瀬川のすぐ近くで、まっすぐ向こうに見える向山の新緑が目にしみた。家賃は一五円で三年ばかりの間落ち着くことになる。一時同居した小倉の妹泰によれば、大きな家で、隣りが大家、向かいが林鶴一宅だったという。

米ケ袋は大学のある片平丁に近く、三方を広瀬川に囲まれた袋地帯で、小鳥が多く、旧藩時代は御鷹師・御餌指《おえさし》が住んでいた。中丁には使い走りなどをした身分の低い御小人とよばれる人々も住んでいた。佐々久『仙台あちらこちら』には、御鷹師たちは禄高の少ない割に大きな屋敷に住んでおり、明治維新後も屋敷内に畑を作り、桑を植え、割合に長く米ケ袋に落ち着いたと書いている。

米ケ袋は静かで景色がよく、大学その他の学校や控訴院も近かったので、教師や裁判官が居を求め、また学生の下宿町にもなった。広瀬川はたびたび氾濫し、一九一三年の大水では多くの橋が流された。米ケ袋中丁西端から御霊屋下につり橋がかけられ、御霊屋橋と名づけられた。

一九一五年五月、片平丁一番地に移転した。大学のすぐ近くで、一五円の家賃としては驚くほど立派な家だった。

東北帝大第一回卒業で、小倉の後任の助手になった柳原吉次の「小倉金之助先生の思い出」(『算数と数学』一九六三年二月号)によれば、小倉の書斎には大きな書棚が二つ並べてあり、ドイツ版数学大百科事典などの洋書がつまっており、仮綴の表紙がいたんで精読のあとを示していた。小倉の教示を乞うと適当な本を引き出し、パラパラと頁をめくり、ここの所を読むようにと手間ひまかけずに教えてくれたという。

小倉は酒・煙草を好んだ。柳原は図書室の本を借りて開いたとき、プーンとにおうときには、借出簿を見ると小倉が借りていた本だったということも何度か経験している。

一九一二(明治45)年一月二十六日、祖父金蔵が脳溢血で死亡した。七〇歳であった。小倉は危篤の報せをうけ、家族とともに帰郷した。喪に服しながら島崎藤村の『家』を読んでいる。小倉泰によれば当時の酒田・仙台間は、古口まで船か人力車で行き、旅館に泊まり、古口から新庄に人力車で出、新庄から奥羽本線で福島まで乗り、福島で東北本線に乗りかえ、仙台に着くという行程だった。二月十四日、除服出仕している。

祖母志賀は酒田を引き揚げることになり、一九一三年、仙台で同居した。家業の廃止の後始末、家・地所・諸道具の処分などは、一九一四年春までにほとんど祖母の手で行なわれた。長年の懸案であった小倉の家業引き継ぎ問題はここに解決するのである。

祖母の酒田引き揚げ後、家屋は酒田高等女学校の寄宿舎になった。酒田高等女学校の『有煒会誌』第一二号（一九一六年刊）の「第一寄宿舎だより」にこのようにある。

船場町の小倉さんと云へば、酒田ではかなり名のきこえた家、そこの御主人が仙台へ行かれたので、跡を拝借したのが此の第一寄宿舎でございます。都風の蕭洒《ママ》はないが重くるしい所に如何にも田舎の素封家のうちらしい、どっしりした上品な建築、床や襖は勿論、天井から鴨居障子に至るまで一つとして疎末な物はございません。

此の立派な家が寄宿舎として借りられますのに月々弐拾弐円を払ひます。

この寮は一九一八年秋、本間家が資金を出し、新寄宿舎が女学校の隣りに建設されるまで使用された。

小倉の俸給は月に四〇円、後に四五円になったが、生活の安定には至らなかった。一九一二年、第三臨教の波木井九十郎主事の依頼をうけ講師になり、二年間、代数を教えた。月給一〇円だった。

臨時教員養成所は、一九〇〇年代の中等学校の普及で生じた中等学校教員の不足を補うために、一九〇二年に設置された二年制の学校である。第二高等学校に付設の第三臨教のみが、後に三年制になった。第三臨教は一九一一年から生徒募集を停止しており、東北帝大に移管された一九一四年には、最上級のみ在籍していた。翌一九一五年三月に卒業生を出し廃止されている。東北帝大移管時代はわずか一年である。開所から廃止まで唯一の専任教授が波木井九十郎主事であった。各地の養成所がすでに廃された中で、第三臨教が存続したのは波木井など職員の努力が大であったという。

小倉は三学年の後半にはテキストを仕上げ、数学研究という名目でいろいろな研究題目を与え、数名に研究発表させた。グラフ研究をやる生徒があり、その発表が生徒たちの注目を浴びた。この成功が小倉にグラフ教授へ興味をもたせる一因になった。

林鶴一は一九一二年、第三臨教の講師になった。同窓会である養正会の初代会長が波木井、二代会長が林である。小倉は招請され、長い間同会の客員であった。

小倉の仙台時代の初期は大逆事件直後の反動期で、「社会」という名のついた出版物はすべて禁止された。小倉は酒田時代にひき続き荷風文学に熱中した。数学研究や教室の事務以外に飲んだり遊んだりすることに興味をもつことになり、荷風文学が享楽主義のバイブルとして選ばれた。「私はかような荷風文学の悪用に対して、三十七八年後の今日でも、全く恥しく思っている」（「荷風文学と私」）と書いている。

第一次世界大戦がはじまる頃から多忙になるにつれ、荷風文学から遠ざかりはじめた。また日本の文学作品よりも西洋の作品を多く読むようになった。しかし、一九一六年頃までは荷風を読むために『三田文学』を毎号購入、荷風が『三田文学』を退いてからも、荷風らが創刊した『文明』や『花月』などの雑誌も読んでいる。

柳原吉次は「仙台時代の思い出」の中で、小倉宅を訪れた時、西洋の小説もたくさんあり、妻すみ子との話の間にも西洋文学のことがチョイチョイ出て来たことを回想している。

小倉を思想的に動かした最初の女性の作品は、与謝野晶子『みだれ髪』である。以後、「因習的な古い習慣と制度への妥協を許さない、晶子さんの毅然たる態度に敬服」（「女性文化の歩み」）してきた。一九一一年の『一隅より』から一九一七年の『我等何を求めるか』に至る評論家与謝野晶子の業績を高く評価している。

一九一二年、ルソーの『懺悔録』を堺利彦が抄訳した『ルソー自伝　赤裸の人』が出版された。小倉は島崎藤村の『新片町より』の中の「ルウソオの懺悔録中に見出したる自己」を読んでいたので、早速飛びついて再読三読した。この本は既成概念にとらわれず、自分で見、自分で考えることの重要さや自由・独立の精神が人間にとっていかに尊いかなどを教えてくれた。それは「町人の子として生まれ、官僚的階級制度に対して、ひそかに本能的反感を抱いていた官学の助手にとって、何よりも大きな教訓であった」（「ルソーをめぐる思い出」）。

一九一五年、生田長江と大杉栄が共訳した全訳『懺悔録』が出版された。小倉にとって感激の書で、遊びにくる学生たちにも薦めた。

一九一六年十月の『実業之世界』の「貴下が現代青年に読ませたしと思う書物」というアンケートに、ルソー『懺悔録』、トルストイ『戦争と平和』、メレジュコウスキー『先駆者』などをあげ、「いはゆる修養書とか立身伝とか偉人伝とかは、現代青年に取りて、寧ろ有害無効に近いと思はれます」と答えている。

大学創設時の多忙の中、小倉の数学研究活動が開始された。一九一一年三篇、一九一二年一篇、一九一三年四篇の短い英文の論文を書いた。しかし、「そのころは多忙のためばかりでなく、考えも未熟で、まだ何一つまとまった力作をえることが出来なかった」(『回想』)。

小倉は自身の生活費の確保と数学教育者の学問的向上をはかるための著作を試みた。一九一二年、東京物理学校講師時代に著した「数学叢書」第一四編の『級数概論』が林との共著として刊行された。小倉はこの著書を、やや程度が高く、書き方にゴタゴタしたところがあったと書いている。『東北数学雑誌』第二巻の「抄録短評」で林がこの本を「主トシテ微積分学ニ拠ラザル級数論ヲ説述セルモノ」で「数学ヲ研究セントスルモノハ、緊要欠クベカラザル良書」と紹介している。

一九一三(大正2)年、ルーシェ、コンブルース共著『初等幾何学』第一巻「平面之部」の訳書が刊行された。これは小倉の中学時代の友人高橋三蔵が半分ばかり訳した下書きを引き継ぎ、仕上げたものであった。原著で不十分な点に註解を加え、定理・問題の歴史を挿入し、演習問題一三〇〇余の増補と二編の付録をつけた。付録の一つ「欧米ニ於ケル初等幾何学教科書ニ就テ」では欧米の改造運動を紹介し、改造を主張した。これはペリーの大きな影響によるものであった。小倉は物理学教室にあったペリーの工業労働者のための『実用数学』に強く打たれたのである。また読者の便をはかるため巻末に人名および術語索引を添えた。

この訳書は学閥もなければ何の援助も受けない、まじめな研究者の沢山勇三郎と三上義夫に敬意を表し、捧げられている。また付録第一の前ページに島崎藤村の『新片町より』の中の「青年は老人の書を閉ぢて、先づ青年の書を読むべきである」という文が掲載されている。中等学校教師から好評で、版を重ねた。

高橋三蔵は『高等数学研究』（一九三〇年十二月）に「編輯責任者としての挨拶」を寄せ、その中で、

私は同郷同宿の友人小倉金之助氏の真似をして柄にもなく中学時代に山下安太郎氏とCaseyのSequel to Euclidを翻訳したり、其後小倉氏のRouche Combrouse共著の初等幾何の翻訳を手伝たりしてなぐさみ半分数学をやったが小倉氏の才能を見ては数学などやっても駄目だと思い止めました。

と述べている。

一九一四（大正3）年にはサーモン著『円錐曲線解析幾何学』の訳書が出版された。「序」によると、原著の古典的色彩を髣髴とさせるため、友人の鈴木義之とともに忠実な訳法を採ったとある。これにも挿図、脚註、演習問題、索引などの増補が加えられた。七九〇ページの大冊である。

一九一五（大正4）年、ルーシェ、コンブルース共著『初等幾何学』第二巻「空間之部」の訳書が出版された。挿図、脚註、索引、問題、第一巻の正誤表が添えられている。『初等幾何学』全二巻で二〇〇〇ページに達する大冊である。付録三の前ページに、エマ・ゴールドマン「少数と多数」の中の「私は現代の傾向を要約して『量』であると云ひたい。群衆と群衆精神とは随所にはびこって、『質』を破壊しつつある」が掲載されている。

菅井準一はこれらの訳書を「訳註の豊富、丹念なことで、この種訳書としては空前のものとされ、むしろ小倉の著書ともいえるものであった」（菅井準一「小倉金之助」『科学』三三巻一号）と述べている。

一九一六（大正5）年、『初等幾何学』第一巻にある演習問題の解とその関係事項が、柳原吉次によって『初等幾何学講義』第一巻として刊行された。小倉は巻頭に「初等幾何学講義編輯の趣旨」を書き、その余白にニーチェの「血を以て書け。然らば、汝自ら精霊たるを得ん」を引用している。

『級数概論』は大倉書店から出版されたが、『初等幾何学』全二巻、『円錐曲線解析幾何学』は山海堂から刊行されている。無名であった小倉を信用し、どこの本屋でも引き受けそうもない大冊の数学書を発行してくれたのは山海堂の創立者来島正時に負うところ大であった。

山海堂は一八九六年、東京市神田神保町で創業、古書部と出版部をもっていた。出版部では教科書・数学書・受験参考書などを刊行していた。山海堂の川井正男会長によれば、小倉の数学書が出版された当時の山海堂は、小野圭次郎著の一連の受験参考書が非常に売れており、大変富裕だったので、採算を度外視して数学書・明治文学書などの出版に投資している。

板倉聖宣「藤森良蔵と考へ方研究社」（板倉聖宣『かわりだねの科学者』所収）によると、小倉の東京物理学校の先輩藤森良蔵が山海堂から『代数学学び方考へ方解き方』上下二冊を発刊したのは一九一四年である。当時、多くの知人から山海堂からの出版を反対されたという。それは、当時、山海堂が焼け、続いて住居が焼け、さらに妻を亡くして非常に困っていたからであった。しかし出版の結果、予想以上に売れ、山海堂はずいぶん潤った。また藤森は山海堂の英語参考書にも意見を求められ、『小野圭の英文』を生み出すのに力添えをしている。

小倉は数学教育の改造に関心をもっていた。一九一三年刊行の『初等幾何学』第一巻の序文に数学教育改良の方法として、先ヅ中等教師自身ノ眼界ヲ広クシ、清新ナル思想ヲ味ヒ、教材ノ選択取捨ニ際シテ正当ナル判断力ヲ養成セシムルヲ以テ、最モ有効ナル方法ナリト信ズ。カノ旧慣ニ囚ハル、ガ如キ、或ハ受験的数学ヲ以テ能事了レリトナスガ如キハ、断ジテ健全ナル国民ヲ養成スベキ中等教師ノ態度ニアラズ。中等教師ハ自覚セザルベカラズ。

と書いている。

一九一四年十月、小倉は「文部省教員検定試験数学問題の批判及び其の改良私見」を書き、『東京物理学校雑誌』に寄せた。この論文執筆時、小倉は中等学校教員を養成する第三臨教の講師をしており、実際に文検数学問題に接していたのである。

当時の文検数学問題は受験者が全数学一般に通じているか、その応用である物理学など関係の深い学科の知識をもっているか、また教師としての常識があるかなどは問わず、特殊の技巧を弄するか、あるいはその解法を丸暗記しなければ好成績をあげられない難問題が主であった。小倉はこれで中等学校教員たるべき人の学力を判定することは間違いであると批判し、ドイツの検定試験の実例をあげ、「余り急激ならざる改正案」を提案している。

しかし、『東京物理学校雑誌』から批判的論文という理由で掲載を拒絶された。当時の教育界では権威的・伝統的なものに対し、真面目な批判をすることが許されなかったのである。この論文は科学啓蒙誌『現代之科学』の編集者で「変わり物」(『回想』)といわれた一戸直蔵の依頼をうけ、『現代之科学』一九一七年二月号に載った。また、『初等幾何学』第一巻の第四版(一九一九年)にも転載している。

中山茂は『帝国大学の誕生』で一戸を「明治アカデミズム体制の壁に激突し、玉砕した最もはげしい例」として紹介している。本題から少しはずれるが、中山の『一戸直蔵』によって一戸について簡単にふれてみたい。

一戸直蔵は津軽半島の西側のつけねにあたる青森県西津軽郡越水で、一八七八年に生まれた。小倉の六歳年長である。なお小倉の祖先の地、青森県東津軽郡今別は津軽半島の先端である。越水は深い雪と日本海から吹きつける砂などで生活条件が厳しかった。一戸家は二二町歩の土地を持つ富農で、父は村の要職についていた。直蔵は小学校を卒業すると百姓の子には学問は必要ないということで、四年間農業の手伝いをさせられたが、故郷を脱走、青森で私塾に通い、弘前の東奥義塾に編入した。母と妹が父に隠れて深夜米俵を持ち出し、五所川原まで転がして運び、夜明けを待って換金し送金したという。叔父の養子となり仕送りをうけるが、東京に出奔、中学校卒業後、第二高校に入学した。しかし故郷につれもどされた。学問に理解のない養父と養子縁組を解消し、復学している。封建的家父長・イエ体制に反逆し、学問を志したことでは小倉と共通している。

東京帝大で天文学を修め、アメリカに留学、帰国後、東大講師・東京天文台観測主任となり、多方面で精力的に活動した。一九一一年、都市の汚染と灯火の障害があり、また手狭になった麻布の東京天文台の移転問題が出た時、三鷹移転を推進した寺尾寿台長と対立、天文台を追われた。一戸は以後、官職についていない。

一九一三年一月、イギリスの『ネイチャー』、アメリカの『サイエンス』のような科学総合雑誌として『現代之科学』を創刊した。この雑誌に寄稿した協力者には、林、本多、愛知、日下部など創立したばかりの東北帝大の教授たちが多かった。しかし一九一四年の第一次世界大戦勃発後、物価が高騰し、経営が苦しくなった。自らピンセットを握り、活字を拾ったという。一戸は経営難と過労のため結核が悪化、一九二〇年四二歳で死亡した。

法科出身で一戸の二高以来の友人吉野作造とともに『現代之科学』に協力し、一戸から友人の中で一番親切な男として信頼されたのが三淵忠彦である。二高で一戸の一年後輩の三淵は京都帝大を卒業後、法曹界に入り、一九四七年、最高裁判所設立とともに初代長官に就任した。三淵は一八九八年荘内中学校を卒業、二高に入学した。小倉が荘内中学校に入学したのが一八九八年だから、三淵と入れ違いである。

一九一五年四月、小倉は助手のまま「授業嘱託」となり、一年生に代数解析を講じた。翌一九一六年には二、三年生合併で射影幾何学を受け持っている。

一九一五年以降、小倉は数多くの長い論文を書けるようになった。一九一二年ごろ、コロンビア大学のカスナー教授の「幾何学の現代的課題」と題する講演を雑誌で読み、注目しはじめ、『力学の微分幾何学的考察』を読んで強く動かされた（宮本敏雄「小倉先生とカスナー教授」『著作集』五、月報）。その研究からヒントを得、一九一五年「保存力場における径路」という論文を書き、これを学位論文とし、東北帝大教授会に提出した。以後、力学を幾何学的に考察することが小倉の研究テーマの一つになっていく。

一九一六年八月、小倉は大学院に入り定規の試験を経たる者と同等以上の学力ありと認めたる者という学位令第二条によって、理学博士の学位をうけた。この時、博士号をうけたのは理学・文学・医学で計二〇名、理学博士は小倉、掛谷宗一など八名であった。小倉は東京物理学校初の学位受領者で、また私学出身で最初の理学博士だった。そのためジャーナリズムに間違いだらけの、全然嘘のゴシップを書

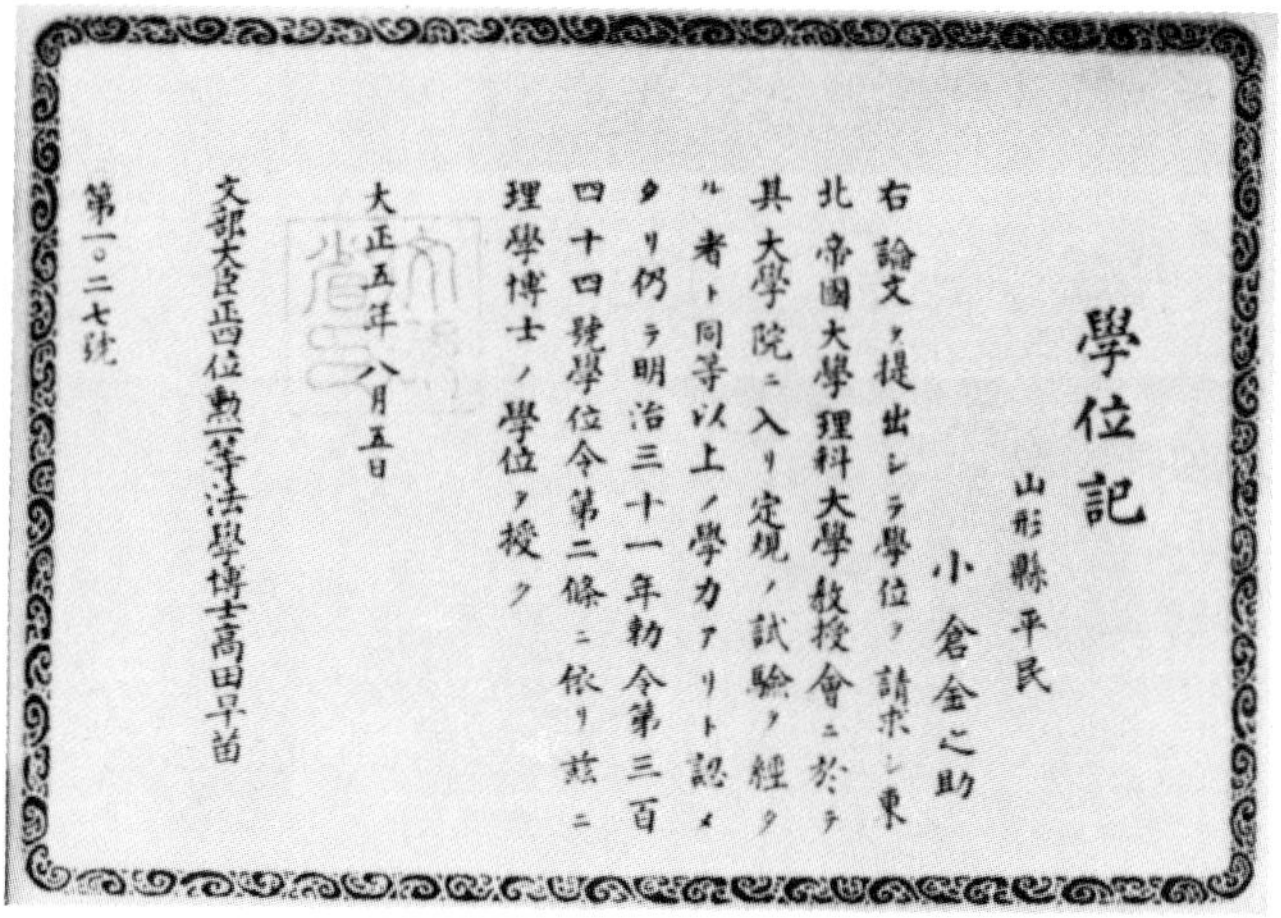
學位記

山形縣平民
小倉金之助

右論文ヲ提出シテ學位ヲ請求シ東北帝國大學理科大學教授會ニ於テ其大學院ニ入リ定規ノ試驗ヲ經タル者ト同等以上ノ學力アリト認メタリ仍テ明治三十一年勅令第三百四十四號學位令第二條ニ依リ茲ニ理學博士ノ學位ヲ授ク

大正五年八月五日

文部大臣正四位勲三等法學博士高田早苗

第一〇二七號

理学博士の学位記

かれた。

　小倉の博士号授与に関する記事が載った新聞は『国民新聞』『河北新報』『読売新聞』『万朝報』『酒田新聞』などであるが、だいぶ誇大に書かれている記事がある。荘内中学卒業の時、校長はじめ父兄等も一高か二高に入学をすすめたところ、頑として「僕は信ずる所があるから断然官立へは入らぬ」といい、物理学校に入学したという『読売新聞』の「青鉛筆」欄のまったく嘘の記事をはじめ、事実の誤りがひどく多い。ずいぶん恐縮したことだろう。

　一九一六年秋、東京物理学校同窓会で「科学者としてのレオナルド・ダ・ヴィンチ」という講演をし、その講演の下書を『東京物理学校雑誌』に載せた。小倉はダ・ヴィンチを知るためにメレジュコウスキーの『先駆者』を数回読み返している。

　一九一六年ごろから、象牙の塔にたてこもっている自分の仕事が社会のために何の役に立つかという疑問が浮かびはじめた。これはデモクラシー運動からの刺激によるものであった。

三　小倉金之助をめぐる人々

林　鶴一

林が東北帝大教授になるまでの経歴は先に述べた。それ以後について書いてみたい。一九一一年に着任、図書館主幹も兼任した。一九一二年第三臨教講師、また総長推薦で理学博士をうけている。

林は政治に深入りすることはなかったが、小倉は一度だけ林の政治に対する感想を聞いている。それは一九一二年西園寺内閣の総辞職後、桂内閣が成立して、憲政擁護・閥族打破をスローガンに第一次護憲運動がおきた時のことである。林は明らかにはっきりと桂内閣打倒の態度で、桂の軍事的官僚的態度を憎み、西園寺に同情していたという。

林は弟子の指導についても、弟子たちが自由に伸びるように自分でやって研究の模範を示した。小倉は林の人となりについて「よい意味での自由主義者、個人主義者、また反官僚主義者」(『回想』)で、外面的には豪放磊落に見えたが、内面的には綿密精細、すべては計画的に漸進的に運び、時には独裁的で妙に官僚的なところもあったが、「先生の優れた進歩的側面は、何よりもまず、先生の民主主義的あるいは自由主義的傾向に基づいていた」(「林鶴一先生のことども」『高数研究』一九三六年十二月号)と述べている。

小倉は一九二三年、大阪医科大学の学生雑誌『待兼学報』に「熱の譫言」という小文を寄せ、仙台時代を回想し、次のように書いている。

仙台に居た時分、H先生が坊ちゃんと今は山形に居るY君とを連れて私の所に寄られたので、私も子供を連れてお供したことがあった。あれは明治四十四年の秋だったと思ふ。小春日和だったので、広瀬川の砂原で遠く向山の紅葉を眺めながら、長い間日向ぼっこをして遊んだ。その時

「数学などをやってるよりも、この方が余っ程人間らしいね」

と笑はれたH先生の声を、私は今でも忘れることが出来ない。それから皆ぶらりぶらりと郊外を歩いた揚句、夕刻大観楼の表二階で鰻の御馳走になった時、子供が虫歯を痛めて泣出した。

H先生は林鶴一で、林と小倉の交流の一端がよくあらわれた文である。

小倉の人生の中で、林から大きな影響をうけた。学問上だけでなく、人間としての独立心、独立不羈の考えなど、人間として多くのものを学んだのである。

沢柳政太郎

沢柳政太郎は一八六五年、松本に生まれた。一八八八年帝国大学文科大学哲学科を卒業、文部省に入った。中学校校長、第二、第一高校校長、広島高師校長などを経て、一九〇六年には文部次官となった。その在任中、義務教育年限の四年から六年への延長、高等教育機関の増設などを行なっている。教育行政家として有能な官僚だった。

一九〇八年辞任後、著作に従事した。同じ時期、酒田で家業を継いでいた小倉は雑誌『木鐸』掲載の

文で二カ所、沢柳についてふれている。一九〇九年四月号所収の「書斎雑談」其ノ三の「高い理想は、教育者に禁物とされて居る、宛も社会主義の様に恐れられて居るのだ、それだから教員は沢柳前文部次官の『教師及び校長論』の一冊位も、拝読して居ればそれでよいのだ」という箇所と、一九一〇年十一月号所収の「一二の教育問題に就て」で、沢柳が雑誌に、今の学生は金の儲かりそうな方面の学問のみを志望し、理科や文科をやる人が少なく国家のために悲しむべき現象だ、と書いたのに、山路愛山が今の金権時代に学生が金儲けを志望するのは理の当然で、これに驚く教育者の方が時代後れだ、と反論した論争に対し、「山路氏の説に従ひたい、数の統計を取って議論する場合には、沢柳氏の説は愚論である」と述べている箇所である。教育行政家沢柳に対する小倉の評価は厳しい。

一九一一年、沢柳は東京高等商業校長事務取扱を辞し、東北帝大総長に就任した。総長は大学の教授たちの意志とは無関係に文部大臣が選び、勅任だった。沢柳は理科大学学長小川正孝が研究に熱中していたのと、仙台に理科大学しかなかったので、実質的には学長でもあった。彼は各教授の授業を見て歩いた。ある時はフランス人クロード・ジャッケー講師のフランス語の授業を見ていて、読み方を指名され面食らったという話が残っている。また課外で行なわれていた教授や学生たちのフランス語学習の会に出席し、熱心に学んだという。

創立の頃、昼食時に沢柳をはじめ学長・諸教授が食堂で会合した。その時、沢柳は一同から種々の意見を聴き、それに基づきできる限り研究の便宜を計った。それは「規則や形式に捉はれぬ、自由な施政方針であった」（窪田忠彦「創立当時の思ひ出」）。

小倉は当初、沢柳をただの官僚的行政家とばかり思っていた。しかし十一月三日の天長節に、わずか

二、三分の簡単無比な式典を挙げたことから、ひそかに注目し始めた。そして大学の創設期の主宰者としては最適の、日本の教育者としては珍しいほどの進歩的なリベラリストと評価するようになる。

一九一三年、小倉の『初等幾何学』第一巻が発行された時、沢柳に贈呈した。沢柳は非常に喜び、町や大学構内で会うと第二巻の早期刊行を激励した。京都に転出してからもたびたび手紙を貰った。一九一六年八月七日付の小倉宛の手紙では小倉を「年少気鋭なる」と形容している(『回想』)。

一九一三年五月、沢柳は京都帝大総長に転任し、大学の改革に乗り出した。研究心が衰え、学問上進境を見なくなった教授は後進に道を譲り退職することが学問のため大学のために最も望ましいと考え、七月、文・医・理工科計七名の教授に依願免官を発令した。この総長の専制に対して、罷免された教授がいなかったにもかかわらず、法科大学は教授の任命については教授会の同意を得べきという意見書を提出した。この大学自治をめぐる総長と法科大学教授団との争いを沢柳事件と呼ぶ。

総長は答弁書でこの要求を拒絶、それに対して法科大学側が弁駁書を提出するなど事態は深刻化していった。法科大学では十一月から翌年一月にかけてはほとんど講義がなく、学生たちも教授の主張を是とし、さまざまな行動をおこした。一九一四年一月、総長と法科大学との間に覚書がかわされたが、その解釈をめぐり対立が激化、ついに法科大学の教授・助教授がいっせいに辞表を提出した。教授たちは上京し奥田義人文相と会見、文相より教授の任命罷免については総長が職権の運用上、教授会と協定するは差し支えなくかつ妥当という覚書を得、教授団は留任することになり決着した。教授の任免には教授会の同意を必要とするという慣行をはじめて政府が認めたものである。

四月、沢柳総長は依願免官となり、医科大学教授荒木寅三郎が総長事務取扱に任命された。

沢柳事件で年少ながら法科大学教授団の理論的指導者であった佐々木惣一は、一九三三年、二〇年前の事件を回顧する一文「秋の感懐」を『大阪朝日新聞』（一九三三年十一月二十四〜六日）に寄せ、

かの事件を通じてみた沢柳博士は、私にはえらいと思わせました。……公事に処するにあたって自己の確信によって動き、その結果についてはいさぎよく責任を負い、かつ、進んでこれを天下に明らかにすることをはばからない人、と私は考えたのです。……また、私は、博士が鋭い論理の人であることをも、かの事件によって知りました。

と評している。滝川幸辰は佐々木から「沢柳さんはえらかった」という言葉を耳にタコができるくらい聞いたという（滝川幸辰『激流』）。

沢柳は以後公職にはつかず、一九一七年、私立成城学園を創設、同校長となった。

依頼免官の七名中に理工科大学教授三輪桓一郎がいる。三輪は一八八〇年、東京大学理学部物理学科を卒業、翌一八八一年、東京物理学校の前身、東京物理学講習所の創立に参加した。一九〇〇年、京都帝大教授となり数学科の基礎作りを行なった。一九〇三年独仏へ留学、一九〇五年帰国し理学博士の学位を授与された。京都帝大退官後は、一九一四年、東京物理学校の経営が維持同盟員会から同窓会に引き継がれた時に尽力し、初代の主事に就任し、経営に参画した。一九二〇年に死亡するまで同校の発展に大きな役割を果たした。

『日本の数学一〇〇年史』上巻に、三輪について、「元来蒲柳の質で病気勝ちであったので、教育上でも研究上でも思うにまかせないところがあったようである」と書いてある。それで学問上進境を見なくなった教授とされたのであろうか。

小倉は三輪の罷免について、「他の条件を抜きにして、ただ京都大学における数学研究の発展ばかりから、客観的に考えますなら――むしろ好ましいことであった」（「回想の半世紀」）と判断した。また沢柳事件については「もっと冷静に第三者の立場から批判すべき問題が残っているのではないか」（『回想』）と書いている。

小倉は晩年、黒田孝郎に、考えてみると沢柳からの影響が大きかったと語ったという（黒田孝郎『著作集』二「解説」）。

田辺　元

田辺元は一八八五年東京に生まれ、一九六二年死亡している。生没年とも小倉と同年である。田辺は一九〇四年第一高等学校理科を卒業、東京帝大数学科に入学するが、三カ月在籍しただけで、翌一九〇五年哲学科に転科した。田辺はその理由を、講義は面白かったが、演習（エキサーサイス）特に微積分の演習が苦手で、とうてい数学者になる天分がないと諦めたこと（田辺元「思想史的に見たる数学の発達」、「数理の歴史主義展開」の後記「覚書の由来と要旨」）と「自己内心の抑へがたき要求」（『キリスト教の弁証』「序」）からとの二つをあげている。

一九〇八年大学を卒業、大学院で研究を続けるかたわら中学校で英語を教えた。この時期の田辺について安倍能成は『岩波茂雄伝』の中で、田辺から聞いたこととして、次のように書いている。

或る秋の日の午後文展を見に行き、多くの女生徒を引率して来て居る岩波に会って、岩波の一向きな教育者的態度に感心し、研学と教育との二途に彷徨して居る自分の態度を恥ぢたことを、深く肝に銘じて忘れなかったといって居る。

初期の田辺の論文のほとんどが『哲学雑誌』に掲載された。この雑誌は東京帝大文科大学哲学研究室哲学会発行で、当時、哲学会会頭は加藤弘之、副会頭は井上哲次郎、編集員は主任が宮本和吉、他に伊藤吉之助がいた。前述のように宮本は小倉の中学校時代の二級上、伊藤は同級である。

一九一二年大学院を退学、翌一九一三年に第一高等学校在学当時の校長狩野亨吉の推薦で東北帝大講師に就任、随意講義として「科学概論」を講じ、かたわらドイツ語初歩を教えた。

田辺は初めは図書館の事務室の一隅にいたが、後に数学教室の一部屋に移った。いつも本を読んでいた。小倉は文化的色彩の乏しい理科大学の中で、話ができる人という意味で田辺と懇意になった。議論をすると、しまいには田辺は小倉の議論をあまりに心理的だといい、小倉は田辺をあまりに論理的だといって物わかれになったという。小倉は四年間家業に従事したことから、美しい観念的な理想主義を現実の地盤の上に立たない空疎な論理のように考え、あまり信頼していなかったこと、クラインの理論的なものと実践的なものの統一を志す研究態度に影響をうけていたことから、田辺の観念論の影響はあまりなかった。

田辺は哲学に転じても数学や自然科学に対して関心を持ち続けた。東北帝大在職中はその領域が大きなテーマであった。「仙台の理学部に御厄介になった関係上エキサーサイスをやらなくともよい事情の下に講義を承っていろいろ面白く啓発せられたことから、また数学に接近し」（田辺元「思想史的に見たる数学の発達」）た。

田辺の東北帝大時代の業績は『最近の自然科学』『科学概論』『数理哲学研究』として刊行されている。

一九一五年、最初の著書『最近の自然科学』が発刊された。これは最近の自然科学の理論を略述し、その科学的自然観を哲学の見地から批判したもので、一般教養を求めている人々にもわかりやすいように叙述した。最近の物理学の理論については、長岡半太郎・本多光太郎・桑木彧雄・愛知敬一・石原純・ポアンカレ等内外の物理学者の著作を学び、特に本多の講義を聴講し、石原には質問して親切な指教を与えられた（田辺元『最近の自然科学』「序」）。

一九一八年刊行の『科学概論』は随意講義の「科学概論」で述べたことを修補したもので、前著『最近の自然科学』の不備を補うものであった。随意講義の「科学概論」を開講した時の総長は沢柳政太郎である。沢柳は田辺に「哲学学徒たるものは自家の哲学組織を有せざるべから」ずと力説しており、この著書は「幾分なりとも先生の教戒を現実にせんとする方向に微力を注いだ」（田辺元『科学概論』「序」）としている。

一九二五年刊行の『数理哲学研究』の内篇は一九一四年から一九一七年までに書いた論文をまとめたもので、外篇は一九一八年の初めに起草された。一九一八年秋に完成し、やがて公刊の予定であったが、不備な点があり、それを補うことを期し、五年経たものの結局手を加えられず、そのまま刊行したものである。この書の数学の方面は起稿当時在職していた東北帝大の林・藤原・小倉の三博士から種々の教示をうけたと『数理哲学研究』の「自序」に記している。なお一九一八年、学位請求論文「数理哲学研究」で文学博士号を得た。田辺は『東北数学雑誌』にも論文、論文の翻訳を掲載している。

一九一九年、田辺は西田幾多郎の招きにより京都帝大文学部助教授に転じた。

石原　純

石原純は一八八一年、東京で生まれた。小倉より四歳年長である。

一九〇二年東京帝大理科大学に入学、理論物理学を学んだ。一九〇六年同大卒業後大学院に入学、長岡半太郎を指導教授とした。一九〇八年大学院退学、陸軍砲工学校教官になり、一九一〇年まで勤務した。大学院・陸軍砲工学校教官時代にアインシュタインの相対性原理に関する論文を読み、一九〇九年には日本ではじめて相対性理論に関する論文を発表した。

一九一一年東北帝大理科大学助教授に就任、翌年、外国留学を命ぜられ渡欧、ミュンヘン大学・ベルリン大学で研究した。一九一三年スイスでアインシュタインと会い、親しく指導をうけている。

一九一四年帰朝、東北帝大教授となった。一九一七年相対性理論に基づく論文で理学博士の学位を得、一九一九年、相対論、重力理論および量子論の研究で学士院恩賜賞を受賞した。石原は当時の日本を代表する理論物理学者であった。

石原はアララギ派の歌人としても有名である。「石原純年譜」などを参考にし、経歴をたどってみたい。

石原が短歌に興味をもったのは第一高等学校在学中で、子規の『歌よみに与ふる書』とか子規一派が『日本』に発表した短歌や俳句によってであり、大学一年から短歌の投稿をはじめた。一九〇三年には伊藤左千夫宅で歌会が催されていることを知り、訪ねている。仙台でのアララギ派の歌会は一九一六年頃から毎月、石原宅で開かれた。

石原と同じアララギ派の歌人に原阿佐緒がいる。阿佐緒は一八八八年、宮城県宮床村の旧家に生まれた。一九〇三年病気のため県立高等女学校を中退、翌一九〇四年上京し、日本画を学ぶかたわら歌作をはじめた。一九一三年青鞜社員となり、『青鞜』に短歌・散文を多数寄せている。

一九一七年、阿佐緒は東北帝大病院に入院、それを石原が見舞ったことから二人の交流がはじまった。一九二〇年阿佐緒は石原の求愛から逃れるべく上京するが、結局は石原の愛をうけ入れていく。そして一九二一年には、東京で同居生活に入り、石原の妻が実家にもどるという局面に発展、アララギ同人たちから説得をうけることになる。斎藤茂吉も忠告のため一週間ほど日参したが、何の甲斐もなかった（斎藤茂吉「石原純博士」）。

大学の講義は休講が続いた。六月、共に帰仙、石原は心労のため病床の身となった。七月末、各新聞はいっせいに二人の恋愛問題を報道した。東北帝大教授で理論物理学の権威が、妻子を捨て恋に走るということはジャーナリズムには格好の社会的事件であった。新聞の論調は石原に同情的なものだった。石原は病気を理由に大学に辞職願いを提出、休職となった。一九二三年、休職満期になり退官した。

石原純と原阿佐緒との恋については小野勝美『原阿佐緒の生涯』に詳しい。

岩波茂雄は恋愛事件が世情を賑わすと、石原に同情し、仙台に出かけ、理論物理学は学校を離れても研究には差し支えないから窮屈な学校などやめてしまえとすすめたという（小林勇『惜櫟荘主人』）。岩波は石原の辞職後の生活安定に大いに助力した。石原は以後、岩波書店の「科学叢書」などの編集に参画し、科学の大衆化のために尽力することになる。

小倉は石原の留学前には物理や力学について意見を聞き、帰朝後は相対性理論や量子論の講義を聴いている。「回想の半世紀」の中で小倉は石原を「酒も飲まなければタバコも吸わない、謹直なストイシズムを信条としたような人」で「思想的にはリベラルなところ」があると評している。

石原が東北帝大を辞職した時、小倉はフランス留学中であった。洋行の途上、パリに立ち寄った東北帝大の藤原松三郎から事件について詳しく聞かされ、さびしい思いをしている。

松田さえこ「小倉金之助氏を訪ねて」(『短歌』一九五九年四月号)によると、小倉は石原について次のように述べている。長くなるが引用してみたい。

アララギに居る事は知っていたし、歌をすゝめられた事もあるが、ぼくは歌なんか作らない方でね。当時の短歌の風潮からいうと、よく遊ぶ僕が歌を作るならともかく、デカダンな所の全然ない石原さんが歌をつくるのがふしぎな位だった。しかし、原さんの事件後、東京でしばしば逢う頃には、全く一変していて、酒はのむし、女関係はルーズだといった風になっていました。昼は岩波に勤めていたが、実にまともな人だった。原稿をかくにも、きちんと楷書でかいて、一字も間違えない。書直しをみた事は一度もありませんでしたよ。ところが、夜になると、ダンスやカフェに入りびたりで、滅茶苦茶になってしまうという風だった。性格的に、おそらく、二重人格者ではなかったかと思いますね。石原さんの場合、恋愛は非常な失敗だった。しかし、大学が石原さんに対して取った処置は、今考えると実におかしなことです。私事の恋愛事件で、立派な学者を大学から追放し、世間から葬ってしまったようなものですからね。……石原純は学者としてはどうかというと、大変立派なものです。戦争頃までは、物理学界には、長岡半太郎のようなローマ法皇が権力を握っており、一切批判が許されないという、おかしな空気があった。一方にはアンチ長岡派の岡田武松がおり、大変ないがみ合いだったものです。それが、戦後、自由な評価がゆるされるようになって、石原さんの仕事は非常に高く評価されるようになったのです。仁科さんや湯川さんなども、理論物理学者としての石原純から影響を受けているといえます。こんな立派な業績をのこした石原さんを、恋愛問題位で放り出すんですからね。

小倉にとって石原が大学を追われた出来事は痛恨事であった。

伊藤野枝

一九一一年九月、『青鞜』が発刊された。青鞜社は平塚らいてうをはじめ日本女子大学出身の五名の発起人、与謝野晶子ら有名女流文学者七名の賛助員、そして一八名の社員で出発した。発起人・社員は高等教育をうけた中産階級出身の女性たちであった。概則には「本社は女流文学の発達を計り、各自天賦の特性を発揮せしめ、他日女流の天才を生まん事を目的とす」とある。資金はらいてうの母が娘の結婚資金の蓄えから出し、創刊号は一〇〇〇部であった（最高時は三〇〇〇部）。

表紙は後の高村光太郎夫人長沼智恵子によるギリシア風の女子立像で、巻頭にはらいてうの有名な「元始女性は太陽であった」があり、賛助員与謝野晶子も詩「そゞろごと」を寄せている。刊行後、連日のように熱烈な手紙が寄せられ、入社や雑誌の購読申し込みが続いたという（平塚らいてう『元始、女性は太陽であった』）。

小倉は『青鞜』発刊時、仙台に赴任して半年、日本の家族制度に激しい心を抱いていた頃で、「『青鞜』に集まった、大体私と同じ年輩の婦人たちが、女性の自我の確立を主張する強い態度に、同情と好感を持った」（「女性文化の歩み」）。

野上弥生子は創刊号に社員として名を連ねているが、十月退社し、以後は作品を寄稿し、外部から援助していた。

「ソニヤ・コヴァレフスキイの自伝」を一九一三年十一月から翌一九一四年八月まで、アン・シャロット・エドグレン・レフラーの「ソニヤ・コヴァレフスキイ」を一九一四年十月から翌一九一五年二月まで翻訳し連載した。弥生子はこの間の事情を『ソーニャ・コヴァレフスカヤ』（岩波文庫）の「序」に次のように書いている。

毎月校正をとどけに来たり、持って行ったりのお使い番は伊藤野枝さんであった。まだうら若い娘っぽい野枝さんとの、ほとんど運命的ともいえる繋がりが生じたのはそれがきっかけであった。……その後のいろいろな変化から『青鞜』が野枝さんの手に移る前後にはソーニャ・コヴァレフスカヤの掲載はうち切られ、けっきょくほんの一部を発表したにとどまった

野枝が辻潤と同棲していた染井の家は弥生子の家の裏手にあった。

ソーニャ・コヴァレフスカヤはロシアの女流数学者で、さまざまな葛藤の末、祖国を離れ、スウェーデンで大学教授として生きた。社会運動家でもあった。

小倉はこの伝記にひきつけられ、数学関係の専門語の訳文のことで当時の編集責任者伊藤野枝に手紙を出した。小倉は伊藤野枝訳『婦人解放の悲劇』を読んでおり、野枝の「若々しい仕事ぶりに関心を寄せていた」（「ルソーをめぐる思い出」）のである。それに対して野枝はただの礼状ではなく、『青鞜』に対する男性知識人の無理解と進歩的な婦人雑誌の経営難を訴えた興味深い長い返事をよこしている。

野枝の処女出版『婦人解放の悲劇』はエレン・ケイ「恋愛と道徳」、エマ・ゴールドマン「結婚と恋

愛」などを収めたものである。エマ・ゴールドマンはユダヤ系のロシア人で野枝の生き方に大きな影響を与えた。野枝の名前で出たこの訳業は実際は同棲していた辻潤の仕事である。

伊藤野枝は一八九四年、福岡県に生まれた。生家は曾祖父の代までは大きな海産物問屋で、廻漕問屋も兼ねていた。しかし村は明治期、陸路の便が開発されるにつれて急速にさびれ、野枝が小学校の時、窮乏は底をついた。以後の野枝の生活は叔父宅へ寄宿しての学校生活、結婚の強制とそれからの脱出、辻潤との同棲など波瀾に満ちている。そして窮状をらいてうに訴え、一九一二年十一月青鞜社に入社、有給の編集部員となった。

一九一三年九月、概則を「女流文学の発達を計り」から「女子の覚醒を促し」とし、婦人問題を正面にすえることになった。この時の名簿の二番目に野枝の名がのっている。堀場清子『青鞜の時代』には、

青鞜社への攻撃に、一番むきになって怒るのも彼女で、「その新聞なり、雑誌なりをたたきつけてすぐペンをとり」、反駁文を書いたと、『元始』は語る。理論的ではないが、行動と感情が一つになって噴き上げ、長火鉢の猫板の上でも、さっさと書いてしまう「神経の太さと精力はおどろくばかり」だったとも。

と書いてある。

一九一四年には売れ行きが落ち、地方への配本も不十分になった。当時、らいてうは奥村博史との共同生活をしており、『青鞜』の刊行との両立がむずかしかった。らいてうは野枝の熱心なねがいを入れ、『青鞜』の編集と経営を野枝に委譲した。一九一五年一月号から編集兼発行人は二〇歳の伊藤野枝になっている。

「ソニヤ・コヴァレフスキイ」は二月号で連載が中絶しているので、小倉の手紙は一、二月頃であろう。

野枝が編集兼発行人時代の『青鞜』は概則が廃止され、広告もなく、「野枝の個人誌に近い性格」(堀場清子『青鞜の時代』)となる。第一次世界大戦中で、物価が高騰し、『青鞜』は紙質も悪くなり、ページ数も減り、ついに一九一六年二月をもって廃刊した。そして、この年の四月、野枝は辻潤の家を出て大杉栄のもとへ走ることになる。

小倉は関東大震災で憲兵に扼殺された大杉栄と伊藤野枝の一生を、「あらゆる意味で、日本における一種の典型的な、まことに痛ましい〝人間解放・婦人解放の悲劇〟であ」(「ルソーをめぐる思い出」)り、大杉や野枝たちのことは、「私の胸にふかく刻みつけられて、何かのおりには、きっと蘇ってくるのである」と述べている。

四　大阪へ

学位を授与された後も、私学出身という学歴の壁は厚かった。小倉は北条時敬総長から、精神的には優遇するが、俸給などの物質的な方面ではいますぐに優遇できないといわれている。官等、俸給などが学歴で規定される官僚的階級制度の根強い帝国大学は、町人の子の小倉にはとうてい長く我慢できる世界ではなかった。

当時の東北帝大の学歴至上主義を示す例を一つあげてみる。それは魯迅が「師と仰ぐ人のなかで、彼

仙台を去る日

はもっとも私を感激させ、私を励ましてくれたひとり」で「彼の性格は、私の眼中において、また心裡において、偉大である」（魯迅『藤野先生』）と記している藤野厳九郎のことである。

『仙台における魯迅の記録』によれば、一九一二年三月、仙台医学専門学校を廃し、医科大学への過渡的措置として、東北帝大医学専門部が開設された。仙台医専教授藤野厳九郎は同じ待遇で教官に任ぜられるが、一九一四年七月の東北帝大医科大学創設にともない、愛知県立医学校卒業の藤野は学歴上資格がないという理由で辞職せざるをえなくなる。六月十九日依願免本官、七月一日医学専門部臨時講師（嘱託）に就任、八月九日講師を解任されている。医専からの教官のうち医科大学に残ったのは四名のみであった。留学経験がなく学位も得ていない人々は依願退職させられたのである。

藤野の送別会に出席した教え子の半沢正二郎は、その会を「盛会でありながら、特異のクーキがあった。いまのことばではムードとでもいうのであったろうか」（半沢正二郎『魯迅・藤野先生・仙台』）と書いており、また藤野は晩年、友人がいかに仙台時代のことを聞いても「ごめん、ごめん」と言って話さなかった（『仙台における魯迅の記録』）ことなどからみても、藤野の離仙は不本意なものであった。

三宅雪嶺の『日本及日本人』の一九一七年元旦号に特集「学界代表的研究」が組まれ、小倉も石原純・桑木彧雄・本多光太郎らとともに「力学を幾何学より観る」という一文を載せている。

一体私は専門といふものを余り感服致しませんが、マー職業の方では只今は力学を幾何学の見地より観察することを主にやって居ります。……私はただ自分の趣味と欲求とを満足せんが為めに此仕事をやって居るに過ぎないのです。実を言へば、吾々はただ「人」となることが尊いので、何も専門家が偉いと言ふ訳では無からうと思はれます。若し学問の為めに眩惑せられて「人」としての自己を忘れることがありましたならば、それは学問の守銭奴（？）ともいふべきでせう。

この文は小倉の仙台時代、最後の文章である。

小倉は、東京に出てささやかな数学研究所を開くことも考えていたが、一九一七（大正6）年二月、大阪に新設される財団法人塩見理化学研究所から研究員として招聘された。これは長岡半太郎の推挙であった。東京帝大教授長岡半太郎は当時、財団法人理化学研究所の設立計画に参与しており、三月理研が正式に発足すると物理部長に就任している。第一次世界大戦中、全国にさまざまな研究機関が設立された。塩見理化学研究所もその一つである。小倉はこの新設の相当に大きな、しかも私立の研究所の招きに応じることに決心した。また、大阪医科大学の教授として、予科の講義をもつこともあわせて依頼された。

林は小倉が大学を去るにあたって、その業績を桜に譬え、その着想の非凡なるを讃えて別離を惜しんだという（石井省吾「小倉先生の片影」『科学史と科学教育』所収）。「あらゆる意味において、生の夜明けであった」（『回想』）小倉の仙台時代は六年で終わり、大阪に転じることになるのである。

大阪時代前期（一九一七―一九二七）

一　塩見理化学研究所

財団法人塩見理化学研究所は塩見政次がわが国理化学の振興のために、私財を投じて設立した。塩見は一八七八年岡山県に生まれ、一八九四年大阪高等医学校に入学、一八九七年に卒業後、京都帝大医科大学助手、入営、開業医、軍医などを経て、一九〇七年喜多化学研究所を設立、製薬に従事した。そして、わが国に亜鉛精煉事業がなく、すべて輸入に依存していることになげき、亜鉛精煉を志した。一九〇九年大阪亜鉛鉱業試験所を創立、一九一一年大阪亜鉛鉱業株式会社に発展した。第一次世界大戦が勃発すると、工場を増設し巨利を得た。しかし、肺をおかされ病臥をつづけたが、恢復は絶望的となった。

一九一六年十月、塩見は恩師である大阪医科大学学長佐多愛彦を自宅に招き、遺書を示した。佐多愛彦「塩見氏が寄附決行の由来及経過（塩見理化学研究所の由来）」（『吾が半生』所収）によれば、塩見は「病状既ニ危篤ニ陥リ気息奄々」の中で、臨床医学に関する理化学研究補助のため、自分の財産の半分を資金として提供し、理化学研究所設立を申し出た。塩見の意向は「現に同大学にて計画熱望中なる理科大学の創立に向って、その理化学教室としてこれを使用し、大阪理科大学の興隆を促成せんことを希望」（『財団法人塩見理化学研究所要覧』）するもので、将来、大阪に理科大学をつくる呼び水にしようということであった。

佐多は財団法人寄付行為の規則を作成し、塩見の同意をえて文部省に提出した。そして、塩見が三九歳で死亡する前日、設立が認可された。寄付金は一〇〇万円、管理は大阪医科大学に委託された。東京の理化学研究所が政府からの補助金や民間からの寄付に苦労し、民間の募金が二一八万円に達すると、一九一七年三月、財団法人設立にこぎつけたことをみると、一実業家塩見政次が理化学研究所を設立したことは「当時注目をひいた」（『日本科学技術史大系』三）。

前述のように小倉は長岡半太郎の推挙により佐多に招請されたが、『長岡半太郎伝』によると、佐多は研究所について長岡に相談し、いろいろのプランを立ててもらったという。

一九一七年五月、佐多愛彦所長の下に理学科（物理学、理論物理学、数学の三部を置く）と化学科（生物化学、純正化学の二部を置く）が組織された。数学部は小倉一人で助手もいなかった。また、五月に理学科長の清水武雄がイギリスへ、九月に化学科長の古武弥四郎がアメリカへ派遣された。

佐多愛彦は一八七一年、鹿児島に生まれ、県立鹿児島医学校を卒業後、東京帝大医科大学選科に入学し、病理学を学んだ。一八九四年、府立大阪医学校教諭となった。後にドイツに留学、結核病理を研究した。一九〇六年、三一歳で大阪医学校長兼病院長に就任、ついで大阪高等医学校長、大阪医科大学長となった。

一九二三年、佐多は塩見研究所を基礎に理科大学をつくり、医・理総合大学を計画し、長岡半太郎の賛成を得、文部次官にも話した。しかし関東大震災がおこり、計画は頓挫した。一九二四年、大学在職三〇年を期して学長を辞職、同時に塩見研究所長も勇退した。後任の研究所長には清水武雄が就任した。

小原国芳「小倉金之助先生」(『著作集』四、月報)によれば、佐多は小原との余談で「僕のこの世の大発見が二つある。一つは、結核の新薬の発見。一つは、小倉金之助君を見出したことだった」と言っていたという。

塩見研究所は経済界の変動もあって、なかなか建設にかかれなかった。小倉は当分の間、自宅で研究を始めることにし、内外の書籍・雑誌をどしどし丸善に注文したが、大戦のため最初の一、二年間が十分に揃わず、差し支えが多かった。しかし、この無からの出発に、小倉は「何ともいえないほどの喜びを味わ」(『回想』)った。

大阪大学医学部の前身、府立大阪医科大学は「その内容もその名称と一緒に、随分いろいろと変わってきた学校」(『回想』)だった。その歴史を簡単にたどってみる。

一八六九年、大阪府がオランダ人医師を招き、庶民のための仮病院をつくり、ついで日本で初めての西洋医学校である大阪医学校が開校した。校長は緒方洪庵の長男惟準であった。一八七一年文部省が設置されると、その所轄となったが、翌一八七二年には財政難を理由に学制改革で廃校となった。これに対し、府下の有志たちが醵金し、病院の設置を願い出、一八七三年大阪府病院兼教授局が再興された。

一八七九年大阪公立病院となり、一八八〇年府立大阪病院と改称された。この時、教授局が独立し、府立大阪医学校となった。一九〇三年大阪府立高等医学校、一九一五年府立大阪医科大学と改称された。

一九一七年二月、大学病院より失火、病院が焼失し大学校舎に延焼した。大学で類焼を免れたのは病理学などの四棟と講堂、教室の計六棟であった。三月以降、大学病院の移転、非移転で府会と市会で大問題になった。一九一八年大学令が公布されると文部省に認可を申請、一九一九年新大学令によるわが国初の公立大学となった。

小倉が移住した一九一七年当時の大阪は、第一次世界大戦の戦争景気で、明治以来の紡績業のみならず、金属・機械の分野でも工業生産が大きく増加していた。大阪は日清・日露の両戦争、第一次世界大戦など対外戦争のたびごとに工業都市として発展し、「煙の都」へと変身していった。小倉は大阪市内は工場が多く煙が多いため、健康上の理由で郊外に住むことを考えるのである。

当時の大阪は私鉄の路線がはりめぐらされ、大阪市と周辺都市の時間的距離が縮まっていた。一九一〇年、箕面有馬電気軌道（現在の阪急電鉄）は梅田・宝塚間の宝塚線、石橋・箕面間の箕面線を開通させた。この区間は人口密度が低かったため、電鉄会社の固定客を確保し、安定した運賃収入を得るために沿線の土地を購入、住宅を建設し、月賦で販売をはじめた。

箕面有馬電気軌道は住宅経営の他にリクリエーション施設や催し物によって、運賃収入の増大をはかった。一九一三年には豊中運動場を建設、ここで一九一五年には第一回全国中等学校優勝野球大会を開催した。また一九一四年には宝塚に遊園地をつくり、劇場を建て、宝塚唱歌隊を出演させている。

一九一〇年、宝塚線の開通と同時に池田町の室町に二万七〇〇〇坪の住宅地が売り出された。小倉は猪名川の堤防のそばにある室町住宅街の一軒を月賦で購入した。阪急宝塚線が猪名川の鉄橋にさしかかる下流の北西の角である。以後、小倉は大阪を去るまでの二〇年間、この家に住んだ。

池田は酒の産地として有名だったが、当時はもはや衰えていた。酒・魚・肉などは仙台にくらべ美味しかった。また若葉にめぐまれた町で、猪名川の堤防につづく田園地帯は日々の散歩区域であり、紅葉の名所で新緑もよい箕面など近郊にも格好の散策場所があった。小倉は新築まもない家に住み、「新しいいきいきとした喜びを感じ」(『回想』)るのである。

小倉の妻すみ子が母校酒田高等女学校へ寄せた文が「同窓会員消息」として、『有煒会誌』第一四号(一九一八年十月発行)に載っている。その中に、

夫に対しては二度と戻って来ぬ貴重なる一生を他を振りかへることなく専心に自分の研究や仕事をさせたいと考へ児に対しては偉大なる希望と尊い抱負を持たせたきものよと願ひ居る次第に御座候明後年は中学入学試験と今より小さき頭をなやまし居るを見てはせつに母の責任の重い事を深く深く感じ申候私は児と一緒に勉強もしまた暇には読書も致し時代の進歩におくれない様と心がけ居り申候

と書いている。

第一次世界大戦で好況となる一方で、物価が高騰し、庶民の生活を直撃した。小倉が仙台から大阪にきて何よりも驚いたのは物価の高さだった。特に米価が暴騰し、一九一八年には一升が戦前の四倍以上になった。賃金が物価上昇についてゆけない労働者は、賃上げのストライキに突入した。

一九一八(大正7)年八月、大阪市は米の安売りを行なったが、富山県の一漁村の女房たちの米の安

売り要求からはじまった米騒動はたちまち大阪に波及した。参加者は都市貧民、工場労働者が主体で、市中の米屋が襲われ、警官隊だけではおさえることができず、軍隊が出動した。大阪市では十一日から十九日までの九日間に二三万二〇〇〇人が参加、府全体では騒動がはじまった九日から二十八日に鎮定されるまでの二十日間に、延べ六〇万人から八〇万人に達したという。府知事は大阪市・堺市などで夜間五人以上の集団外出の禁止命令を出した。

米騒動は鎮圧されたが、寺内正毅内閣も総辞職し、以後労働運動が高揚し、デモクラシーの叫びが高まっていく。この物価高騰で官公吏の俸給も急に二倍となり、小倉の年俸一四〇〇円も二八〇〇円に倍増した。

小倉はのんびりした仙台から大阪へ移住し、大商業都市の活発な動きに驚かされた。資本主義社会の露骨な面を見せつけられる一方、生産関係や労働問題にも少しずつ関心をもつようになった。

一九一七年四月、小倉は中之島校舎の焼け残りの病理学教室で医大予科の講義を開始した。池田から五〇分の通勤時間だった。佐多学長は「予科での教育方針を教授に全く一任、担当の先生方は自らの信念に思うだけ腕を延ばし得る空気の中におかれた」（久保秀雄「待兼山での小倉先生を偲んで」『算数と数学』一九六三年二月号）という。大学は研究的雰囲気が豊かで、火災からの復興の気運が満ち満ちていた。

小倉の周囲は医学者・学生たちで数学者はいなかった。仙台時代とは大ちがいだった。一九一八年、大阪医大に東北帝大数学科出身の岡田良知が赴任すると、東京物理学校出身の竹中暁などと一緒に数学談話会を開いた。岡田は一九一七年東北帝大を卒業、大学院に進学、翌一九一八年大阪医科大学教授嘱託、一九一九年予科講師となった。

小倉が予科の数学を担当して何より驚いたことは、数学の成績がきわめて悪く、点のつけようがないことだった。それは教え方に問題があった。小倉が今まで教えてきた物理学校、第三臨教、東北帝大数学科はいずれも数学・理化方面の専門家を養成する学校だった。予科では医学を研究する準備としての数学、一般教養としての数学を教える必要があったのである。当然、教材も工夫しなければならなかった。

小倉はグラフの教授に力を入れた。河上肇『貧乏物語』を読み、貧富に関する統計やグラフなどに大いに啓発された。それで『貧乏物語』に引用されている外国の著作、高野岩三郎の著書などを集め、資料を教材とし学生にグラフを書かせた。学生が喜んでやったばかりでなく、小倉に統計、社会科学に関心をもたせる一因となった。

一九一九(大正8)年三月、大阪医大は卒業生の称号を医学士と定めた。これまでの「大阪医科大学医学士」と呼ばれていた卒業生は、規定の普通教科をある程度修め、試験に合格すれば「医学士」となることができるようになった。それで一カ年の講習会が開かれ、数学も講義をもたせられるようになった。小倉は生物学・医学などに必要な統計法の講義を行なうが、材料を集めるのに大変苦労した。この授業が小倉を統計法に導いた最初の動機である。

二月、林鶴一を会長とする日本中等教育数学会が創立された。小倉は当初は参加していない。半官半民という色彩が相当に濃く、半ば文部省の御用係のように思われたからである。会の主催で全国数学教育大会が毎年夏に開催されたが、佐藤良一郎は小倉が「絽の黒の羽織に袴を着けて、まことに颯爽とした姿で大会の会場に出席されたのを見かけ」(佐藤良一郎「小倉金之助先生を偲んで」『算数と数学』一九六三年二月号）ている。

三月、小倉は上京して物理学校の先輩で雑誌『考へ方』を主宰していた藤森良蔵の日土講習会で、若い学生に対し、「数学の為めの数学と生の為めの数学」という講演を行なっている。

古代ギリシア以来の論理的と実用的という数学の二大潮流にふれながら、生のための数学、人生に必要な数学が中等教育の第一義でなくてはならず、将来の中等教育数学は実用的方面を本体とせねばならぬと唱えている。そして最後に「『数学の為めの数学』は智識的遊戯である。『生の為めの数学』によりて眼醒めたる以後の『数学の為めの数学』こそ真に数学の理想と言うべきもの」と結んでいる。

受験参考書の著者として知られた藤森良蔵については板倉聖宣「藤森良蔵と考え方研究社」に詳しい。それを参考にして藤森について述べてみたい。

藤森は一八八二年、長野県上諏訪に生まれた。諏訪実科中学校では岩波茂雄の一級下であった。中学は一年でやめ長野師範学校に入学したが、学校当局ににらまれ一年で退学を命ぜられた。それで上京し、東京物理学校選科に入学、三年間学び一九〇三年に卒業した。小倉が全科を卒業したのはその二年後である。

以後、中等学校教師、塾教師、予備校教師などを転々とし、一九一〇年二七歳で処女作『幾何学考へ方と解き方』を出版した。一九一四年に山海堂から出版した『代数学学び方考へ方と解き方』も大いに売れ、藤森は自分の著書をテキストに講習会を開くことを計画した。土曜日と日曜日に開いたので、「日土講習会」と名づけられた。後には平日にも開かれるようになる。一九一七年、藤森の「考へ方主義」を宣伝普及するための雑誌『考へ方』が創刊された。

小倉には受験数学は最も好まないものの一つであったが、「考へ方」のもつ学習心理的意義に関心をもち、また藤森の「考へ方主義」宣伝の努力に深い敬意をもち、親交を続けるのである。

藤森はまた、大学で行なわれているような高等数学を大学に入れない人々にも学ぶ機会を作るべきと考え、藤原咲平・高木貞治・小倉などに相談、その結果、日土大学講習会が企画され、第一回は一九二九年、林鶴一を講師に開かれた。以後、掛谷宗一・園正造・藤原松三郎・小倉金之助・窪田忠彦・高木貞治などが講師になった。しかし、講習会は冬か夏に一つの講義が行なわれるにすぎなかった。それで一九三五年、「考へ方主義」宣伝二五周年を記念し、新制日土大学講習会が創立され、五つの講座を開講し出発した。また機関誌として『高数研究』が発行された。

しかし日中戦争が長期化し、太平洋戦争がはじまると、藤森の事業は頓挫した。雑誌『考へ方』は『数学錬成』に改題、「日土講習会」も「日本数学錬成所」にかわった。そして一九四五年に入ると、用紙の配給がとだえ、『数学錬成』『高数研究』が廃刊になるのである。

小倉は「語りつぐ日本の数学」の中で、「藤森君の業績を批判するには、ただ受験という面からばかりでなく、数学の学習に関する一種の方法論とでもいうような見方から、もういちど再検討する必要があるのではないかと私は思います」と語っている。

一九一九年五月、林鶴一とともに上田での長野県数学会に参加し、「教育の根本問題」という講演をした。それを聴いた井出弥門は、

教育者諸君！　不良少年・危険思想何ぞ憂うるに足らんや。かのロバチェフスキーを見給え、かれは青年時代に賄事件で寄宿舎に火を点じたが、やがてユークリッド幾何学に火を点じ、ここに非ユ

ークリッド幾何学を創設したではないか。教育者諸君！　不良少年・危険思想何ぞ恐るるに足らん！

という烈火のごとき潑溂たるその舌鋒に深く感動した（井出弥門「文学者としての小倉先生」『科学史と科学教育』所収）。

また小倉はこの講演の中で、教育の目的は近い将来における国民の養成で、その教育は人生や時代に触れたものでなければならず、教育者は何よりも人生や時代思潮を知らねばならぬと説いている。そして「自己を真に改造し得る人によりてのみ新人は造れ得るのであります」と言っている。小倉には時の数学教授者が、一九一九年十二月の『考へ方』所収の「A君へ」に書いたように、「潑溂たる聡明を欠き、「服従と訓練とがあって、自覚と独立とが無い」ように見えたのである。

五月、武辺松衛との共訳、カルロ・ブーレー『初等代数学』が山海堂から刊行された。

十月、医大予科の新校舎が宝塚沿線の石橋待兼山の雑木林の小高い丘に建てられ、移転した。丘の裾に古い寺が一棟あるだけで静かな環境だった。ここで塩見研究所数学部の仕事をはじめた。以後、年々新緑に包まれながら、「若々しく新鮮な気持で、仕事に没頭する」（「新緑の思ひ出」一九五二年六月九日放送）ことになる。

水野祥太郎（一九二三年から三年間在学）はこの校舎を、「小山の上の学舎は貧寒たるもので、寂しい赤松の疎林がひゅうひゅうと風に吠えるなかにあった。裏には池があって、ボロ舟が浮かんでおり、艪を押すことを覚える楽しみはあったが、冷房はもとより、暖房もまったくないので、山の枯草に火をつけて手を焙った。ときどき山火事をおこしかけて大騒ぎになる」（水野祥太郎『ヒトの足――この謎にみちたもの』）と書いている。

予科の数学科の目的は「医学の自然科学的研究の基礎を作る」ことであった。それで「微積分学及び微分方程式の初等的理論を成るべく実用的に応用的に教授するを以て主眼」とし、また「統計数学の初歩を加味する」課程の改造を行なった（「大阪医科大学予科数学科課程につきて」『日本中等教育数学会雑誌』巻二）。

松宮哲夫「小倉金之助と中等数学教育におけるグラフ教授の普及」（『小倉金之助と現代』第三集所収）によれば、予科の入学試験問題の出題方針も公表した。以後、小倉の留学中の一九二一年度を除き、在任中にはグラフ問題が出題された。

仙台時代の末期から大阪時代の初期にかけては、小倉が本格的な数学論文を質量ともに多く書いた時期である。創作力が順調に発展し、東北帝大以来の古典的微分幾何学、空間における点線結合、近似函数の理論、補間法の理論など、さまざまな方面の研究を行なった。しかし、その中には、何か精神上の病気だったのではあるまいかと思われるほど不完全なものもあった。小倉にとってこの六年間は、よく働きよく飲んだが、無理が重なり、健康の衰えを感じることになった。

小倉が赴任するにあたって、佐多所長から第一次世界大戦が終われば、洋行させるという話があった。一九一九年三月、内閣から留学の命が下った。三四歳の小倉にとって、洋行は気乗りするものではなかったが、外国の宿でいままでゆっくり読めなかった数学の古典的大作を読もうということで、出発することにした。留学期限は三年くらいという約束で、初めの一年半をフランス、後の一年半をドイツで送る予定にした。

五月、東京物理学校同窓会主催の洋行送別会が開かれ、小倉は「理論数学と実用数学との交渉」という講演をした。「先輩諸先生」が理論数学のみ重んじ、実用数学をつまらぬ下等な学問として軽んじてきたことに対し、実用数学は開拓せらるべき有望な学問であるとしている。これは将来塩見研究所数学部でやろうとする方針を述べたものでもあった。中等教育の数学科は、「教科書の編著者も、教授者自身も、ともにしばらく数学の専門家たることを忘れ、〃人本主義の戦士として立つ時において、初めて完全な効果を見る〃ものであると、確信して疑わない」という言葉で講演を結んだ。

1919年12月，洋行記念　左から母里江，妻すみ子，小倉，長男真美，祖母志賀

この講演は「思想が未熟で雑炊的であるが、私の数学観を正直に語った、もっとも初期のもの」（「理論数学と実用数学の交渉」「追記」）で「思い出の深い記念品」（『回想』）となった。岡邦雄はこの講演を聴き、「数学乃至数学教育に就ての従来の蒙を啓かれた」（岡邦雄「十数年にわたる小倉博士の労作集」『日本読書新聞』第二三号）のである。

小倉はヨーロッパ行きの船が混んでいたため、十二月半ば、神戸からフランスに向かった。故郷の母が見送りにきている。

大阪府立堺中学校教諭津田文次郎との共著『中等教育グラフト其応用』の序文は、十二月二十一日、「楊子江《ママ》上佐渡丸船室ニテ」書いた。この著書は一九二〇年四月に積善館から刊行された。

二　フランス留学

一九二〇（大正9）年一月下旬、小倉はマルセイユに着き、すぐ汽車でパリへ向かった。一年後にマルセイユに着いた羽仁五郎が当時のフランスの状況を次のように述べている。

小雨のふるはとばにこどもたちが手風琴をならして船客の投げる小銭をひろっていた。ヴィクトル・ユウゴオが〝レ・ミゼラブル〟の序文に書いていたように、男の貧困、こどもの恐怖、女の屈辱がまだヨオロッパにつづいていたのだ。（羽仁五郎『私の大学』）

パリは大戦の痛手癒えず、夜の街灯も明るくなかった。小倉は永井荷風の『断腸亭雑稾』を鞄に入れてきたが、小倉の見たパリは『ふらんす物語』のパリとは相当違っていた。小倉が留学していた時期のフランスについて簡単にふれてみよう。

一九一八年十一月、四年に及んだ第一次世界大戦が終結し、フランスは戦勝国となった。しかし、百数十万人の死者をはじめ多くの犠牲者を出し、国土が戦場となったため、荒廃がひどく莫大な被害となった。また対外投資、特にロシア革命で多額の債権を失い、内外から借り入れた戦費は巨額にのぼった。フランスの戦後は財政問題の解決にせまられることになった。

財政問題と並ぶ重大な問題はドイツの復活に備えての安全保障であった。フランスは英米と協調をすすめ、ドイツを封じ込めようとするのである。一九一九年十一月の総選挙では対独強硬論の右翼勢力が圧勝した。

一九二〇年一月、大統領選挙で、大戦中フランスを指導したクレマンソーがデシャネルに敗れ、政界を引退した。ついでミルランが首相に就任した。当時はロシア革命の影響で労働運動が高揚し、鉄道スト・炭鉱ストなど労働争議が続出した。メーデー以後、鉄道ストを中心とするゼネラル・ストライキが決行されたが、ミルラン首相は軍隊を出動させ鎮圧した。九月、デシャネルにかわりミルランが大統領に就任した。

フランスは財政問題をドイツからの賠償金で解決しようとした。一九二一年五月に賠償金総額が決定されたが、ドイツにとって支払い不能な額であった。連合国は部分的なモラトリアムを認めなければならなかった。

1920年1月，インド洋にて

フランス人の生活は苦しかった。工場や地下鉄のストだけでなく、料理店や食堂のストもあり、昼と晩に外食の小倉は閉口している。『回想』に、当時のフランスは何かといえばすぐ「アヴァン・ラ・ゲール（戦前は）」と言っていたと書いてある。

戦後のフランスは、もはやかつてのような国民的栄光も、文化的指導性ももちえないだろうという恐れと落胆が、人々の心をしめつけた。……この時期以後のフランスは、いやでも自己の立ち遅れや特殊性について意識せざるをえなくなる。戦争以前の一時期が、〝良き時代〟として追想されること自体、みずからの衰えを自覚したことのあらわれであった。（河野健二『フランス現代史』）

小倉のパリでの宿舎はパンテオン広場に面したオテル・グランゾムだった。宿のすぐ前にはルソーの立像が建っていた。夕方になると、この像のあたりは幼児をつれた子守のような娘たちの遊び場となった。パリ時代、小倉はルソーに無関心で著作も読まなかったが、東欧のある学生が、この宿を去る時に置いていったフランス語とルーマニア語か何かの対訳表が一枚はさんである『エミール』を、宿の娘ジャメーヌにもらっている。「ルソーをめぐる思い出」には、小倉がフランスに二年間住んで、「ルソーが持ついろんな面の中でも、特に〝自然に帰れ〟という面は、いつの間にか、私の心に深く染みこんだものと見える」と書いている。

パンテオン付近はいろいろな学校のある学生街で、ソルボンヌ大学へは徒歩で五、六分の距離だった。またリュクサンブール公園もすぐそばで、散歩をしたり本を買ったりするのに便利だった。宿から七、八分ぐらいの地域内には、フランスの文化の高さをしのばせる学者や文化人の名の町々があった。

小倉にとってはフランス語を習得することが急務だった。日常の用を足すにも不便だったからである。毎日、先生のもとに通ったが、半年すぎてもなかなかものにならなかった。ジャメーヌにもフランス語を教えてもらっている。八月下旬まで語学に没頭した。小倉より一年八カ月後にパリに渡った画家小出楢重は次のように書いている。

言葉を知らないものにとっては、初めのうちは世界の都、巴里も、高野の奥の院位いの淋しさであった。カフェーやレストウランで、大勢が何かやっているが、自分には何の影響もない事だった。毎朝新聞屋の呼声がするが、それも何の影響もなかった。（小出楢重「滞欧の思出」『小出楢重随筆集』所収）

小倉も似たような状況だった。

当時、パリには多くの日本人画家が滞在していた。小倉の交際範囲も中川紀元などの画家が多かった。画家たちの影響から、小倉はルーブルやリュクサンブールの絵画や彫刻を日がな眺めることもしばしばだった。中川は一九一九年渡仏し、マチスに師事、一九二〇年には二科展に「ロダンの家」を送り、樗牛賞をうけた。一九二一年に帰国している。

小倉がパリで最初に会った日本人数学者は京都帝大助教授の和田健雄である。一緒に芝居をみたり、痛飲したりしたが、和田のパリ滞在は二カ月ばかりだった。山形県出身の和田は一九一七年に留学、一九二〇年帰国し、教授に昇進している。

夏になると語学の勉強かたがた、慰みに小説を読みはじめた。モーパッサン、ロマン・ロラン、スタンダール、バルビュス、バルザック、ドーデー、アナトール・フランス、ゾラなどの作品である。モーパッサンの平易な小説は辞書をあまり引かなくとも意味がわかるようになった。小倉は「私と文学」の中で、論文や評論を書く時に明晰と簡潔を願っているが、これは短篇小説でのモーパッサンの手法を無意識に学んでいたともいえると書いている。パリ時代にモーパッサン全集の大部分を読んだ。

ロランからは小説よりも『トルストイ』などの評伝に深い感銘をうけた。パリ大学総長アッペル博士から晩餐に招かれた時、博士の娘で有名な作家でもあるボレル夫人に、フランス人の作家で誰が一番好きかと問われ、ロマン・ロランと答えた時、非常に意外だと妙な顔をされている。知識人を含め、当時のフランス人はロランの作品を喜ばなかった。

スタンダールは、小倉が風邪をひき宿で寝ていた時に読んだ。スタンダールを読むきっかけは、リュクサンブール公園にスタンダールの作品名を刻んだ碑が建つとの新聞記事を読み、どんな作品か興味が湧いたからで、心理描写が頭に残った。

バルビュスの『砲火』『クラルテ』を読んだのは一九二一年である。特に小倉の世界観を大きく揺り動かし、国家、軍隊とはこういうものかと最初に目ざめさせたのは『クラルテ』だった。一九五三年十二月、NHKの録音「素人のみた文学の話」の中で「今もこのお話しをしながらわたしは三十二年のむかしパリの宿で、この小説を読んだ時の感慨を思い浮かべること、切なるものがあります」と語っている。

また、「七月の手帖から」（『新潮』一九五三年十月号）では、パリで買った『クラルテ』の原書と一九二三年に種蒔き社から出版された小牧近江・佐々木孝丸共訳とをくらべ、原書では検閲で軍旗に関する二カ所一二行が削除されているのに対し、邦訳では全文が載せられているという興味深い事実をあげ、削除されている部分の邦訳を転載している。

『砲火』は戦場で使う兵士たちの俗語のため読み通すことができなかった。

またリセー（高等学校）の教科書としてたくさんの挿絵が入っているフランス文学史も少し読んだ。これは後に大衆向きの数学史を書く時、大変参考になった。

一九二〇年九月二十二日から三十日までの九日間、アルサスのストラスブールで第六回国際数学者大会が開かれた。参加国は二七カ国、参加者二〇〇名であった。欧州巡遊を命ぜられ、フランスにいた高木貞治が日本代表の資格で参加、小倉もすすめられて出席した。会の目的は会員の親睦をはかり、知識の交換をするというものだった。

アルサスは第一次世界大戦後、ドイツからフランスに復帰した。当時のストラスブールは、表の大通りはフランス名に変えられたが、裏の細い道はドイツ領時代の名のままだった。井上幸治『フランス史』によると、フランス政府はアルサスの住民に正式の取引きや初等教育でフランス語を使用することを義務づけたが、大半がドイツ語を話す住民は現状維持を要求した。また学校教育をカトリック教会の管理下から離そうとしたが、これに教会が反対した。ドイツ領時代は大幅な自治権が与えられていた住民は、フランス復帰によりこれを失い、一九二〇年代を通じ自治獲得運動を続けることになる。

大会はゲーテの銅像のある大学で開かれた。午前中は四つの部会にわかれ、各々で二〇分の講演があった。ここで高木は「代数的整数論における一般的諸定理に就て」と題し、類体論の諸結果を報告、小倉は補間法について講演した。

高木にとって戦争直後のこの大会は、「どうもさういふ整数論の話などを持出すには最も不適当な所で」「類体論などに理解を持った人は僕の知ってゐる所では二三人位で」「十五分位の講演をしたけれども、無論、反響も何もありはしな」（高木貞治「回顧と展望」、高木貞治『近世数学史談』所収）かった。小倉も高木の講演は専門違いで、ほとんどわからなかったが、翌一九二一年秋、藤原松三郎がパリにきた時その論文の価値について教えられている。

午後は全体で一般講演があった。この大会の後設立された国際数学連合の初代会長になる、ベルギーのプーサンなどが講演した。その他に諸団体主催のレセプション、市内やその周辺の名所旧跡を見物する遊覧的旅行も行なわれた。

この大会には敗戦国であったドイツ・オーストリアは招かれなかった。このことについて高木は、「今度ノ開会地ノ選定モ所謂排独的ノ色彩ガアマリ鮮明ナヤウデ世界中ノ学者ガ戦争中ノ感情ヲ棄テテ戦前通リ円満ニ交際スルトイフノトハ正反対ノ傾向ガ現ハレテ居ルヤウナノハ誠ニ遺憾ノ様ニ思ハレマス」（高木貞治「すとらすぶるぐニ於ケル数学者大会ノ話」『東京物理学校雑誌』第三五九号所収）と述べている。小倉もまた「数学者の国際的な学会」というより、むしろ「戦勝国の数学者の親睦会」（『回想』）と感じている。

ドイツなど敗戦国を締め出したこの大会は、真剣なディスカッションがなく、外交儀礼的な集まりが多く、小倉の感情とは「ぴったりしな」（『回想』）かった。

秋の終わりごろから大学の冬学期が始まった。小倉はあまり講義を聴かなかったが、ソルボンヌ大学では、仙台時代から論文を送り、論文に引用してもらったこともあるボレル教授の気体論などを聴講した。「先生ハ内外ノ子弟後進ニ対シテ極メテ親切デアリ、従ツテ学生トノ間ニ深イ親シミヲ持タレテ居」（ボレル著・石井省吾訳『代数学』「序」）た。

コレージュ・ド・フランスでは塩見研究所の岡谷辰治や東北帝大教授の愛知敬一と一緒に、ランジュバン教授の相対性原理を聴講した。ランジュバンは後に反ファシズムの闘将となり、第二次世界大戦ではレジスタンスの一員として活躍した。

また学界の呼び物だったアダマール教授の談話会では、京都帝大助教授園正造や東京高等師範教授阿部八代太郎と一緒になった。この談話会では活発なディスカッションが行なわれ、遠慮会釈のない批判があった。その盛んな討論にくらべ、日本の談話会は突っ込んだ批判もなく、あまり元気がなさすぎることを痛感した。

十一月、前述のアッペル博士の晩餐会でボレル夫人に、外国人の素人が現代フランスのまともな演劇を観るにはどうしたらよいかということについて、いろいろな忠告をうけた。小倉は夫人からビュー・コロンビエ座の劇をみるようにと薦められ、モリエールのものをみている。

パリの冬はほとんど日光が出ない暗澹たる空で、午後二時頃には暗くなる陰鬱な天候だった。コニャックを飲みながら小説を読み、夜を過ごすしかなかった。

一九二一（大正10）年四月、オペラ座で、ある雑誌社主催のキュリー夫人のための音楽会が開催され、出席した。これは渡米する夫人の送別会の名のもとに、ラジウム研究所への寄付金募集が目的だった。「質素そのもののようなマリー・キュリー夫人を、あのまばゆいほどに煌《きら》めき輝く、オペラ座の雰囲気の中で、ことに舞台の上に眺めるということは、何か相応《ふさわ》しくないような感じがして」（「女性文化の歩み」）、音楽もわからぬ小倉は、何が何やら要領をえないで帰った。

それからしばらくして、いきつけの食堂で、女性の学問的才能という問題について議論しているソルボンヌ大学の二人の学生の前にすわっていた小倉は、女性科学者の実例をあげることができず困っていた女学生に、キュリー夫人、ソーニャ・コヴァレフスカヤの名をあげ、助け舟を出している。

小倉は留学の際、これまで読めなかった数学の古典的大作を静かにゆっくりと読むつもりででかけたが、パリに来てみると、アインシュタインの一般相対性理論が非常に問題になっていた。それで相対性理論をはじめ、新しい理論物理学を学ぶことに方針をきりかえた。

一九二一年春、相対性理論に関する仕事も進んできたので、ごく小さなものをボレル教授の紹介で、パリ科学学士院の報告に載せた。秋にはこれらの諸報告の一部分をとりまとめ、さらにこれを発展させ、『東北数学雑誌』に「真空間における重力の場について」と題する論文を送った。流行の問題なので外国人の研究とよく重なり合った。

秋、ヨーロッパを回っていた東北帝大の藤原松三郎教授がパリに立ち寄った。ドイツの科学雑誌のことが話題になり、民間のものは復興しないが、アカデミーの出版物は刊行されている、アカデミーは偉いと話す藤原の官僚的な一面に接している。石原純の事件を聞いたのもこの時だった。また日本に帰ったら林鶴一に日本中等教育数学会会長をやめてもらうようにできないかと相談されている。

小倉の留学期間は三年ぐらいの予定だった。一九二〇年四月、祖母が腎臓病にかかり、大変重いという通知が届いた。電報で問い合わせたところ、何とか持ち直したのでいますぐ帰る必要はないが、できるだけ早く帰るようにとの返事だった。それで往復の日程も含めて満二年間とすることにした。塩見研究所では当初、必要な著書・雑誌があれば金はいくらでも送るという約束だったが、守られなかった。それで小倉はエコール・ポリテクニクの雑誌のバックナンバーをはじめ、何百冊かの本を私費で買って帰ることにした。そのためドイツ、アメリカを訪れる金がなくなり、まっすぐ日本に帰ることにした。

帰国をまじかにひかえ、準備に忙しかった十一月末、ボレル教授から、電磁気学の基本的法則を発見したアンペールの「アンペール発見百年記念式」の案内状がきた。ソルボンヌ大学の大講堂で、ミルラン大統領臨席の下、千数百名が集まった。大統領・文部大臣・大学総長・物理学会会長・電気組合長・技術家組合長・国際電気技術委員長などの演説があったが、大戦後でありながら軍人・財閥代表の祝辞はなかった。気持ちのよい盛んな会だった。

小倉は記念式に出席、民主主義国フランスの、全体としての文化の高さに最も心を打たれた。科学の水準を高めること、科学の大衆化をはかることの大切さを感じた。

この時から二六年たった一九四七年十月、小倉は日本民主主義文化連盟拡大協議会で常任委員長として挨拶し、日本の文化水準の低さを指摘し、人民一般の文化水準引き上げを強調している。そして、アンペール記念式に出席した時に感じた、フランスの文化の高さを紹介している。

小倉は二年間のパリ生活で、フランスの強い立派な伝統の価値を学んだ。そして、本当の新しいものは、立派な伝統がない限り容易に生まれないこと、立派な伝統を突き破ってこそ生まれることを痛感したのである。十二月、マルセイユ出帆の北野丸に乗船、帰国の途についた。一九二二（大正11）年元旦はシンガポールで迎えた。一月半ば帰国し、急ぎ池田の自宅に行った。七八歳の祖母は病気もほとんど快癒し、起きていた。

三　数学の大衆化をめざして

帰朝早々の一九二二年二月、妻すみ子が会員であった大阪婦人十日会という社交婦人の例会で、「科学者としての婦人」という演題で話した。これはイギリスの評論家モーザンスの『科学者としての婦人』を種本にした。当時、婦人参政権など婦人問題がさかんに論じられていた。小倉は婦人の能力は絶対に男子に劣るものではないとし、西洋のさまざまな婦人科学者をあげ、その業績を紹介している。

大阪の知識階級の夫人・令嬢によって組織された大阪婦人十日会は月一回、講演会を開催し、教養を身につけていた。すみ子もその中心グループの一人で、一九二三年には常任幹事となった。この年度の講演はすみ子の選定によって実施された。

当時、大阪で婦人雑誌の編集長をしていた柚登美枝は、「小倉夫人も先生の庇護と深い理解のもとに、よき意味での大阪の新しい婦人として、率先活躍された。そして関西文化人の中でも特に小倉金之助先生夫妻は、共に光って居られた」（柚登美枝「毎日出版文化賞受賞『近代日本の数学』」『著作集』一、月報）と回想している。

塩見研究所はまだ建築も始めていない状態だった。それで物理科長の清水武雄と二人で医大予科の一隅を借り、仕事をはじめた。秋にはパリに留学していた岡谷辰治も帰国し、理論物理学部の研究員となった。塩見研究所は一九二〇年の戦後恐慌の影響をうけ、他からの寄付を集められず、小倉が留学前に立てていた数学部の構想は実現不可能になった。

四月から医科予科の授業が始まり、三年生に実用解析学と自然科学における数学の応用を講義した。図計算、計算図法、統計法といった実用数学を系統的に行なった。三年生が三学級で計九時間あるため多忙となった。そのため小倉がパリ出発の間際に留守宅に送った手紙の中の、「日本に帰ったら、四月ごろ奈良か吉野あたりを、車に乗らずに行脚してみたい」というような日本の古い文化に触れる機会はもてなかった（『回想』）。

七月末、東京物理学校の夏季巡回講習会の講師として、掛谷宗一と一緒に東京・高松・鳥取方面を回り、「図計算と図表」という題で各市で四日間講義した。この時の主催者・講師は大酒家で、毎晩飲んでは奇抜なエピソードを残したという。巡回講習会は以後恒例の行事となって定着した。この講義をもとにして翌一九二三年、『図計算及び図表』を山海堂から出版した。「緒言」には「数学ハ数学者ノミガ専有スベキ財宝デハアリマセン」とし、数学者と実際家とが協力一致して、近い将来、実用数学が各方面で盛んになることを祈っている。また、

> 実用数学ノ裏ニハ理論数学ガ潜ンデ居ナケレバナリマセン。理論数学ハマタ逆ニ実用数学ノ刺激ヲ受ケテ、更ニ深ク更ニ広ク発展スル場合ガ、多々アルノデアリマス。私ハ論理ト直観トハ、永遠ニ相輔ケ相補ヒ相携ヘテ進ムベキ運命ノ下ニアル双生児デアルコトヲ、思ハズニハ居ラレマセン。

と記している。

小倉はフランスにあって痛感した学問の大衆化、国民の数学知識の向上に努力する第一歩を踏み出したのである。また帰朝後は、口語体で文を書くようになった。

巡回講習会の開催期間中の七月末、日本中等教育数学会で「物理学と幾何学との交渉」の題で講演した。当時、小倉はフランス留学時代にひき続き相対性理論の研究を行ない、理論物理学の本を読んでいた。この講演ではアインシュタインの相対性理論にあらわれた新しい幾何学について語り、

> 「自然を認識せんとする希望が、数学の発達に最も永久的で而も有効な影響を及ぼした」と、二十年以前にポアンカレは申しました。「自然に帰れ」といふジャン・ジャック・ルッソーの叫びは、文字通りの意味に於て、幾何学者への忠告であらねばなりません。

と述べている。

この夏、物理学校校長中村精男の家で、「小倉君。君が学校に来て、大掃除をやって呉れるといいがなあ」といわれている(『回想』)。

九月、医科予科の学風会で「新思潮に対する青年の態度」という講演をした。新思潮が入って来た時、われわれはいかなる態度をとるか。それは、その思想の本質を知ることであり、新思想を学問的に、人道的に、そして高い趣味の上から批判することだとしている。そのためには平素からいかにして真善美に対する修養を積むべきかが根本問題だと語っている。

十一月、アインシュタインが改造社の招聘をうけ、来日した。彼は一九二一年度に「理論物理学に対する貢献特に光電効果の法則の発見」によりノーベル賞を受賞していた。来朝のいきさつ、滞日中の行動などについては、石原純『アインシュタイン講演集』に詳しい。それによると、一九二〇年、改造社社長山本実彦が西田幾多郎の助言をうけ、石原純にアインシュタイン招聘を話したことにはじまる。一九二一年、石原が山本の意を伝える手紙をアインシュタインに出し、大体において快諾を得、一九二二年正式の承諾書を受け取った。

十一月十七日、神戸に到着、山本・石原の他に東京帝大の長岡半太郎、東北帝大の愛知敬一、九州帝大の桑木彧雄らが出迎えた。東京では二回の公開講演があった。十一月十九日慶応義塾大学において、前半「特殊相対性理論」、一時間の休憩をはさみ、後半「一般相対性理論」で前後五時間の講演だった。十一月二十四日神田青年会館において「物理学に於ける空間及び時間について」で、一時間の休憩をおいて、前後三時間であった。

アインシュタイン東京帝大講演記念　３列目右から４人目が小倉

十一月二十五日から六日間にわたり、東京帝大で相対性理論を理解しうる素養のある人々に限って特別講演が開かれた。小倉も聴講している。十二月一日閉講の日、すべての聴講者は一冊の書画帖にローマ字で自著し、記念としてアインシュタインに贈った。そこには長岡半太郎の感謝の辞と、講堂で黒板を後にしている教授の写真、大学講内で一同が撮った写真が添えられた。

十二月三日、仙台で講演した。石原は来仙せず、この時だけ通訳を愛知がつとめた。『東北大学五十年史』所収の小林巌教授日記によると、入場切符五円（東京・仙台間三等切符四円三〇銭）で、駅での大歓迎にもかかわらず入場者が少ないため、当日の朝、教授たちに切符が無料で届けられたという。

以後、講演は名古屋・京都・大阪・神戸・福岡で行なわれた。京都の学生歓迎会では西田幾多郎教授の申し出で、いかにして相対性理論をつくりあげたかの経緯を話している。

十二月二十九日、アインシュタインは門司から帰国の途についた。

『小倉金之助と現代』第三集にアインシュタインの来朝に関連して、小倉が書いた三つの文が掲載されている。蔵原清人の「解題」によれば、雑誌『改造』十二月号が特集号となり、一五名のアインシュタイン論を掲載した。小倉の「数学上におけるアインスタインの地位」(十一月一日執筆)もその一つであった。数学上からみたアインシュタインの偉大な所以を列挙し、最後に、

併しながら数学の歴史は古い。一のアインスタインを讃へんが為めに、数学の伝統を無視すべきではない。吾々はアインスタイン教授に対して満腔の感謝と尊敬とを捧げると同時に、古来幾多の偉人が残せる歩みの跡を、静かに回顧したいと思ふ。

と書いている。

しかし、ジャーナリズムのとりあげ方はお祭り騒ぎの感があり、あまりに馬鹿らしいように思われた。それで、雑誌『思想』に「科学思想の普及に関する二三の感想」(十一月二十三日執筆)を書いた。この中で、パリ大学総長をつとめた数学者アッペルの使ったエスプリ・シアンティフィックを直訳した「科学的精神」という語を初めて使用した。小倉は科学的精神を事実を認識し、その事実の間から諸法則をみつけていく行為ととらえているが、この言葉が一般知識人の口にのぼるは、ファシズムとの闘いを通じて使用された一九三六年ころからである。

『改造』一九二三年一月号に「講義室のアインスタイン教授」として九名が印象記を寄稿している。小倉の「アインスタイン先生の印象」はその一つである。短いので全文を引いてみる。

私は未だ嘗て、先生ほどニコニコした、そしておちついた講義振りを見たことがありません。

先生は計算に達者ではありませんでした。また論理もそんなに厳密ではありませんでした。併しながら先生は偉大なる直観力の持主でした。

先生が本当に吾々に教へて下されたことは、幾何学に於ても理論物理学に於ても、天才の尊い仕事が如何ばかり直観的であるかといふことでした。

一九二二年秋から大阪府では、中等学校の改造をはかり学校の指導を始めた。小倉は依頼をうけ、十二月には中学校の数学の授業を視察（翌一九二三年十一月には実業学校を視察）し、数学教育の実際に関心を寄せるようになった（小倉著『数学教育論集』「あとがき」で大矢真一は、小倉が数学教育に関心をもったもう一つの要因として、小倉の長男真美が、一九二三年中学三年となり、数学教育の欠陥が最も強く表われ問題が多かった幾何学を習いはじめていたことをあげている）。

この経験を土台とし、一九二三（大正12）年七月には日本中等教育数学会で、「数学教育の意義」という講演をした。これは数学教育における科学的精神の開発を強調したもので、「おそらくは世界でも最初の主張」（『回想』）だった。

一九二二年から一九二四年まで、大阪府主催で産業能率増進の講習会での統計の講義を依頼された。この会は戦後恐慌、関東大震災による不況に処する対策であった。小倉は産業能率に関係ある方面の統計を主に、グラフや計算図表などの講義をした。これは社会経済統計の勉強になった。

大阪府から依頼されたこれらの経験が、数学教育や数学の大衆化について考えさせる、もっとも有力な動機となったのである。

一九二三年七月末、東京物理学校の第二回夏季巡回講習会でも、講師として園正造と一緒に各地を回り、「微分幾何学の概念」という題で講義した。高松には妻子を同伴している。

九月一日、関東大震災がおきた。伊藤野枝が大杉栄と一緒に憲兵から虐殺されたことに大きなショックをうけた。震災は出版界にも大きな打撃を与えた。小倉がこの年四月に発表した二つの欧文の論文は、数学に入れるか物理学に入れるかで審査が行なわれ、結局『物理学輯報』に載せることになっていたが、翌一九二四年秋になってようやく出版された。これは小倉が欧文で書いた、数学史以外の最後の論文である。小倉は欧文の印刷が復興するまでしばらくの間、日本文の著述を行なうことに決めた。

この年、三上義夫の「文化史上より見たる日本の数学」に接し、非常に打たれた。単なる和算の解説でない文化史的なもので、大いに敬服し、以後、三上の論文を読みつづけようと決心した。

水野祥太郎はこの年から三年間、数学を教わった。パリ帰り早々でハイカラすぎたせいか教壇に立った姿が異様な風体に見えたという。「科学のありかた、科学を通じてのひろい世界観についての眼を開いていただくことにな」り、講義は「変幻無礙の面白さで三年間がみじかく感じられた」(水野祥太郎『ヒトの足――この謎にみちたもの』)という。

小倉が成城学園の出版部のようなイデア書院から、数学教育の著述を依頼されたのは一九二二年の秋だった。成城学園は小倉が東北帝大時代に薫陶をうけた、沢柳政太郎が創立した新教育の研究学校である。小倉は恩返しのつもりで引き受けることにした。また成城学園の小原国芳の『自由教育論』からも非常な感激をうけ、人間解放と結びついた当時の新教育に関心をもっていた。小倉は小原を通して教育上の諸問題について関心をもつようになった。小倉にとって小原は「正しく私の恩人」(「大正末期のころ」『全人教育』一九四八年一月号)であった。

一九二四（大正13）年三月、『数学教育の根本問題』が刊行された。「ヒューマニスティックな情熱をもって、自由主義・民主主義の立場から、科学的精神の旗のもとに、従来の硬化した形式主義・生活から遊離した知識的遊戯を批判して、生活の実践・創造的直観を強調した」（「一九五三年版に寄せて」）この著作は、小原の催促で三カ月ほどで書きあげた。教育学や心理学の本を少しばかり漁ったが、デューイやソーンダイクのほかはろくに読まなかった。「私の著述の中で一番欠陥の多い書物」で「何しろ考えが不統一で、思想が未熟であり、観念論のあとがたくさん残っていて、歴史的に見てもきわめて不正確な本」（「回想の半世紀」）であった。

この著作では数学教育の問題点を、論証による思考力の錬磨という形式陶冶の重視、数学の各分科の孤立主義、受験用の難問主義、実験実測を忘れた非実用性の四つに要約した。そして、数学教育の意義は科学的精神の開発にあり、数学教育の核心は最もよく科学的因果関係を語り、最も広く、深く人間生活と交渉を有する函数観念の養成にあるとした。「人は伝習的知識としての数学を学ぶのではない、『人』として生きんがための数学を学ぶ」というのが、小倉の数学教育論の立脚点であった。

これは中等学校を目標にして書かれたが、数学教育の若い識者、小学校関係者に受け入れられた。しかし、当時の指導的立場にある人々からは意外なほど誤解をうけた。林鶴一には、どうしてあの本を書いたのかと激しく責められ、物理学校の長尾晋志朗からは一晩酔っぱらってさかんに罵倒された。

一九二四年十一月二日の『サンデー毎日』に「学究のみでは満足し得ぬ小倉金之助」という記事があり、その中に予科学生の次のような話が載っている。

〈い〉先生です、ほかの先生の講義は家に帰って見なほさねば分りませんが、小倉先生の講義はその時間だけですっかり分りますからね。いつも二十分ばかりで授業を終へて後は、先生の得意の数学教育論です。先生は人間ですよ。

一九三〇年には中国で翻訳された。

塩野直道「青表紙と小倉先生」(『科学史と科学教育』所収)によれば、文部省図書監修官だった塩野が、小倉のこの著作を読んだのは一九三〇年頃、中学校教授要目改正に関与した時分だった。「実は当時文部省で要目改正の事務担当者が、筆者の所へこの書物を借りに来て、それが手許になかったので、取りよせて読み、これを貸してやった」のである。文部省の役人さえも読まねばならぬほどに、大きな影響力があった。

『数学教育の根本問題』が出版されてから一カ月ばかり後、大阪のある小学校でダルトン・プランの創始者パーカスト女史の講演があり、小倉は熱心に聴いた。それは「宣伝的でなく、少しも誇張したところのない、ごく地味で落ちついた講演」(「大正末期のころ」)だった。

小倉が小原国芳とはじめて会うのは一九二四年十二月、青山師範学校で長田新と小倉が講演したときである。

一九二四年春から『統計的研究法』の著述をはじめた。これは大阪府および京都府主催の産業能率増進講習会での講義と大阪医科大学での講義に、多数の実例を加え修正増補したもので、統計法の理論を合理的かつ平易に説明しようとした。具体例を選ぶため経済関係や家計調査などの資料を集めて読んだ。

「材料ノ収集、計算、『グラフ』ヨリ校正ニ到ルマデ、全部著者ノ独力ニ成リ、他ノ人々ノ助力ニ待ツ所殆ンド無カッタ」(『統計的研究法』「序」)ため、一九二五年春ごろからの校正中、過労から健康に異常をきたすようになった。校正中、京都帝大経済学部の大学院生蜷川虎三がよく訪れた。小倉は「この熱心な学徒から、多くのものを学んだ」（「回想の半世紀」）。

後に京都府知事になる蜷川は一九二〇年、河上肇の『近世経済思想論』に感激し、河上の講義をぜひ聴講したいと考え、水産講習所助手の地位をなげうって京都帝大経済学部選科に入学した。一九二一年には無試験で本科入学、一九二二年には大学院に入学した。大学院では統計学の財部静治にすすめられ統計学を専攻した。一九二五年からは河上肇を中心とする「経済学批判会」に顔を出した。この会には三木清・恒藤恭・佐々木惣一などが集まり、ときに西田幾多郎も講師として出席した。一九二六年には経済学部講師、一九二七年には助教授に就任している。

蜷川は一九二五年十一月、ノースダコタ大学のG・R・デーヴィース教授の『経済学統計綱要』（訂正増補第二版）の訳書を山海堂から出版した。「訳者の序」に、

本書の出版、印刷に関しては、終始、理学博士小倉金之助先生の一方ならぬ御世話になったことを記して深き感謝の意を表する。浅学にして無経験なる訳者は、若し先生の御親切なる御示教と御助力とがなかったなら、この訳書をこれ迄にして、世に送り出すことは、恐らく出来得なかったであらう。訳文の拙劣は、素より訳者の不敏の致す所で、将来の完成に待つより外はないが、本書に於て、若し何等か参考になり、便利の点があれば、それは全く、先生の御助力の賜であることを特に記して置きたい。

と謝辞を述べている。

『小倉金之助著作集』のちらしに、蜷川は「国際的数学者、小倉先生の頭脳の再生を喜ぶ」という一

文を寄せ、次のように書いている。

私は大学を出たころ、統計学が縁で、先生にお目にかかることができたが、何しろ世界的な数学者といわれる小倉先生の顔を一度でいいから見たいという私の念願がかなえられた上に、いつに変らぬご指導をえたことは、私の生涯の幸福であると思っている。

一九二五（大正14）年六月に積善館から刊行された『統計的研究法』は数学のみならず、医学・生物学・社会科学関係の人々にも読まれた。戸坂潤は『科学論』の中で、「尊重すべき書物」と書いた。大原社会問題研究所所長高野岩三郎からは感想を述べた手紙をもらった。以後、高野や森戸辰男の好意で、研究所の図書閲覧室を利用させてもらい、社会統計講習会の講師に頼まれたりした。

大原社会問題研究所は塩見理化学研究所同様、第一次世界大戦で多額の利益をあげた民間人が私財を投じ大阪に設立した研究機関である。大島清『高野岩三郎伝』、同「大原社会問題研究所五十年」（大島清『人に志あり』所収）などを参考に少しふれてみたい。

大原孫三郎は当時、倉敷紡績会社などを経営するかたわら、慈善事業・救貧事業を行なっていたが、一九一八年に米騒動がおきると、社会的矛盾を根本的に究明し、その解決の道を求める研究機関をつくらねばならぬと考えた。そして一九一九年、研究所を創設し、東京帝大教授で統計学者の高野岩三郎に運営を一任した。一九一九年の国際労連代表事件、一九二〇年の森戸事件によって、高野はじめ多くの優れた研究者が東大を辞職し、大原研究所に集まった。東大・京大の経済学部にひけをとらない充実した研究機関となるのである。櫛田民蔵・森戸辰男らが研究員、大内兵衛・長谷川如是閑らが研究嘱託、河上肇も一時評議員となっている。

研究所では国内外から膨大な文献を収集したが、一九二四年春からは図書閲覧室が公開された。小倉もよくこれを利用した。

しかし、恐慌で経営が悪化した大原側は、財政困難のため寄付の停止を申し入れ、その結果一九三七年、研究所は大原から離れ東京に移転された。また一九四五年、空襲によって建物と図書が灰となった。高野が死亡した一九四九年、野上豊一郎法政大学総長の好意により法政大学にうけつがれ、法政大学大原社会問題研究所として今日にいたっている。

大内兵衛は大原社会問題研究所のほかに大原美術館・倉敷中央病院・労働科学研究所・大原農業研究所などの設立に尽力した大原孫三郎を、

金を儲けることにおいては大原孫三郎よりも偉大な財界人はたくさんいました。しかし金を散ずることにおいて高く自己の目標をかかげてそれに成功した人物として、日本の財界人でこのくらい成功した人はいなかったといっていいでしょう。（大内兵衛「偉大なる財界人」、大内兵衛『高い山』所収）

と述べている。

六月末、塩見研究所所長清水武雄が東大に転任したので、小倉は所長を命ぜられた。しかし、すでに健康が衰え、秋から肺門淋巴腺炎で病床につくことになった。この病気にかかってから寒さが禁物になった。以後、冬から早春にかけては毎年毎年病床にある日が多くなった。まれに三学期に講義することがあると、学生から「先生、きょうの講義は珍しいですね」と笑われたという（「夏」『教育復興』一九四九年七月号）。

一九二六（大正15）年一月、大阪堂島通りの医大病院北手に三階建て鉄筋コンクリート造の塩見研究所の建物が完成した。病気のため落成式に出席できなかった。

五月末、医科大学教授を辞し、塩見研究所の専任となった。東北帝大助手時代から数え、官公吏生活が満十五年をこえ恩給がつく身になっていた。小倉は生活面では何の心配もなく仕事に没頭してきた。大阪移住当初は大阪を有望なところとしていたが、物質文明ばかり進んでいて精神文化が非常に遅れている大阪の雰囲気に失望するようになる。帰朝後は特にいやな面ばかりが目につくようになっていた。

小倉の長男真美も大阪のことを次のように書いている。

私は大阪で育ちながら、どうしても大阪というところは好きになれなかった。……大阪人は学問などをあまり尊敬せず「学者はもうからん商売だっしゃろ」というわけで、従って学生に対しても冷淡な態度なので高校時代は肩味のせまい思いで町を歩いたものである。(小倉真美「ある編集者の回想」塩沢茂編『弾圧に抗して』所収)

一九二六、二七年は熱がとれると研究所に出勤したが、大体静療生活を送った。当時は量子力学が創りあげられようとする物理学の革命期であったが、病床で難解な論文を読んだり、面倒な計算をすることは健康に悪く、「私のようにふだんから虚弱なものは、病気になればもうおとなしく、諦めるよりほかに、致し方がな」(『回想』)かった。

この時期は著作はなく、気分のよい時に東北帝大出身で当時大阪にいた石井省吾にすすめられ、欧米数学教育書を翻訳する「数学教育名著叢書」の編集をした。ボレル『代数学』(佐藤良一郎訳)、『幾何学』(石井省吾訳)、ラッグ、クラーク共著『初等教育の基礎』(新宮恒次郎訳)の序文などしか書いていない。

病床にあっては、文学書などを読むよりほかはなかった。トルストイ、ドストエフスキー、ロマン・

ロランなどから、ルソーの『エミール』など雑多な作品のほかに、いろいろな文化史・芸術史、ブレステッドの『古代史』、それから福田徳三の『国民経済講話』などの経済書を読んだ。また日本人作家では宮本百合子『伸子』、野上弥生子の『真知子』などがあった。

これらの諸家の中で思想上一番はっきりした影響を与えてくれたのは、ルソーとトルストイだった。最も深い感銘を残したのは、トルストイ『芸術とは何ぞや』の終わりにある科学論である。科学のための科学に対するヒューマニスティックな激しい攻撃は、強く心をゆり動かした。「私の人生観・科学観――私の後半生に、大きな影響を与えてくれた」（「私と文学」）のである。

この三年にわたる病床生活は小倉が数学の研究から数学史の研究へ転換する大きな要因となるのである。

大阪時代後期（一九二八—一九三七）

一　数学史への転換

小倉は一九二六年夏以来、山口高等商業学校の近藤鷲と共同で、ドイツのハノーバー工科大学教授で実用解析学の権威であったザンデンの『実用解析学』を翻訳していた。そして健康がだいぶ回復してきた一九二八年に山海堂から刊行された。この訳書は原著を「甚ダ自由ナ形ニ邦訳シ、之ニ多大ノ増補ト註釈（ソレハ合計百数十頁ニ亙ル）トヲ加ヘタルモノ」（『実用解析学』「訳書ノ序」）であり、厳密な翻訳とはいえない。実に約三分の一が小倉の研究を書き加えた労作である。

「訳書ノ序」の冒頭には、イプセンがブランデスへ与えた手紙の一節、「真ニ必要ナモノハ人間ノ精神ノ革命デアル」が載っている。この訳書が刊行されておよそ一〇年間はほとんど存在が認められなかったが、実践的な科学・技術の必要上、日中戦争の勃発の前後から急激な需要をみた。小倉はこれを、

「全ク従来ノワガ数学ノ跛行性ト現実カラノ遊離ヲ、証明シタニ外ナラナ」（一九四七年「改訂版ノ序」）いと述べている。この本も「数学教育名著叢書」の一編である。

『実用解析学』の翻訳を終えると、今度は信州で中等学校教師をしていた東京物理学校の後輩井出弥門と、カリフォルニア大学の数学史教授カジョリの『初等数学史』の訳述に着手した。数ある数学史の著作の中からこの本を選んだいきさつは、「数学教育名著叢書」の一編を東京高等師範学校の鍋島信太郎に依頼したところ、カジョリの『初等数学史』を訳したいとの返事があった。しかし鍋島の都合で見合わせとなり、急に井出と共訳することになったのである。原著者との交渉は旧知の間柄の三上義夫が行なった。

井出が訳を担当し、「早朝から起きてペンを走らせ、学校へ行っても、空き時間を利用して訳していました。全くその頃は、起きて思い、ねても思い全時間を翻訳に力をいたしました」（井出弥門「小倉金之助先生を偲びて」『算数と数学』一九六三年二月号）。十月初旬に訳了、それを小倉が校訂した。

小倉たちはそのまま訳したのでは面白味がないので、原著者の承認をえて、各章各節の小見出しをつけたり、数学史にとって必要なものと考えられる約二〇〇個の図を挿入した。また原著の脚註は大部分を省き、学者の小伝・逸話や本文に足らない、特に近世の数学および数学教育に関する多数の事項を加えた。

多くの本を参考にし、全力を尽くしたが、それでも不安だったので、科学史専門の三上義夫から綿密な校閲をうけた。小倉はこの翻訳中、中世の数学・度量衡・算術教育などで三上から多くのことを学んでいる。

カジョリは邦訳書のために序文を書いている。数学の歴史と数学者の生涯は生徒に大いに科学に対して興味をもたせる効果があるとし、「私ノ『初等数学史』ガ、日本ノ中等学校生徒ノ手近カナ所ニ置カレ、ソノ人々ノ中カラ将来立派ナ数学者ガ輩出スルデアラウコトハ、満足ニ堪エヌ次第デアル」と結んでいる。

一九二八（昭和三）年九月、この訳書が山海堂から出版された。小倉は出版を記念し、井出の任地上田で、「算術の歴史と其の教育史的意義」と題し講演している。この本は各方面から好評を博し、カジョリやハーバード大学のサートンからも好意的な感想をもらっている。サートンは科学史専門誌『イシス』誌上できわめて好意的な紹介をしている（池原止戈夫「小倉金之助博士の思い出」『著作集』二、月報）。

また石井省吾が小倉から聞いたところによると、そのころ数学史に深い関心を寄せていた藤原松三郎から、いち早く書状をもらっている。「一気に読み上げた。やはり日本語はありがたいものだ」とたいへん喜んだという（石井省吾「数学教育と数学史——小倉数学史誕生当時の思い出」『日本数学教育会誌』一九七〇年九月号）。

この訳業を通して小倉の数学史に対する知識が確かなものとなり、数学史に非常に興味をもつことになった。健康が回復したとはいえ、数学的な面倒な計算をすることは健康によくなかった。それで病床でも文献を読めるということで、数学史研究に方向を転換することにした。実験的研究に多額の費用を要する研究所に迷惑をかけないように、ほとんど全部私費で研究をはじめたのである。

三上義夫は小倉と四五年間の交誼があり、小倉に大きな影響を与えた学問上の大恩人である。小倉は三上を世界的な科学史家と高く評価していた。一九五〇年、三上が死亡すると小倉は追悼のため、「三

1928年撮影　左から妻すみ子，小倉，長男真美

上義夫博士とその業績」（『科学史研究』一九五一年四月号）と「ある科学者の生涯」（『毎日情報』一九五一年四月号）を書いた。それらを参考にして三上の経歴をたどってみたい。

三上は一八七五年、広島県に地主の二男として生まれた。一八九二年千葉県尋常中学校を中退し、東京で数学と英語を学んだ。一八九六年第二高等学校に入学したが、眼病のために中退、以後は眼を治療しながら、英語・ドイツ語の数学書と数学雑誌を読み、独力で研究をすすめた。三上は数学だけでなく、語学の才能にもめぐまれていたのである。

三上が和算の研究に着手したのは一九〇五年で、アメリカのハルステッド博士に和算を西洋に紹介してくれるよう勧められたのがきっかけである。当時、西洋に和算を紹介した例としては、菊池大麓が円理を紹介したこと、藤沢利喜太郎が国際数学者大会で和算に関する講演をしたこと、林鶴一た。

が遠藤利貞の『大日本数学史』の概要を英訳、それをオランダの専門誌に載せたことなどぐらいであった。

和算研究は直接に和算書にあたらなければならないが、容易に手に入らず、また和算を根本的に研究するには中国の数学を研究しなければならないと考えたが、これまた資料不足に悩まされた。一九〇八年、三上は菊池大麓に見出され、自由に資料の使用を許可するとの条件で帝国学士院の和算史調査嘱託となった。当分の間無報酬だったが、学士院には和算書が多く所蔵されており、以後、研究ははかどった。この年、東京数学物理学会で円理の発明者は関孝和ではなく、門弟の建部賢弘ではないかとの疑問を提起、林鶴一との間に論争がはじまった。この論争は林が死ぬまで続くことになる。

一九一〇年、日本の数学者が明治年間に邦文で書いた主な論文を翻訳的に紹介した『極東からの数学論文』という英文の単行本をドイツの書店から出版した。当時、欧文で書かれたすぐれた論文は多かったが、邦文のものは水準が低かった。そのため、その抄訳を集めたこの書物は内外の学者から悪評をうけた。

一九一一年、学士院嘱託のままで東京帝大哲学科の選科生となり、一九一四年には大学院に入学した（大学院には一九一九年まで在籍した）。一九一三年、『和漢数学史』という英文の単行本をドイツから出版した。小倉によれば「この中にある中国の数学史は、中国数学史の名に値する世界で最初の数学史」（「語りつぐ日本の数学」）であった。一九一四年、コロンビア大学のスミスとの共著『日本数学史』がアメリカから出版された。小倉はこの二著の恵贈をうけ、大いに啓発されたが、あまり読まず、読んでもわかるはずもなかった。

一九一五年、遠藤利貞が死ぬと学士院で和算書収集も担当した。三上は収集だけでなく、日本各地をまわり和算発達のあとを調べ、子孫や弟子を訪ねた。また遠藤の遺稿『増修日本数学史』の原稿を整理・編集し、一九一八年に出版するのに尽力した。

一九二一年、「文化史上より見たる日本の数学」を書いた。これは数学史をただ数学の面からみるのではなく、広く文化史的に考察するという、まったく新しい視野から記述した画期的なものだった。しかし、この三上の文化史的観点からみた数学史研究は、菊池大麓の死後に学士院和算調査主任となった藤沢利喜太郎の理解するところとならず、一九二三年、学士院の嘱託を解かれた。小倉は三上の解任後、学士院の和算調査事業がすたれたことについて、和算調査主任藤沢は、「その識見の低さにおいて、その無責任にたいして、徹底的に批判されるべき」(「三上義夫博士とその業績」)と指摘している。

三上は以後、中国数学史の研究に没頭、一九二九年に「支那数学史」の稿が完成した。一〇〇〇ページにも及ぶもので共立社で組版にかかったが、結局は中止となった。同じ年、世界の有力な科学史家によって組織された国際科学史委員会の委員に東洋人としてはただ一人選出された。

一九三〇年から関孝和の伝記に関する研究が推進され、これまで伝わっていた伝説への徹底的な批判が行なわれた。その結果、円理の発明者は関ではなく建部であると結論づけた。林との論争も熾烈をきわめるのである。三上は自負心が強く、熱烈な直情径行の人で、どんな先輩でも友人でも気に食わぬことがあると痛撃して仮借なかったという。小倉は三上・林論争について、次のように書いている。

三上さんと林博士とは、ルソー対ヴォルテールともいうべき好敵手であった。林博士は表面上複雑な性格のように見えるが、実はやはり情熱的な直情径行の人であり、特に大患後の晩年は、全く和算のために一身を献じたといってよい。このような立派な学者たちが、激情にかられたあまり、お互いに人身攻撃におよんだのは、まことに痛ましいことであった。(「三上博士とその業績」)

一九三三年から一九四四年まで、東京物理学校で日本および中国の数学史を講じた。三上は学問への精進のため定職らしい職業をもたず、郷里にあった田地からの収入が唯一のものであった。

小倉からみた三上は「国民性」というものを、不変の存在と認める限界をもっていた。唯物論に対しては食わず嫌いであった。科学と芸術と宗教の関連を力説しながら、他方、科学と政治・経済との関連を軽視した。三上は酒・煙草をやらず、いつも羽織袴で長時間端然と座っており、膝をくずすことはなかった。ラジオが嫌いで、太平洋戦争中、物理学校の教員室ではニュースを聞くためよくラジオをかけたが、三上が入ってくるとすぐに止めてしまったという。また小倉は長い交際の間にただの一度も戯談を聞いたことがなかった。小倉の妻すみ子はいつも、「三上さんほど窮屈な方を知らない」といっていたという(「ある科学者の生涯」)。

大正末期から雲行きがだんだん怪しくなっていた日本の社会状態も、一九二八年から一九二九年にかけて風雲急をつげる有様となった。

一九二八年二月、最初の普通選挙が行なわれ、政府の厳しい選挙干渉にもかかわらず、無産政党から八名が当選した。これに危機感を抱いた当局は、全国の日本共産党員を一斉に検挙した。三・一五事件である。四月には文部省が学生・生徒の思想的傾向の匡正を訓令、各帝大の社研に解散命令が出た。また京都帝大の河上肇、東京帝大の大森義太郎、九州帝大の向坂逸郎・佐々弘雄などの教授たちが大学を追われた。六月、議会で審議未了となった治安維持法改正案が緊急勅令として公布され、死刑・無期刑が追加された。七月には全県の警察部に特別高等課の設置が公布された。

中国大陸の情勢も激動した。一九二八年五月、北伐を阻止するための第二次山東出兵の結果、山東省済南で日本軍と国民政府軍が衝突した。六月には軍閥張作霖が奉天に引き揚げの途上、関東軍の一部将校の謀略で爆殺された。

一九二九（昭和4）年になると、三月、治安維持法改正案の事後承認に反対した山本宣治代議士が右翼に刺殺された。四月には共産党員への大検挙が行なわれ、党組織が潰滅的な打撃をうけた。四・一六事件である。また三木清・羽仁五郎によって雑誌『新興科学の旗の下に』が創刊されたのもこの年だった。

カジョリ『初等数学史』には、オックスフォード大学で算術を講じたロバート・レコードの後、算術がまったく商業上の目的のために学ばれ、エリザベス女王が数学の全科目を大学から削減してから十九世紀に至るまでの約二五〇年間、イギリスの算術ほど低級をきわめたものはヨーロッパ近世数学史上なかったと強調している。が、この時期はニュートンを中心とするイギリス数学の最盛期にあたっている。

小倉にはニュートン時代に算術教育が低落をきわめた理由の説明が非常に物足りなく感じられた。それでケンブリッジの古本屋に十六、十七世紀の算術書を注文した。一九二九年一月に届いている。

一九二九年一月二十二日、前年の暮れから脳溢血で倒れていた祖母志賀が死亡した。小倉は祖母から中学校入学、物理学校入学などでひとかたならぬ庇護をうけた。彼の生涯で祖母が果たした役割は大きい。

その一カ月間の看病疲れなどで悪性感冒にかかり、葬式をすました夜から寝込んだ。床を離れたのは四月上旬である。山宣の刺殺や息子真美が映画に強い熱情を感じ、外国の古典文学を研究する熱がさめ、京大仏文科を中退したことなどは病床で知ることになる。小倉は真美の中退をとがめることはなかった。

恢復期に、ケンブリッジの古本屋から取り寄せたレコードの『技術の礎』を原本でゆっくりと読んだ。この本は教師と生徒の問答による対話体で書かれたもので、囲い込み運動と農業革命を暗示する羊の売買についての例題など時代を反映する例題が多くある。そこからははっきりと、算術における社会的制約の状態を読みとることができた。

この本に感動し、算術の社会性の研究をはじめた。手近にある普通の数学史の書物はほとんど役に立たなかった。イギリスの社会史や経済史を知る必要があり、ロジャーズ『労働と賃金の六世紀』、アシュレイ『イギリス経済史』、改造社版「経済学全集」などがずいぶん参考になった。

研究の成果は六月、「算術の社会性――算術書を通じて見たる十六世紀の社会経済状態」として、『改造』に寄稿、九月号に掲載された。これは十六世紀のイギリスの状態とレコードの算術書の関連に注目し、時代は学術の上に反映することを立証しようとしたもので、小倉の数学史に関する処女論文である。

新緑の頃からやりはじめた数学史の研究は、小倉の人生観に大きな影響を及ぼしただけでなく、四四歳の小倉を精神的に若返らせ、その後の人生を支配するようになる。

六月、『大阪毎日新聞』は小倉の話を聞き、「数学にも社会性がある」と題し、研究の一端を伝えた。これを読んだ未見の三木清から手紙をもらった。三木とは九月、祖母の遺骨を納めに帰郷した帰途、東京ではじめて会った。文芸評論家勝本清一郎は、『読売新聞』の「雑誌九月号展望」（一九二九年九月一日）でこの論文をとりあげ、「一般の読者も、算術にさへ社会性があると云ふこの問題に大いに注意されて欲しいと思ふ」と書いている。

レコードの算術書の考察を終えると、算術の階級性の問題を取り扱った。これはプレハーノフ著、蔵原惟人訳の『階級社会の芸術』から暗示を得たものである。

一九二八年十月、倉敷にある小学校から講演を頼まれて出かける途中、汽車の中が退屈だろうと思い、阪急百貨店でこの本を購入した。車中でひろげてみるとはっと思った。「丁度頭の中に漠然と漂っていた考えが、プレハーノフによって明確な形で現像された感じだった」(「欠陥のある伝記」『図書新聞』一九五二年十一月一日) のである。

それでルネサンス時代の算術をとりあげ、「階級社会の算術　その一――文芸復興時代の算術に関する一考察」をかねて頼まれていた『思想』に送った。八月号に掲載された。『思想』は一九二八年九月に休刊となったが、一九二九年四月に再刊された。編集は和辻哲郎・谷川徹三・林達夫が行なっていた。

この論文は文芸復興時代、教会と商工業者の対立を反映し、二つの階級の算術が対立していた事実を明らかにし、その間に大学の算術が介在していたことを実証したもので、各方面から反響があった。平林初之輔が『東京朝日新聞』の文芸時評 (一九二九年八月一日) で、「階級社会の算術」と題し、自然科学の中でも最も抽象的な数学に階級性があるとしたこの論文は、文学を研究する者にも貴重な参考になると、好意的に取り上げた。

平林は一九二八年、ポアンカレが種々の機会に書いたり演説したりした、科学者の評伝を集めた『科学者と詩人』を訳し、岩波文庫に入れられたが、この本の原書は小倉が岩波茂雄に貸したものである。平林は一九三一年二月、早稲田大学助教授となり、後にフランスに留学、パリに着いてまもなく六月に病死した。小倉は講義のために訪れた広島の旅館から、東京の未亡人に追悼の電報をうっている。

平林の他に、三木清・羽仁五郎・田辺元・戸坂潤・佐々弘雄などからも示教をうけた。三木・戸坂とは以後交際を続けることになる。

この年の暮、『朝日新聞』に石原純の「一九三〇年への待望(6) 科学界…一…」という文章が載った。この中で石原は次のように述べている。

諸科学のうちでもっとも抽象的として考へられる数学においてさへも諸所に社会階級性の影響があらはれてゐることが明瞭にせられた。これは我々に取って実に大いなる発見である。……私は小倉博士の業績に追随してかやうな研究の尚広い範囲で行はれるべきことを今日において有用であると考へる。

小倉は当時、マルクス主義はほとんど知らず、病床の中で読んだ雑誌を通して少しばかり思想界のことを知っているにすぎなかった。後年、小倉は「だから階級性のこともマルクス主義から学んだんじゃない。既成の概念にとらわれないで、素直にものを見、考えているうち、いわば自然発生的に生まれてきたんですねえ」(「読書遍歴 ① 数学 小倉金之助氏」)と述懐している。

論文への反響に元気づけられ、三木・羽仁の雑誌『新興科学の旗の下に』を読んだり、羽仁からたくさんのマルクス文献を教わり、史的唯物論その他について指導をうけた。しかし『資本論』をはじめマルクス文献の本格的な専門書は歯が立たなかった。

マルクス文献や丸善からとりよせた政治史・経済史・教育史関係の本を参考に書いたのが、「階級社会の算術 その二——植民地時代における南北アメリカの算術」(『思想』一九二九年十二月号)、「階級社会の数学――フランス数学史に関する一考察」（『思想』一九三〇年三月、五月、六月号）である。

一九三〇（昭和5）年二月から四月にかけて執筆した「階級社会の数学」は十六世紀末のブルジョアジーの勃興から、絶対王政、大革命、ナポレオン戦争をへて、ブルジョアジーが勝利をおさめるまでのフランスの階級社会における数学について述べたものである。

フランスのアノトー監修『フランス国民の歴史』の中の学科別の科学史が研究のよりどころとなった。イギリス・ドイツには手頃な類書がなかった。しかし、『フランス国民の歴史』の中の数学史は、国粋主義的・貴族的・王権的な色彩があり、史実としてどれだけ信用にたるか疑問だった。それで孫引きばかりでは駄目で、直接古い原典を調べないと数学史の本格的な研究はできないと考えるようになるのである。

しかし、西洋の数学の古い文献は高価であり、また容易に手に入らなかった。それで、まず手近な江戸時代と明治時代の数学書、中国古来の数学書を収集し、日本数学史を研究しようと考えた。大都市の古本屋にある和算書類を系統的に集めるには相当の経費がかかり、無理であった。そこで京阪神付近のみすぼらしい古本屋巡りからはじめた。そして、ある日池田町のほとんど客の入らないような古本屋で和算書を発見、わずか一円で全部購入した。

以来、散歩は古本屋の見学・調査となり、社交費・宴会費はことごとく古書代と化した。酒も控え、料亭への出入りもやめていった。一九三〇年に小倉の招きで塩見研究所の研究員となった千谷利三の回想「初めて大阪へ行った頃」（『科学史と科学教育』所収）によれば、当時の小倉は斗酒なお辞せず、飲んでも少しも乱れず、静かに珍談や猥談をじゅんじゅんとやっており、千谷は小倉のお伴をしてほとんど連日、北の美人座というカフェに行った。毎年秋に研究所総出で松茸狩りをやり、二次会は池田にある小倉のなじみの綿茂楼に行き、ずいぶん無茶をやり、小倉に迷惑をかけたと書いている。

また、小倉は所員に「新興の研究所はこれでいいのだ」といい、「その代りみなしっかり勉強しろ」などという説教は一言もいわなかったという。千谷の文を読むと、小倉はまったく酒・料亭を断ったわけではなかった。

この頃、京都から就職の相談にきた戸坂潤とはじめて会っている。戸坂はこの年、潜伏中の日本共産党幹部田中清玄を自宅に一泊させたため検挙された。夏には妻を喪っている。戸坂は翌一九三一年三月、三木清の後任として法政大学講師となり、東京に移った。小倉はある時、戸坂に、

先生は数学者にも似合わず、複雑なことがお好きですね。数学者は、簡単なものから複雑なものを築き上げていくところに、興味を持つものですが、先生は初めから複雑なことがお好きだ。統計をやったり、数学史をやったり（「回想の半世紀」）

と鋭利なおもしろい批評をされている。

この年、改造社版「経済学全集」の『統計学』の中に、「数理統計」を書くことを依頼された。この時期は小倉の興味が数学史研究に移った上に、短期間のうちにまとめなければならなかった。小倉の統計法の研究はこれで一応打ち切られた。なお一九三一（昭和6）年四月、統計学の研究と発達を目的として日本統計学会が設立され、小倉も会員となった。小倉はこの年と次年度に評議員に選出されたが、まったく総会に出席していない（蔵原清人「小倉金之助の統計教育」『小倉金之助と現代』第四集所収）。

一九三一年四月、石原純が編集主任になり、岩波書店から『科学』が創刊され、創刊号に小倉は「物

理学に於ける創見的活動の循環期」という論文を寄せた。「回想の半世紀」はこの頃の石原のことをこのように書いている。

私が残念に思いましたのは、石原さんが岩波の『科学』の編集主任として、あれだけ働いているのに、石原さんの先輩や同僚の科学者たちの中には、石原さんに対して、何か冷たいものがあるのを感じたことです。あれだけ優れた学者であり、人間的にもあれだけ独自な性格の石原さんを、自分たちと対等の人と見ないで、単なる岩波の使用人であるかのような態度を示す有力な科学者を、眼のあたり見たのは、何よりも悲しいことでした。

一九三一年初春、広島文理科大学の吉田賢龍学長から一年間の講師を依頼された。広島文理科大学は一九二九年四月、広島高等師範学校の一部が昇格して開学した。数学科では山口高等学校教授の岩付寅之助が教授に就任した。講座数は三で、学生定員は一〇名だった。初年度は岩付が解析幾何学、京都帝大名誉教授河合十太郎が微分積分学を講じた。

数学科第三学年に「数学史及数学教育学」という科目があり、一単位で時間数は二時間だった。この科目の最初の講師に小倉が依頼されたのである。数学科第一回生青木勇は「広島における小倉先生」(『科学史と科学教育』所収)で、小倉を広島に迎えたのは長田新だと書き、「広島における小倉先生の思い出」(『著作集』七、月報)には、岩付教授であり、学生にも相談したと述べている。

小倉は長田から「小倉さん、あなたはたいへんロマンティックな方ですね」といわれた。徹底したリアリストをもって任じていた小倉は、長田の批評に非常に考えさせられている(「回想の半世紀」)。

岩付寅之助は一九一八年東北帝大数学科を卒業、小倉からも教わっている。一九一九年山口高校教授、一九二九年には東北帝大より理学博士の学位をうけた。一九四五年八月六日の原子爆弾投下の際、授業のため登校しており爆死した。

小倉は五月上旬から九月下旬まで「数学史」「数学教育史」「現代の数学教育」の三回にわけ、七〇時間の講義をした。毎日講義に追われ、ノート作成に忙しく、相当骨の折れる仕事だった。講義は社会性や階級社会などが随所に出、いくぶん唯物論的であったが、学校当局は何もいわなかった。

『学校数学』第四号(一九三一年九月)に「三友子」が、大学で数学教育学の講義があったことはわが国では例がなく、小倉の講義はクラインのゲッチンゲン大学において学校数学を講義したのに比すべきものと書いている。小倉が仙台の第三臨教時代に、主事室で見たジョン・ペリーの『数学教育論』は、第三臨教廃止の際、広島高師に移管された。小倉は講義で、臨教図書の印が押してあるこの本を、学生に一覧させた。

広島高師附属中学校教諭の新宮恒次郎も熱心な聴講者の一人であった。当時、広島文理大二年の広永政太郎は、小倉の講義の様子を次のように述懐している。

先生は講義に熱を帯びると、いつも演卓から横へ出られ、左手を腰に当てつつ胸を張られた。御声も決して低声ではなかったし、世上流布する数学史に関する記事の誤りを指摘されるときには一段と熱がこもり、正義と真理を愛し、学問の尊厳を明徴にする気魄が教室一杯に流れる思いで、我々も驚ろきと会心の笑みを混ぜつつペンを走らせたものである。本題に入る前に、GEORGE SARTON の科学史の立派さや科学史国際協会に東洋から唯一人派遣された三上義夫氏の偉大さを讃えられた。先生の御講義は単なる数学発達史の口述ではなく、あく迄その時代の社会状態や政治、教育状勢などバックとの関連に於ての考察に力が注がれているのをすぐ理解できた。（広永政太郎「小倉金之助先生の追憶」『算数と数学』一九六三年二月号）

小倉の講義を最も熱心に聴いた一人が中国人学生劉亦珩である。松村勇夫「小倉先生と劉亦珩教授」（『科学史と科学教育』所収）によれば、小倉が講義中にこれは教室外不出なので、そのつもりでいてほしいと言ったこと、劉が一九三二年三月卒業した時、塩見研究所にさそわれたことなどが記されている。劉は帰国後、安徽大学教授となった。日中の外交関係が悪化していった時期、劉の手で小倉の数学教育論が中国中等教育界に普及していくのである。

九月半ば、旅館の上を飛行機が盛んに飛んでいったが、それは満州事変の勃発だった。一九四五年の破局に至る十五年戦争のはじまりを軍都広島で知ることになる。

小倉は九月下旬に二つの講演をした。一つは数学理科の学生のための「今日の数学物理」というもの、もう一つは数学教育学の講義がすべて終了した日に、附属中学数学研究会の主催で、県下ならびに近県の小中学校数学教師を対象に広島高等師範学校の講堂で行なった「数学教育最近の傾向」と題した講演である。後者は大学での講義の概要を二時間にまとめたものである。『学校数学』第五号（一九三一年十二月）の巻頭に掲載された。この号には小倉の数学教育関係の印刷物の目録を挙げた「貧しき思い出」と一九一九年に『考へ方』に載せた「数学の為めの数学と生の為めの数学」も載せている。

広島から帰り、数学教育史についてのノートに増補を加え、まとめることにした。『数学教育史』のための資料収集は、塩見研究所図書館の柏原盛一が心から協力してくれた。

二　大阪帝国大学理学部講師

一九三一年、大阪帝国大学が創設された。従来あった府立大阪医科大学を医学部とし、新たに理学部が設置されることになった。一九三三年、大阪工業大学が工学部となっている。創立事情について簡単に述べてみたい。

一九三〇年、大阪府知事柴田善三郎は大阪市長、実業家有志とはかり組織的な運動をおこした。工業の基礎となる純正理化学の研究機関は不可欠ということで、理学部の新設をめざす阪大設立運動には地元財界が積極的に支援した。塩見研究所理事の佐多愛彦も塩見研究所設立の趣旨に基づき協力を約束した。九月には理学部をもつ国立総合大学創設の上申書を政府に提出している。

当時は不況で、政府は緊縮財政をとっており、新しい大学の創設は困難をきわめた。一九三一年、大阪帝大創設費を含む追加予算案が上程され、衆議院は通過したが、貴族院では反対論が強く出た。結局、会期延長の上、政府直属の審議機関である文政審議会に付託するという付帯決議をつけ承認され、可決成立した。四月、文政委員会で設立が承認された。総長は長岡半太郎に要請、長岡はこれを受諾した。四月三十日、大学創設の勅令が公布され、五月一日開学式が挙行された。

大阪帝国大学は「学者や教育行政家の理念が推進力になって生まれたのでなく、産業界が要求してつくりだした帝国大学」（『日本科学技術史大系』四）であった。塩見研究所は理学部創設費に四〇万円を寄付したが、創設費および一九三五年までの経常費はすべて、大阪府・塩見研究所からの寄付でまかなわれた。

佐多塩見研究所理事は寄付にともない長岡総長に、今後、塩見研究所の事業は大阪帝大の管理に委ねること、一九三三年度以降、研究所長および研究員の俸給は特別の場合のほか研究所の経費から支出せず大学から支弁すること、という二つの希望条件を出した。長岡は研究所全体の寄付を求め、〈塩見講座〉という名の下に二つばかりの講座をおくと提案した。佐多は塩見財団の解散、研究所の消滅になるとし、これを断った。

この管理問題は一九三二年に入っても結着がつかず、小倉所長と真島利行理学部長との話し合いに委ねられることになった。真島は小倉の東京物理学校、東京帝大時代の恩師で、東北帝大時代は同僚であった。結局、研究所は大学の管理にしないこと、ほとんど全員の職員に対して俸給の全部または一部分を大学から支給すること、という多少あいまいな形で一九三三年に決着がついた。

人事については長岡総長は次の人々に相談し、教授陣の選考にあたった。高木貞治東大教授（数学）、楠本長三郎大阪医大学長（医学）、真島利行東北大教授兼北大教授・理学部長、柴田雄次東大教授（化学）、八木秀次東北大教授・工学部長（電気工学）である。そして教授候補者一四名を選び、創立委員に決定した（藤岡由夫監修『長岡半太郎伝』）。

一九三三年五月に理学部講師となった湯川秀樹は自伝『旅人』に、新設の理学部の様子を次のように書いている。

一種の寄合世帯であった。東京大学系統の人たちが主流ではあったが、他の大学からも参加した。教授に予定されていた人たちの中には、私より五つ六つぐらい年上の新進気鋭の学者が多かった。

そんなわけで、古い大学には見られない、清新の気がみなぎっていた。

塩見研究所では東京帝大出身の四名が教授・助教授に任用され、小倉などその他の者は講師となった。小倉は長岡に呼ばれ、「君は林の弟子だから駄目だ」といわれている（『回想の半世紀』）。これは林鶴一が日本中等教育数学会を率いて数学教育改造運動を推進し、数学界の大御所藤沢利喜太郎と対立してきたのが背景になっている。

『回想』には「私自身に取りまして、教授にされなかったことは、これまで自分のやっているような性質の研究を続けるものには、かえって好都合なのだと思」ったとあるが、小倉はまたもや学閥の壁を痛感することになった。塩見研究所から小倉・竹中暁・高橋進一が数学科講師となった。竹中は東京物理学校出身で浪速高校教授、高橋は東北帝大出身である。

千谷利三は「初めて大阪へ行った頃」で次のように書いている。

私がドイツへ留学している間に、大阪には大阪帝国大学ができ、昭和八年に帰朝すると同時に、助教授に任命され、翌九年には教授になりました。ここで私が驚いたことは、小倉先生が教授になられなかったということです。小倉先生がその御専門の方面の大家であられることは申すまでもありませんが、それと同時に大阪大学誕生の捨石の一つとなった塩見研究所の所長であられたわけです。ですからこの点だけからでも、当然教授になられるはずの方だったと思うのですが、その小倉先生が選に漏れられたということは、実に意外であったと同時に、まことに残念なことでありました。

一九三三年四月、理学部は四三名の新入生を迎え、授業を開始した。独立の校舎はまだ完成せず、医学部や塩見研究所の一部を借りた。湯川秀樹講師も阪大病院のすぐ北隣りの塩見研究所の一室の一隅に机を与えられている。「大阪駅の近くで、交通のはげしい、やかましい場所であった。近くでは、病理試験用のイヌを飼っている。しじゅうキャンキャンという苦しそうなイヌのなき声が聞えてくる」（湯川秀樹『旅人』）環境だった。一九三四年三月、中之島の旧府立大学病院跡地に鉄筋コンクリート四階建の新校舎が完成した。

数学科は教授・助教授の年齢も若く、またヨーロッパ留学から帰朝したての者が多かったため清新の気風に満ちていた。近藤基吉「昭和前期の数学」二（『数学セミナー』一九七一年六月号）に、

あの頃、阪大の数学教室には、大きな黒板と大きな机のある談話室があって、暇なときには、教室員はいつもここに出てきて、数学を論じ、お茶をのみ、またつかれたときには、碁や将棋を戦わしていた。数学研究においても、問題を論じ、数学について意見を交換することは何よりも重要であるが、わが国においては、この数学教室で初めて、非常に活発な、このような談話室を作りあげることに成功した。

と当時の数学科の雰囲気を描いている。

一九三四年よりガリ版刷りの週刊小冊子『全国紙上数学談話会』が発刊された。投稿者の大半は少壮研究者であるが、東北帝大の窪田忠彦、山形高校の柳原吉次なども投稿している。また同年の高木貞治の講演「過渡期の数学」を手はじめに、一九三九年まで新進研究者の数学講演が行なわれ『大阪帝大講演集』として岩波書店から刊行された。

塩見研究所の管理問題の話し合いが続行中の一九三二（昭和7）年五月、小倉は宝塚に近い武田尾鉱泉で朝から晩まで、新聞も読まずに、若葉の下で『数学教育史』の最後の校正をした。校正刷を送って

妻と二人で三日ばかり滞在し、帰宅してみると、その間、犬養毅首相が殺害された五・一五事件が起きていた。『数学教育史』は六月、岩波書店から刊行された。「一つの文化形態に関する歴史的研究」という副題で、「恩師　林鶴一先生に捧ぐ」の献辞がつけられている。小倉は類書のないこの領域を、

単なる資料の編纂を目的とせず、社会、経済、政治との関連の下に、問題に対してはでき得るだけ全面的・客観的なる考察を加えつつ、一つの文化形態としての数学教育を、系統的に取り扱ってみたい。(『数学教育史』「序言」)

という希望をもって叙述した。内容は十六世紀から十九世紀末までの欧米の数学教育と十九世紀から二十世紀初頭までの日本の数学教育の考察である。

この著書は各方面から注目を引いた。林鶴一はこの本の出版を喜び、幕末時代の数学書などについて足らないところを教えてくれた。この本の中でいろいろな人を批判したので、林は冗談にこの本の続編が出るときは、自分もどんなにやられるかなあと話していたという。数学の教員を目あての著作なので穏健に書いたが、国家の名で強制的に実行された菊池大麓・藤沢利喜太郎の数学教育論に対する大胆な批判などは相当問題にされた。この著作の結びの箇所を引用してみよう。なお、日本の中学校における数学教育が統一されたのは一九〇二年である。

この時機において最初の統一を見た日本の数学教育は、文部大臣菊池大麓の下に、大学教授藤沢利喜太郎等の所説に従って、欧米の改造運動とは、余りにもその方向を逆にしたものであった。その精神は真摯であり、その方法は着実ではあったが、しかしその方向は世界の大勢に逆行せるものであった。菊池、藤沢の根本思想こそ、ジョン・ペリーが徹底的に打破せんとしたところの、旧き

イギリスの伝統的型式ではなかったか？

明治三五年、日英同盟の成った日は、また同時に日本の数学教育が、イギリスの伝統的数学教育と堅く握手するの日であった。

この著書が出版されて二五年後、「小倉金之助氏にきく『現代数学教育史』をめぐって」（『数学教室』一九五七年十月号）というインタビューの中で、小倉は先進国での数学教育改造運動とは逆の方向に、小学算術の内容を固定化したことの指摘について、
これは私はもう自分の、いわゆる良心のテストみたいなものであったんです。こんなことやっていいものかわるいものか。それでまあちょっとおかしな話ですけれど、斎戒沐浴でもしてやるというような気分で、あの文章を書いたものです。

と回想している。

明治以来の数学教育がいかに世界の大勢と逆行したものであるかを説くことが、この本の最終的にねらいとするところであった。

この著書の中にルソーの『懺悔録』と『エミール』から少し抜き書きしている。小倉はルソーの少年の数学教育に対する考え方はきわめて進歩的な価値の高いもので、ジョン・ペリーたちの数学教育論とまっすぐ結びつくと考えた。

ハーバード大学のサートン博士は、アメリカに留学中の池原止戈夫に『イシス』誌上で『数学教育史』の紹介をさせている。池原はＭＩＴを卒業、ウィーナーに師事した数学者で帰国後、阪大物理学科の講師となった。小倉は日本では中学校修了のみの池原に、帝国大学での今後はむずかしいことであろ

うということ、日本では批評することに充分注意しなければならないことを話したという（池原止戈夫「小倉金之助博士の思い出」）。

小倉の広島文理大学での講義は二十世紀の数学教育にも及んだが、上下二巻とすることにし、『数学教育史』は二十世紀に入るところで打ち切った。「現代と数学教育」については一部が「数学と教育」（一九三二年、岩波講座「教育科学」所収）、「数学教育」（一九三五年、岩波講座「数学」所収）にまとめられたが、資料集め等で仕事が大幅に遅れた。小倉は姉妹篇に載せるためムーア、ソーンダイク、D・E・スミスなどに手紙を出し、写真の寄贈を頼んでいる。姉妹篇『現代数学教育史』は一九五七年に口述速記の原稿を整理し、発刊された。

一九三二年七月下旬、上京し、藤森良蔵の日土大学講習会で『数学教育史』をテキストにして講義した。これは原資料を説明しながら講義したので、予定通り進まず、一日延長した。また岩波茂雄から出版慰労ということで、岡田武松・寺田寅彦・石原純・掛谷宗一の諸氏とともに招待された。菊池・藤沢などの権威を大胆に批判したことに対して、小倉は掛谷から「あまりひどいじゃないか」といわれたという（柿崎兵部「偉大なる数学教育評論家」『算数と数学』一九六三年二月号）。

席上、岡田・寺田は小倉を大阪帝大との関係上、当然反長岡派とみなし、攻撃をはじめた。寺田の口から長岡の地球物理学に関する研究に対し激しい非難の言葉が出たのは小倉には「全く意外」（『回想』）であった。

『長岡半太郎伝』によれば、長岡の大阪帝大総長時代の中心的な研究テーマは地球物理学に関するものであった。そして、それを学士院例会や地震研究所談話会で次々に発表した。中谷宇吉郎の「長岡と寺田」（中谷宇吉郎『日本のこころ』所収）には、この時期の一つの事件が描かれている。長岡は地球物理学関係の論文の原稿を寺田に見てもらっており、寺田は「少し閉口」していた。そして震研談話会の席上、長岡が気焔をあげ、機嫌よく講演を終えたあと、寺田は長岡に向かって、「先生の今日の御講演は、全く出鱈目であります」とズバリいい、まわりをあわてさせている。

この時の一〇日間の東京滞在中は多忙であった。

小倉の宿舎に戸坂潤・岡邦雄・服部之総が訪れた。唯物論研究会創立の相談のためである。服部とは初対面であったが、その快活な話しぶりに好感をもった。岡邦雄「戸坂潤君のこと」（『回想の戸坂潤』所収）には小倉を訪問したのは岡・服部・三枝博音と書いてあるが、本当の発起人といわれている三枝に小倉が会うのは二年後の一九三四年で、三枝が編集した「日本哲学全書」の中の『天文・物理学家の自然観』に入れるべき古典について、大阪に相談に来たときである。

唯物論研究会は一九三二年五月、三枝と岡が合法的な唯物論の研究会を設立することを戸坂に相談したことから具体化される。創立の世話人は三枝・戸坂・服部・岡・小倉・永田広志・本多謙三の七名であった。大阪の小倉を除く六名が夏中集まって組織活動を行なった。九月に長谷川如是閑を司会に発起人会が開かれた。小倉も発起人四〇名の一人であったが、会には出席していない。

十月二十三日、創立大会が開かれ、小倉を含め一七名の幹事を決めた。会長には如是閑が就任した。唯物論研究会の発足はニュースでもとりあげられた。小倉は林鶴一から興味をもってみているとの手紙をもらっている。

この会は規約の「第一」に「現実的な諸問題より遊離することなく、自然科学、社会科学及び哲学における唯物論を研究し、且つ啓蒙に資するを目的とす」とあるように、唯物論に関心をもついろいろな立場の人々が参加した研究団体だった。しかし戦局がひろがり、弾圧が厳しくなっていくと、自然科学者を中心に主だった人々が次々に抜けていき、結局は唯物論者たちの集団にならざるをえなかった。

研究会は毎週一回以上行なわれた。その席には必ず担当の警察署の刑事がかたわらにつきそい、ノートに一生懸命メモをしていたという（古在由重「戦前における唯物論者の抵抗」『回想の戸坂潤』所収）。

一九三三年六月号の『唯物論研究』に小倉は、「アジア的数学に就いて」という小文を寄せている。これは研究の報告でなく、「会員の一人としての消息を伝へ、且つ読者諸氏の援助を切望」した走り書きである。中国数学史・日本数学史の唯物史観的研究では、原資料の収集、方法論の確立という二つの困難があることを告白している。

また同年十一月の例会で「明治十年代の数学と海軍」という題目で話をした。これは十月下旬、『大阪朝日新聞』に載った元海軍大学教授荒川重平の死亡記事が契機となっている。荒川ら海軍関係者による訳語の統一と横書の実行とが、日本の数学の進展に果たした役割を論じた。

当時大阪にいた小倉は、年に一回上京する程度にすぎず、直接会のために働くことはほとんどなかった。

「唯物論全書」は一九三五年から第三次まで五〇冊刊行された。一九三六年四月七日付『大阪朝日新聞』に第二次刊行の「唯物論全書」の広告が掲載されている。それに小倉は「今日の如き一面的偏狭及び歪曲による跛行的欺瞞的『科学』横行の時代に当って、人々の認識を高め、科学に対する正しき理解を与へるためにも、本全書の極めて有意義なるを信じ」この全書を推薦する文を寄せている。

創立時の発起人が多く離れていく中で、唯物論研究会をきりまわしていったのは戸坂潤である。「唯物論者は朗らかでなきゃならんということを絶えず主張してい」（「座談会　唯物論研究会の活動」中の石原辰郎発言、古在由重『戦時下の唯物論者たち』所収）た戸坂は、会の発展に尽力するが、一九三七年執筆禁止となった。一九三八年二月、弾圧必至の状況の中で会の段階的解散にふみきり、学芸発行所を創設、『学芸』を発刊した。しかし十一月末、一斉に検挙され、唯物論研究会は名実ともに消滅した。

小倉は羽仁五郎と岩波茂雄に「日本資本主義発達史講座」への寄稿を依頼されていた。それで、この滞在中に岩波書店に行き、編集者の平野義太郎に会い、執筆の方針を決めた。政治的に講座派に属する人間でない小倉がこの講座に参加したのは、羽仁五郎の依頼と、それ以上に岩波からこの講座の編集者の態度が実に真面目で熱心で、他の編集者や学者とは段違いだと聞かされたからである。

「日本資本主義発達史講座」は一九三二年春、野呂栄太郎の主導のもとに羽仁五郎が加わり企画され、夏に岩波書店からの刊行が決まり、その後、半年あまりの共同研究会活動をへて、一九三二年五月から一九三三年八月まで七回配本された。大石嘉一郎「『日本資本主義発達史講座』刊行事情」（「日本資本主義発達史講座（復刻版）」別冊一所収）にあるように、

世界恐慌のまっただなかに計画され、一五年戦争の起点となった「満州事変」勃発（三一年九月一八日）の号外の鈴の音を聞きつつ編集され、そして、青年将校と右翼によってひきおこされた三二年の五・一五事件と同じ日に第一回配本が印刷された。

のである。

この講座の出版は当初、岩波書店を退社し、独立して鉄塔書院を経営していた小林勇にもちこまれた

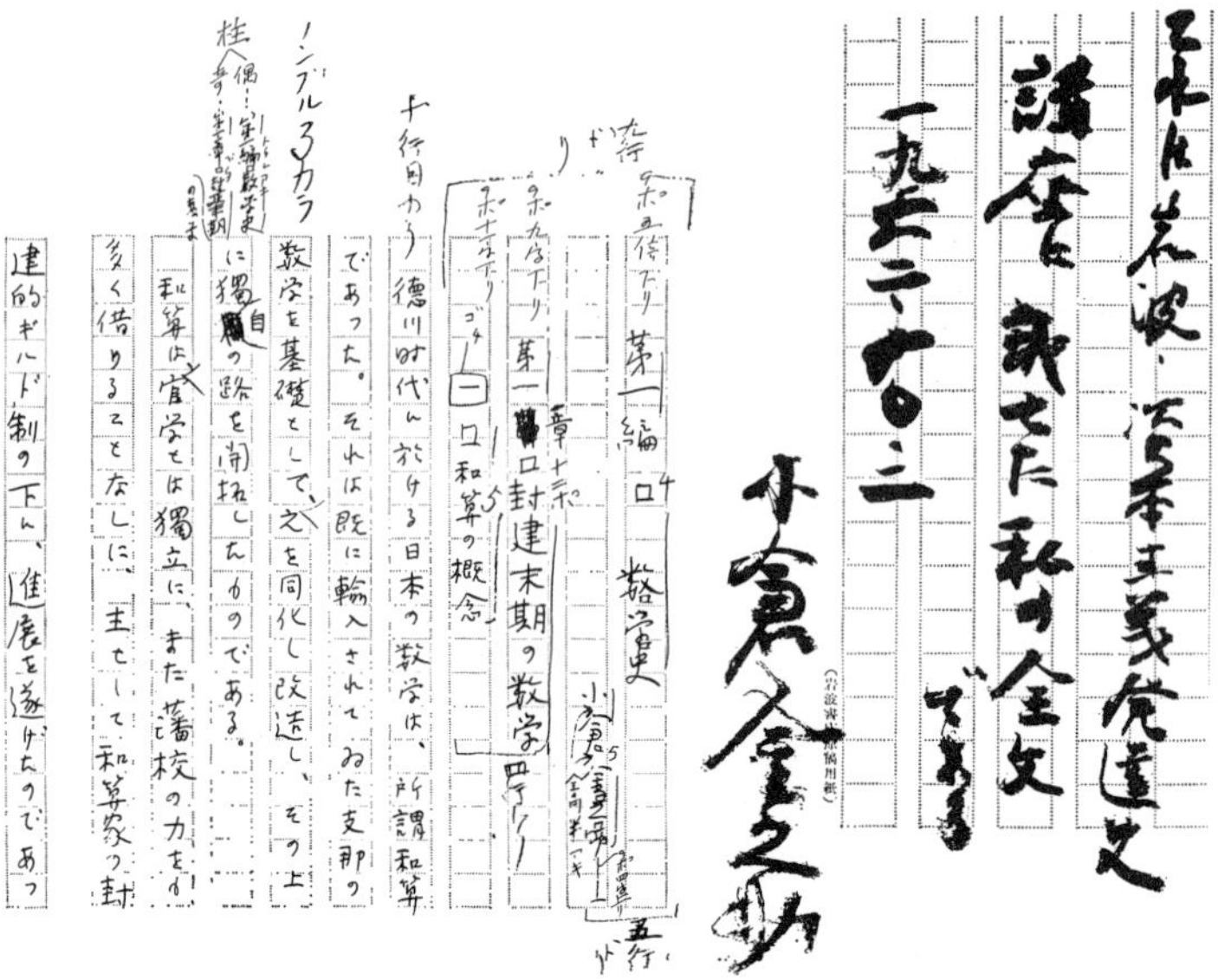

「日本資本主義発達史講座」に収録の「数学史」の原稿

が、小林には荷が重すぎ、岩波書店へ話をすることをすすめた。岩波茂雄は野呂と数回話し合い、「進歩的な学者たちにも同情をもっていたので、重厚な野呂の人物に心を動かし、ついに引受けることになった」(小林勇『惜櫟荘主人』)。

編集者は野呂の他に、一九三〇年のいわゆる「共産党シンパ事件」で逮捕され、大学を辞職していた平野義太郎・山田盛太郎、そして東京商大助教授大塚金之助の四名であった。

小倉が帰阪後まもなく原稿を送った「自然科学史 第一編 数学史」が載った第四回配本は、執筆が不可能になった人々が続出したため、遅れて一九三二年十一月に刊行された。

この論文は最初、小倉が一人で書く予定であったが、最終的には小倉が「第一編数学史」、岡邦雄が「第二編　自然科学史」を書いた。第三回配本の時の月報第三号の「第四回配本内容について」には二人で書くことが予告されていない。月報第四号の「第四回配本内容紹介」の小倉の箇所の最後に「日本の数学は徹底的に批判されなければならないとの結語こそ、自然科学者の深甚の自己反省を要請するものであらう」と記されている。

小倉の「数学史」は「ほとんど私の原稿そのままで、編集者の手の加わったところはごく少なく、伏字もなければ、発禁にもなりませんでした」（『回想』）と書いている。しかし小倉の文章は伏字を免れたが、岡の文が多くの箇所で伏字が出、第四回配本の六分冊すべてが発禁処分になった。

大塚金之助は『一橋新聞』（一九三二年十二月十日）のインタビューに、

戦争は禁物です。「自然科学史」は、日本の自然科学の発展をあとづけ、世界大戦前後に独創的研究が成熟して一人前になったことを記述し、世界大戦後に至っては化学が戦争のために使はれるようになったことを指摘しました。この点は検閲を通過しませんでした。

と答えている（大塚金之助「『日本資本主義発達史講座』（第四回配本）の発禁について」）。

第六回配本の大塚金之助「経済思想史（要領）」は、未完成の論文の骨組みを編集部がカードと手稿から採録したものである。その中に「照応――数学……『日本は未だ真に科学的なる日本数学史さへ持ってゐない』（小倉金之助）」と書いてある。当時小倉は、日本数学史の本格的な研究をはじめておらず、「数学史」はきわめて不完全と考えていたので、大塚の引用は「むしろ意外に思われたくらい」（『回想』）だった。

「日本資本主義発達史講座」を担当した編集者が、後に横浜事件で検挙されることになる藤川覚である。中村智子『横浜事件の人びと』増補二版には次のように書いてある。

第四回配本の全項目が発禁になった。それまでにも部分的な削除命令はあったが、再び発禁になればば刊行を継続するのはむずかしくなる。その後の原稿整理にはいっそう神経をつかい、毎朝三時に起きて、あぶなそうな個所を消したり直したりした。あとのほうを直すと、まえにあった部分が気になり、それにまたもどって直したりで、原稿と格闘した。「植民地略取」を「植民地劃保」に、「資本主義の一般的危機」を「資本主義のアルゲマイネ・クリーゼ」にというふうに、著者と相談しながら、〝奴隷のことば〟、すなわち難解、曖昧、あるいは以心伝心的な表現や伏字にするのが編集者の仕事だった。

滞在の最後、自由学園の雑誌『婦人之友』の座談会に引き出された。数学教育を主題としたものだったが、座談会に出席したのははじめてだった。

小倉が教育における自由、子どもの自発性と個性の尊重などを重視した大正自由主義教育に共鳴していたことは前述した。自由学園は一九二一年、羽仁吉一・もと子夫妻が、キリスト教精神にもとづき自由人の育成を目的として設立した女子校である。文部省令によらない教育が行なわれ、卒業者には資格が認められなかった。『婦人之友』は日本最初の婦人記者であった羽仁もと子が主筆をつとめた雑誌である。小倉はこの時はじめて、羽仁吉一・もと子の長女説子の夫である五郎に会っている。

帰阪後、ただちに高松で開かれた日本中等教育数学会で、「数学教育推進のために」という演題で講演した。この時、林鶴一に会い一夕語り合い、翌日も半日一緒だった。林は一九二九年東北帝大を退官、以後和算の研究に専念していた。一九三一年、林はひどい喘息を患い、回復したものの、以前のような健康状態にはもどらなかった。小倉には林は元気そうに見えたが、これが林との今生の別れとなった。

秋からは和算と中国の古い数学の研究をはじめた。和算をやるにはどうしても中国の数学を一通り研究しなければならなかった。しかし中国の数学書を手に入れるのは容易ではなかった。本郷の文求堂から目録を取り寄せたが、値段が相当高かったし、親しい先輩・諸先生も収集法を教えてくれなかった。それで思いついたのが中国第一の数学史家李儼と文通することだった。

李儼の『中国算学史』の訳が一九四〇年、『支那数学史』として出版された。訳者藪内清の「翻訳について」には、

李儼は字を楽之といひ福建省閩美の人である。その経歴については殆んど知らないが、技術家出身で隴海鉄路工程師の職にあった。或は今でも長安あたりに居って、同じやうな仕事に携ってゐるのかも知れない。支那に於ける数学史研究の第一人者であり、中華民国六年（一九一七）頃から営々として、その建設的な仕事を続けて来た人である。


と書いてある。小倉は手紙にカジョリ『初等数学史』の訳書と『数学教育史』をそえて、李の書物の発行元である上海の商務印書館に送った。それで、和算書と中国の古い数学書を交換することになったのである。中国各地から目録を送ってもらい注文したり、貴重な書は北平（現北京）その他の図書館から廉価で写本を作成してもらった。それで数年ならずして、立派な収集をなすに至るのである。

一九三三（昭和8）年四月、岩波講座「哲学」に三木清から頼まれ、「イデオロギーの発生（数学）」という論文を書いて送った。これは同講座にすでに発表された岡邦雄の「イデオロギーの発生（自然科学）」の姉妹篇として書かれ、古代から現代までのヨーロッパの数学史の概観を述べたものである。

1933年，塩見理化学研究所にて

九月、大原社会問題研究所が「談話会」を開くことに決定した。第一回は長谷川如是閑が「思想問題」について話し、終了後、佐々木惣一と滝川事件を中心に論議をまじえたという（大島清『高野岩三郎伝』）。この時は小倉も参加した。小倉と如是閑の初対面はいつかはっきりしないが、小倉はあんな偉い人に会ったのははじめてだといっていたという（井上吉次郎「純粋な知己の小倉さん」『科学史と科学教育』所収）。談話会はこの後も毎月一回開かれ、研究所が東京に移転するまで続いた。

　また『回想』にはこの年の春、大原社会問題研究所に設けられた社会統計学院で、頼まれて数理統計の講座を行ない、この時、高野岩三郎・森戸辰男とはじめて会ったと記している。しかし高野を委員長とする社会統計学院が大原研究所に付設されたのは一九三四年四月で、以後、一般市民から聴講生を募集し社会統計講習会・経済統計講習会など各種の講習会を開いているので、小倉の記憶ちがいである。

　また大島清『高野岩三郎伝』には、

> 一九三一年ころのある日、大阪の小学校教師が統計の講習会に集った。はじめに小倉金之助が演壇に立ち、ついで高野が話した。講習が終ったあとで聴衆のひとりが言った——小倉金之助というから小さい人かと思っていたら長身痩軀、高野岩三郎というから頑丈でせいの高い先生かと想像して

来たら、演壇のテーブルからやっと顔だけが見えるほどの小柄な人で、全く意外だった、という文がある。しかし高野は一九三〇年、大患のため入院し、以後三年あまり病床を離れることができなかったから、一九三一年ころというのも誤りであろう。

この年は比較的健康にめぐまれ、和算書や中国数学書の研究も順調だった。七月下旬からは妻と同伴で紀州海岸の椿温泉に滞在し、中国の数学書を熟読した。その結果、この年のうちに、十九世紀の中国・日本の数学の国際化（インド数学、近代的代数記号、横書）が行なわれたのは、近代的紡績工業が確立した時代であると結論づけた、「極東における数学の国際化と産業革命」（『中央公論』一九三四年一月号）と、中国最古の数学書「九章算術」中の問題から、その社会的意味を分類した「シナ数学の社会性」（『改造』一九三四年一月号）の二つの論文が完成した。

これらの論文は早速、中国で翻訳された。特に後者は天津の新聞『大公報』の「世界思潮欄」に掲載された。この欄はかなり進歩的な内容であった。編者の付記では小倉の業績を詳しく報じている。それには小倉の論文は二つの注意すべき点があるとし、一つは中国数学の中に社会性を求めていること、二つは各種の学問の密接な関連を示していることをあげている。小倉はこの付記を読み、「当時の日本のジャーナリズムに優ること数等であると、ひそかに感じ」（『回想』）ている。

三　ファシズムとの対決

一九三四（昭和9）年二月、「ウイットフォーゲルの中国数学観について」（『歴史科学』一九三四年三月）

という小論文を書いた。これは平野義太郎監訳、ウイットフォーゲル『支那の経済と社会』の中の数学方面の論述に対して所見を述べたものである。この論文は後に、ウイットフォーゲルに送った。

四月、小倉は大阪帝国大学理学部数学科で講義をはじめた。二、三年の「実用解析学」を受けもった。実用数学の一分科である計算図表学にも取り組んだが、当時、数学者仲間はこの方面に関心をもっていなかった。

夏は阿蘇で行なわれた夏季大学に招かれ、小学校の先生に数学教育を講じた。この頃、小倉の健康状態は数年来みないほど良好だった。妻を同伴したが、連日の雨で阿蘇山を見ないで立ち去ることになった。以後は晴天の中で九州旅行をした。

九州回りから帰ってまもなく、大阪に滞在中の松田源治文部大臣が『大阪朝日新聞』の記者に、今日の教育はなんでもかでも学者にするような教育であるとし、今度、教育制度の根本改革を行なうつもりだと語った。小倉はこの根本改革の方針は「知識偏重論」の一環で、倫理中心の人格教育を重視し、数学・科学教育を軽視する反動的なものであると考えた。それで、「数学教育の改造問題」(『中央公論』一九三四年十月号)という一文を書いた。小倉は雑誌の編集者に「松田文相に教う」という題で書いてくれといわれたが、いくらなんでも国立大学で給料をもらっている以上はそうまでやれないというので、「数学教育の改造問題」という題にしたという(山辺健太郎「阪大を去られた事情と歴史研究」『著作集』一、月報)。

内容は文部省当局に小・中学校の数学教育への希望を述べ、最後にイタリア・ファシズムが数学・理科の時間数を極度に削減した事例をあげ、反動化への傾向に警告を与えている。松田文相は根本改革を実現しないままに辞職したが、小倉はそのことを「非常に幸いであった」(『回想』)と述べている。松田は文部省内に思想局を設け、数学刷新評議会を開き、「国体明徴」を学校に訓令した責任者であった。

十一月、岩波講座「数学」に「計算法及びノモグラフィー」を書いた。この講座は高木貞治の監修で、一九三二年から一九三五年にかけて刊行され、全三〇巻に及んだ。最後のIXは別項であり、内容は千差万別だった。小倉の「数学教育」(一九三五年)もその中の一つである。

一九三五(昭和10)年になると、前年秋から書きつづけた師範大学講座に載せる、「日本数学教育の歴史性」の最後の稿を健文館に送った。この論文は『数学教育史』の日本の部分よりもさらに突っ込んだ遠慮のない批判的研究で、方法論については「日本資本主義発達史講座」に負うところが多かった。

「わが亡き友新宮恒次郎君に捧ぐ」の献辞が書いてある。

小倉の数学教育方面で最も親しい協力者であった広島高師附属中学校教諭新宮恒次郎が腹膜炎のため長逝したのは一月五日である。四〇歳だった。小倉は年末年始に南伊豆の温泉で静療しており、訃報を知らされなかった。葬儀の日には下田の教育会の依頼で数学教育の講演をしていたのである。

新宮は一九二一年、広島高師を卒業すると数学教育改造運動に身を投じた。小倉が新宮と個人的に知り合うのは一九二四年の初夏である。小倉は「故新宮恒次郎君ヲ懐フ」(『学校数学』一九三五年四月)の中で、「君ハ実践的活動家デアリ、聡明ノ持主デアッタト同時ニ、一面ニ於テハ尖端ヲ行ク革新的ナ情熱ノ持主デアッタ」と記し、各方面にわたる新宮の研究の中で、本領は「学校数学」の研究であったと述べている。

一九二七年刊行の新宮訳、ラッグ、クラーク共著の『初等数学ノ基礎』に小倉は序文を寄せ、「親シキ友新宮兄ガ独リ全訳ノ労ヲ取ラレタノミナラズ、一般学習者ノ為ニ更ニ数多クノ精細ナ脚註ヲ付加セラレタ努力ニ対シテ、深長ナル感荷ノ意ヲ表スル」と書いている。また一九三〇年刊行の新宮訳、ペリー著『初等実用数学』にも「ジョン・ペリーニ於ケル数学ノ実践性」という序文を寄せた。

三月、小倉は満五〇歳になった。この年は美濃部達吉の憲法学説が貴族院で菊池武夫議員から国体否認の反逆思想であると攻撃された。いわゆる天皇機関説問題である。美濃部は貴族院で反論に立つが、結局、右翼・軍部の排撃をうけ、著書『憲法撮要』などは発禁、美濃部は貴族院議員を辞職した。政府はこの時、天皇は統治権の主体であるという国体明徴声明を出し、以後、ますます学問や思想の統制を強化した。

小倉は岩波講座「数学」に「数学教育」を寄せ、数学教育とイタリア・ドイツのファシズムの関係を具体的に説いた。イタリアについては、数学や自然科学を軽視し、一切の教育を歴史的な古典教育の精神と一致させようとしていることに強い批判を加えた。またドイツについては、ベルリン大学のビーベルバッハ教授の主張を引用し、ナチス独裁以来、ドイツ固有の数学精神が高調され、ユダヤ的・ラテン的数学精神が排撃される傾向に進んだことを指摘している。ビーベルバッハのナチス数学論については「数学と民族性」（『中央公論』一九三五年十一月号）を書き、その理論の非合理性を厳しく批判した。

これらの文には「国体明徴」「知識偏重論」の名の下にすすめられていた科学への圧迫に対する、拒否の姿勢が貫かれている。

新年度になると小倉は、二、三年に統計法の講義をし、景気変動を扱った。以後、実用解析学と統計法を隔年ごとに講義することになった。これらの科目は必修でなく、選択で卒業資格と縁が遠かったため、学生はあまり熱心に聴講しなかった。

一九三五年から国定教科書の『尋常小学算術』(緑表紙)が刊行されはじめた。小倉はこの教科書が誕生した時、大いに喜び、「日本の数学教育の前途はあかるい」といって満面に笑みをたたえたという(香取良範「小倉金之助先生の印象」『算数と数学』一九六三年二月号)。

また一九三六年十月、長野県中等教育数学会主催の講演会で行なった「現代における数学教育の動向」(『信濃教育』一九三七年三月号)という講演の中でも、

まず小学校から申しあげますと、昨年以来の国定算術書の改造は、きわめて立派な改造であって、あれが段々上の学年にまで及べば、児童数学教育上、本当の意味の改造が出来るのではないかと思います。……

事実、新しい小学算術書は、本当に革新的のもので、世界的水準へと急激に飛躍したものであります。

と述べている。

ここで、緑表紙の教科書ができるに至る経過について、『日本教科書大系』近代編第一三、第一四巻などを参考にして述べてみたい。

一九〇〇年、小学校令施行規則により算術教育の基本方針が定められた。その第四条が「算術ハ日常ノ計算ニ習熟セシメ、生活上必須ノ知識ヲ与へ、兼ネテ思考ヲ精確ナラシムルヲ以テ要旨トス」である。これに基づいて、一九〇四年に藤沢利喜太郎の理念を全面的に採り入れた教科書が発行され、一九〇五年より使用された。この『尋常小学算術書』が黒表紙と呼ばれるものである。

この教科書はペリー、ムーア、クラインらにより二十世紀初頭にまき起こった数学教育改造運動の考え（直観の尊重、実験実測の重視、総合主義）を否定したところに立脚していた。算術の教科書は児童に使用させなくてもよいとされ、教師用しか編集されなかった。

小倉は一九三八年十二月、東京府女子師範学校算術研究会で「『小学算術』に対する所感」（『算術教育』一九三九年二月号）という題で講演し、黒表紙をこのように批判している。

黒表紙の算術は形式的な、型にとらわれた、数理一点張りの旧式なもので、児童の生活に触れた点が少なかった。またその形式は数学的にも古く、固定したものであって、実験実測や近代的な函数の概念やグラフの取り扱いが不十分であり、また図形教材などもきわめて少なかった。ただ数学的に見てもこのようです。まして教育的に児童の生活や心理から見ますなら、それはあまりにも悪い教科書であった。あのような教科書は世界の文明国には、おそらくないのです。ことに高等二、三年の算術書などは、世界中どこを探しても、また他のいっさいの教科書に比べても、ほとんどその比を見ないほど悪い教科書であったと、断定してよいと思います。

この国定教科書（第一期）は一九〇七年、義務教育年限の延長（尋常小学校四ヵ年を六ヵ年に）によって、全般的に修正が行なわれ、一九一〇年度から全学年で使用された。第三、四学年から児童用書を編集した。大正デモクラシーの風潮の中、教育界でも自由主義が唱えられ、それをめざす学校が設立された。ペリーやクラインの数学教育改造運動が日本の小学校教育に影響を及ぼすようになった。それを反映して全面的修正を行ない、豆細工・色紙細工の作業が入れられた。一九一八年から学年進行で使用された。一九二四年、尺貫法にかわりメートル法が実施されると、度量衡を中心に修正があった。

以上のように第一期国定教科書から三度修正編集が行なわれたが、基本方針、体裁などは一九三五年の改定まで大きな変化はなかった。

文部省図書監修官塩野直道は緑表紙本の編纂の中心であった。彼の『数学教育論』には緑表紙ができるまでの経過が詳しく書いてある。

塩野は会う人ごとの話や雑誌、研究会の意見のことごとくが当時の国定教科書の悪口であったのを聞き、根本的改訂を痛感した。それで改訂を必要とする理由と大まかな改定の方針をまとめ上申書を提出、上司から編纂の命が下った。一九三〇年前後のことである。一九三二年、算術教育の代表者と思われる十数人を集め、一人一人から意見を聞いた。

人選は塩野が行ない、その候補者の中には高木貞治と小倉金之助があったが、高木は欠席、小倉は最後の人選から洩れた。塩野は後に「どこで、どういうわけで洩れたか、今でははっきり覚えていないがこのお二人にお出席願えなかった当時の遺憾さだけは今も記憶に残っている」（塩野直道「青表紙と小倉先生」）と述懐している。

この会の意見と他の資料を参考に塩野が根本理念を立て、それに基づき方針・内容の大綱を定め、翌一九三三年同じメンバーを集め、趣旨を説明し意見を聞き、多少の修正を加えた。その案を教科書調査会にかけ、本決まりとなった。

教科書の起草は塩野があたり、省外の委員を加え審議を行なった。一九三五年、第一学年の児童用教科書が発行された。上巻はわずかに数字が入っているほかは色刷りの絵のみの教材で編集された。第一、第二学年にも児童用書が作成され、各学年とも上・下二冊刊行された。

『尋常小学算術』の教師用書の巻頭に掲げた凡例には、「尋常小学算術は、児童の数理思想を開発し、日常生活を数理的に正しくするやうに指導することに主意を置いて編纂してある」と述べている。当時の世界的な数学教育改造運動の影響をうけ、実験・実測を重んじ、函数の観念を導入した教科書だった。

一九三七年一月六日付の『大阪毎日新聞』の「今年に期待する人」で小倉は塩野直道氏に期待するとし、次のように書いている。

塩野氏は新人どころか、現に文部省図書監修官として、世界的にも優秀なる、かの小学算術書編輯の中心人物である、しかし今後科学の進むにつれて、氏の仕事のます〳〵難きを思ひ、従来の画期的成功に敬意を払ひつつ、一層の精神奮励を期待する、実は氏の任務こそ、国民大衆の科学的精神の涵養上、根本的に重大なのである

緑表紙本は一九三五年から毎年一学年ずつ刊行され、一九四〇年の第六学年分の発行で完成したが、一九四一年、国民学校の発足とともに算術は理数科算数という教科になり、水色表紙の「カズノホン」「初等科算数」が使用されることになった。短命な国定教科書であった。

七月下旬、父末吉の五〇年忌を営むため妻と二人で帰郷した。親戚を招いて法要をとり行ない、用事をすませた後、酒田の北方、秋田県に近い湯の田温泉に数日間滞在した。朝夕美しい日本海を眺めて暮らした。『酒田新聞』の久松宗六が訪れた時は「支那の蒐集よりも日本史料に困難な事を語られ、庄内の数学者其他に就て」(「一隅より」『酒田新聞』一九三五年七月三十日)などが話題となった。

湯の田湯泉で食膳にのぼる魚は新鮮でなく、プトマイン中毒にかかった。酒田に引き揚げる途中、運転手に、湯の田付近でとれた魚は一旦二〇キロはなれた酒田に運ばれ、評価された後に温泉に逆輸入さ

1935年，父末吉の50年忌に酒田にて

れるというしくみを教わった。

八月一日、一八九八年酒田尋常高等小学校卒業生の同期会である顕親会の、和島与之助会長をはじめとする物故者の追弔会を行なった。この席で小倉は、和島と本郷から目黒へ徒歩で筍飯を食いに行った話などをしている（「一隅より」『酒田新聞』一九三五年八月三日）。また当日夜には、市長などの発起で歓迎会が開催されている。

十月、恩師林鶴一が急逝した。文部省視学委員であった林は、九月、東京帝大名誉教授吉江琢児と共に新潟・富山、第四の各高等学校を歴訪、十月四日、松江高等学校を視察した。林はこの時、いつものように教壇に立ち講義を行なった。しかし、途中気分が悪くなり、卒倒しほどなく死亡した。病名は狭心症で、六二歳であった。

大阪の小倉には吉江から電報があり、大

きな衝撃をうけた。翌朝、一番の汽車で松江にむかい、その日の夕方に亡き林と対面した。仙台から二人の子息、藤原松三郎らが松江に着いたのは小倉が到着した翌日の未明であった。

下関から霊柩車を呼び寄せ、松江を出発した。藤原の供をして林の遺骸を引きとりにきた、当時助手の河田龍夫はこのように回想している。

松江からの帰りは大変でした、普通の列車に、霊柩車を一輛連結していてそこに遺骸を安置し、その車輛の半分を占めるところに藤原先生はじめ、林家関係の方々や私の座席があったのですが、霊柩車は、焼香できるようになっていて、駅へとまる毎に、聞き知った同窓生の方々が焼香にみえ、その都度、先生が立って御答礼をされるのです。列車は夜行の急行でしたが、夜中でもこれをやるわけで、先生も大変でしたが、駅へ着く度に先生を起すのが私の役で、私も大変でした。東京駅には朝、着きましたが、ホーム一杯に同窓生や、その他の人々が、出迎えられました。

……葬儀も大変で勅使がみえましたが、そのリハーサルも大変、とにかく助手だったので走り使いで全く忙しかったものです。(河田龍夫「私の先生方の思い出」、佐々木重夫『東北大学数学教室の歴史』所収)

葬儀は一週間後と決まったので、小倉は京都まで見送り、一旦大阪にひきかえした。本葬には仙台に出かけた。「葬儀は非常に盛んなもので、凱旋将軍を迎えるようなふうに思われ、深い悲しみの心をあらわすにはどうかと思う程」(「林鶴一先生に語る」)だった。焼香を終え旅館に帰ると、一人静かに林のことなどを回想した。その夜は東北帝大数学教室の追悼会に出席した。

小倉にとって壮年時代に林の傍近くで、林が数学の普及と研究に「真に革新的な一種の解放運動を行」（『回想』）ない、官僚的封建性と闘う姿を見ることができたことは幸福なことであった。「林鶴一先生に語る」は林の没後満二五年の回想で、未完に終わった小倉の遺稿である。「先生！」と呼びかけるこの文は、小倉の林に寄せる心情が溢れている。

小倉の生き方に大きな影響を与え続けたという点で、まさに小倉は林の子供だったのである。

この頃の小倉は古書の収集にかくれ、孤独の道を歩みつづけた。ほとんど一切の人と社交を絶ち、研究所でも用事がない限り、あまり人と口をきかなかった。小倉はひそかに自分をトラピストの僧侶にたとえていたのである。しかし、真面目な研究会から頼まれると、素直に遠慮ない話をした。京都では哲学者梯明秀の依頼で講演している。気のあったところではナチス数学論の批判や科学的精神の問題などについて議論した。大阪の会での帰り、梯ら京都の人たちが道頓堀あたりで飲んだ。その時の寄せ書きに中井正一が次のように書いている（「大阪の友へ」『毎日新聞』〔大阪〕一九五三年八月二十二日では一九三五年十月、中井からもらった手紙としてこの文を紹介している）。

秋の一日を、はじめてアカデミーとしての一日として過し得た様に有難く存じました。御講義の中途でフト涙ぐむ心持のする程、学問の尊厳に対して深い心持を抱きました。若きものの研究の態度の恥かしさに今日は打たれた次第でございます。

中井正一は一九〇一年、広島県尾道の廻船問屋の一人息子に生まれた。三高をへて京都帝大哲学科に入学、美学を専攻した。大学では戸坂潤の一年後輩にあたる。一九三〇年、同人雑誌『美・批評』を刊行、滝川事件で中断するまで二七号を出した。滝川事件では久野収らと協力し、学生の地域別の組織化をはかった。一九三四年、進歩的な文化誌として『美・批評』を再刊した。

天皇機関説が議会で攻撃された一九三五年二月、誌名も内容も同人も一新した『世界文化』に発展した。梯明秀・真下信一・新村猛・久野収・近藤洋逸などが同人である。京都帝大哲学科出身の近藤は一九三二年、塩見研究所で数学史を研究したいと訪れたが、小倉のすすめで東北帝大数学科へいき、藤原松三郎のもとで学んだ。中井は『美・批評』『世界文化』の有力メンバーとして活動した。中井が小倉の講演を聴いたのは『世界文化』の初期の頃である。

一九三六年、『世界文化』によっていた知識人グループが中心となって月二回発行の新聞『土曜日』が発刊された。発行名義人は当時、松竹の下加茂撮影所の大部屋にいた斎藤雷太郎である。中井は編集責任者となり、毎号巻頭文を書いた。『科学者のあゆんだ道』上巻所収の「新村猛――国際反ファシズム文化運動の紹介者」によれば、『世界文化』の発行部数は一〇〇〇部ないし一二〇〇部、『土曜日』は定期講読者を含めて最高七五〇〇部くらい出た。

ファシズムに反対し、学問的良心を守ろうとした自由主義的知識人は一九三七年十一月、人民戦線をめざすものとして治安維持法違反で一斉に検挙された。これにより東京の『唯物論研究』と並び称された『世界文化』『土曜日』は廃刊になるのである。

小倉は「じっさい中井さんのような人たちが、少数ながら日本におられたからこそ、僕のような弱い人間でも、あまり志をまげないで、どうやら今日まで生きのびて来たともいえるのだ」（「大阪の友へ」）と書いている。

十二月、数学史に関する論文と随筆を集めた『数学史研究』第一輯を岩波書店から出版した。「すみ子に――私達の結婚三十年記念として」の献辞がある。「数学史に関する多面多様の諸問題を、中心的なる一条の筋道を失ふことなく、具体的に究明しつゝ、究極に於て、『科学としての数学史』建設のために、集中的効果を挙げ」（『数学史研究』第一輯「序言」）ることを課題としたこの著書は、小倉の「代表作の一つ」（『回想』）である。小倉は「本書に対する忌憚なき積極的な批判を切望」（「序言」）したが、正統的な数学者の世界からは何の批評をも聴くことができなかった。

一九三六（昭和11）年、二・二六事件がおきた。小倉はその前後、長く病床にあった。四月、放送局に頼まれ「現代日本の数学教育に就いて」の講演をした。このラジオ講演は約三分の二まで進んだとき、放送当局者から政府の政策に触れないようにとの注意をうけた。

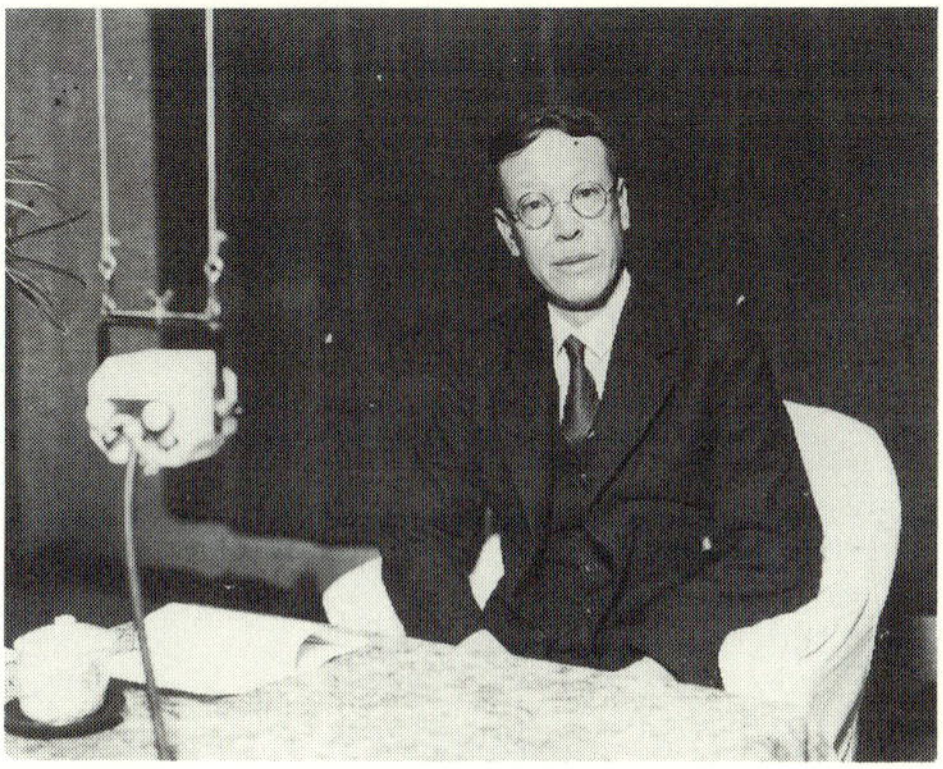
1936年，ラジオ放送の時

病気がなおると『数学史研究』を読んだ数名の阪大の学生からの依頼で、塩見研究所の小倉の部屋で科学史の会を開くことになった。後に小倉と親交を深める黒田孝郎もその一人である。科学史を研究したいという学生が現われたことは非常に珍しく、小倉は熱心に指導したが、負担が重すぎ、半年ばかりで止めている。

黒田孝郎によると、「小倉先生の塩見の所長室は、二階から三階にあって、ひどく西日のあたる部屋であった。夕日が部屋の中まで赤くさしこんでくる頃まで話しこんで、玄関が閉まり、地下室を通って暮れそめた外の街に出た」（黒田孝郎

「小倉金之助先生のことども」『現代教養全集』八、月報）という。

大学での二時間続きの講義の休憩時間、よく学生たちと教室で科学論、時事問題などについてディスカッションした。「数学の大衆化」（第一書房「実践教育講座」所収）はその議論の産物である。黒田孝郎は次のように当時を回想している。

小倉先生は、大判の出版社の原稿用紙に草案や資料を書いて講義をされた。熱してくると、ひざをまげないで足を力強くふみしめ、ほおを紅潮させ冬でも（もっとも暖房がしてあったが）汗をしてハンカチで顔をおふきになる程であった。言葉も力をこめ、熱してくるとジがズになったりすることがあった。先生は非常な愛煙家であるので、二時間の講義の中途で煙草をおすいになるが、それも自室にお帰りになるのでなく、教室で学生と共に、雑談をしながらであった。時間がくると、「さあ、始めようか」というようなことをいって教壇にお上りになった。（黒田孝郎「小倉金之助先生のことども」『算数と数学』一九六三年二月号）

七月下旬、阪大で中等学校の教員が主となる夏季講習会が開かれ、「日本における近代的数学の成立」と題し、講義をした。

この頃、大学や研究所の教官もかなり時勢に流されてきた。例えば、九州帝大の研究所にいた王という化学者が劉亦珩の紹介状をもって小倉を訪ねたことがある。用件は大阪の大学か塩見研究所で研究を続ける便宜をはかってほしいということだった。小倉は二、三の化学者に相談したが、スパイの疑いがあるからとすべて断わられた。また塩見研究所でも陸軍の御用をつとめるような人も出てきた。小倉は自然科学者に呼びかけ、自分たちの態度を明らかにしなければならないことを痛感した。

十月、上京して昨年にひきつづき、東京物理学校で統計法を講義した。その時、平野義太郎が検挙されたことを新聞で知った。「身辺にも火事が近付いてきた」(『回想』)という感じをうけた。この事件を「コム・アカデミー事件」という。「日本資本主義発達史講座」刊行後、山田盛太郎・平野義太郎ら講座派と労農派との間に明治維新や地主制の性格をめぐり激しい論争が行なわれた。日本資本主義論争である。山田・平野らは日本社会の半封建的性格を解明すべく、一九三四年末に「日本封建制講座」の企画を立案、以後共同研究が行なわれた。

一九三六年七月、このグループが共産党の戦略戦術を理論的に研究するソビエト連邦のコム・アカデミーに類する組織をつくっているとし、治安維持法違反で一斉に検挙された。この事件は翌一九三七年四月までに平野らが起訴猶予処分で釈放され落着した。

十月、長野県中等教育数学会主催の講演会では、小倉は「現代における数学教育の動向」の演題で、数学教育上におけるファシズムの害毒を強調した。

この年、社会衛生学者丸山博は一八九九年からある日本の人口動態統計書を調べ、地域別に乳児死亡統計の再編成をして、その結果を論文にまとめ、小倉の教えをうけた。丸山は小倉から大原社会問題研究所の高野岩三郎と森戸辰男に紹介されている(丸山博「小倉先生と私の乳児死亡の統計的研究」『科学史と科学教育』所収)。

田辺元が『改造』十月号に「科学政策の矛盾」という論文を載せた。当時、知育偏重論が高まっていたが、田辺は政府当局者が知育偏重の打破を策するのは、「現実に対する認識を晦まし批判を鈍らせ、認識と批判とに伴って起る革新意志を全面的に抑圧して、現状維持に満足せしめんとする為に外な」らぬとし、「国防の充実、産業の発展に直接貢献すると考へらるゝ自然科学には極力奨励を与へ、人文科学に於ては日本精神東洋思想の涵養に役立つ研究は特に之を奨励するも、社会的現実の認識と批判とに導く理論の研究は極力之を抑止し、其理論的知識を出来得る限り制限しようといふ」政府の科学政策の矛盾を痛烈に批判している。

田辺は科学的精神を、事実を重んずる実証的精神と全存在の法則性を信ずる合理的精神の統一ととらえた。そして、科学者・政治家に科学的精神を理解できない人々が多くいることを指摘している。田辺は当面の急務は知育を尊重し、科学知識の開発を計ることで、「知育偏重の弊を説く如きは時勢を知らざる顚倒の説といはざるを得ない」と結論づけている。

上田泰治は『田辺元全集』五の「解説」で田辺哲学の全論文を通じて、現実との対決を痛烈きわまる批判・抗議として発表された論文はこの論文以外にはないと書いている。また田辺は上田に、この論文を発表した時の心境を「あの時は死を覚悟した」と語ったという。この論文に対して、蓑田胸喜の『原理日本』は直ちに攻撃を加えた。

家永三郎は『田辺元の思想史的研究』の中で、「『反軍思想』という殺し文句によってあらゆる批判的発言が封殺されていたこの時点では、良心と勇気なくしてはできない発言であった」と評価している。

小倉の「自然科学者の任務」が掲載されたのは、『中央公論』十二月号である。この文は田辺が「科学政策の矛盾」を発表したことによって身辺が危ぶまれるので、擁護する意味もこめて書いたと小倉は赤羽千鶴に語っている（赤羽千鶴「小倉先生と科学的精神」『数学史研究』一九六二年十月号）。

これはわが国の自然科学の進展のために書かれた一つの覚え書きで、小倉の先輩同僚の自然科学者の反省を乞い、新たな協力を希望することを目的に書かれた。自然科学者はこの際、根本的に反省しないと軍部や文部省当局の反動政策のために、日本の科学が亡ぶという危機感からであった。

小倉は知識偏重論については、究極において大衆の解放を犠牲にする方向に進む反動的政策として退けた。小倉は日本の科学のために立つべき自然科学者の中に、「多年来の慣習による半封建的官僚性のために、文部当局の意見を以て、何か国家そのものの絶対的命令なるかのごとく心得、その政策を研究し批判することを以て、何か非愛国的行為だと、考えている人々」がいることに対し、「かような政府への盲従と、真の愛国との混同。——そこには官僚としての意識こそあれ、どこに科学者としての面目があるのか」と厳しく批判した。

そして、ファシズムを防ぐためには自然科学者と社会科学者との共感的握手が必須であり、科学的精神を発揚しなければならないと力説している。

小倉は科学的精神を、「過去の科学的遺産を謙虚に学びながら、しかも絶えずこれを検討して、より新たなる、より精緻な事実を発見し、より完全なる理論を創造する精神」と定義づけた。小倉は科学者の本来の姿を、本能的に自由を愛し、真理を追求し、真理を語る勇気をもつ、ラジカリストと規定しているのである。

この論文は知識人や社会科学者から大きな反響があった。青野季吉は『東京朝日新聞』（一九三六年十二月二日）の「槍騎兵」欄に次のように評している。

小倉金之助の「自然科学者の任務」は、正論すぎる位の正論だ。自然科学者と社会科学者との「精神的同盟」の提唱は、もっと具体的に突込んで欲しかったが、時節柄さうも行かぬであらう……。

これを読んで奮起せざる自然科学者は、科学者に非ず。また『東京日日新聞』（一九三六年十二月八日）の「小倉の画期的提唱に何故黙す？」の中では、「かんぢんの自然科学者の方では、いまのところ殆んど反響がないらしい。病ひ膏肓に入ったといふのか、始末に終へぬ代物である」と自然科学者の反応の無さを批判している。

石原純の「社会事情と科学的精神」が『科学ペン』に載ったのは、一九三七年三月号である。石原は田辺の「科学政策の矛盾」が良心的な態度をもって、痛烈な言辞で政府当局の重大な誤謬を明らかにしたことを高く評価し、ついで、小倉の「自然科学者の任務」に接することは予期せざる幸福であったと喜んだ。

石原はこの二つの論文が多大な反響をよんだのは、「我々の周囲に現に拡がってゐるところのいかにも息苦しい圧迫的な雰囲気に対して、いくらかでも之を緩和しようとする我々の切実な願望をそれによって率直に表現することが出来た点にあるのであった」と述べている。

石原はファシズム的色彩が濃厚になっている状況の中で、あらゆる事情を科学的に検討批判し、「我々に真に必要あるものを採り、然らざるものを打ち摧いて、この暗冥な雰囲気を明朗化することが絶対に必要なのである。之がためには我々は飽くまでも正しい科学的精神をもって対抗し、あらゆる機会を利用して民衆を導くことが大切である」とし、科学的精神の徹底を叫んだ。石原のいう科学的精神は、科学の依存する実証性と論理性とを重んずる精神のことである。

一九三七（昭和12）年、『夕刊大阪新聞』（一月一日）の「時代に寄する言葉」に小倉は、「御互に、良心的な、そして科学的な行動によって、この困難な時代を送らうではないか」と述べている。小倉が昨年末から伊東温泉で静養し、東京を回って大阪に帰ったのは二月の初めだった。二〇年の大阪生活をきりあげ、東京への移住を考えて借家を探し始めたのである。

三月、塩見研究所の新年度の予算案を組んだ。その頃は日本の経済が悪化しており、金利が非常に低くなった。財団法人の基本資金の利息による経営が困難になってきた。そこで、小倉は佐多理事に数学部・生物化学部を廃止し、物理部・化学部で本当の意味での理化学研究所にしてはどうかと提案、承認をえた。そして、塩見理化学研究所長を辞職した。大阪帝大の方は毎年春秋二回、大阪にきて集中講義することに決めた。

五月中旬、東京に借家探しにいく途中、新緑の香にむせる修善寺温泉に立ち寄った。若葉に囲まれた歴史の跡をしのびつつ、二〇年の大阪時代を回顧したり、将来の方針を考えながら、数日過ごした。七月刊行の『科学的精神と数学教育』の「序」は修善寺温泉で書いている。

借家は五月末にみつかった。丸善に書物の荷送りなど便宜をはかってもらった。荷物を全部送ってから、大阪生活の最後の記念に雨の有馬温泉に二日滞在した。

六月三十日、大阪を去った。小倉は「何かしら文化性の低いこの大都市」(『回想』)を離

大阪を去るころ

れるにあたり、『大阪毎日新聞』の記者に次のように語っている。

大阪に廿年、どうにも性にあはない土地でしたよ……

ことに大阪の学生は困りますね、チャッカリすぎる、一つは大学の場所が面白くない、校内の森をブラつきながら人生を談じる、校風とはそんなとこから生れるものですよ、教室の窓の下が交通地獄では三四郎も興ざめるでせうからね……

ボクは元来如才のない方の人間だったんですが先年大病したからかへってカドが出てきたようです、人間はどうせ死ぬもの、いひたいことはいっとくがいゝといった、そんな気持かナと思ふんですがね（一九三七年六月二十七日）

小倉が東京に移転する頃、一番長い間熱心に手伝い、二〇年の長い大阪生活の間に交渉のあった誰よりも、特に好意をもって尽してくれたのは山辺健太郎と柏原盛一だった。

山辺は一九二九年の四・一六事件で逮捕され、一九三三年に高松刑務所を満期出獄の後、堺で労働組合運動に従事した。一九三五年、小倉は大阪で社会主義弁護士として名高かった布施辰治から、山辺に数学の指導をやってくれないかと紹介状をもらった。山辺は「監獄にいるとき、他の人は『科学技術』とかいった、つまらない通俗科学の本を読んでいるのです。そんなのを読んだって博識になるばかりで、科学の本質なんてわかるはずがない。理論物理学といっても実験なしにはできないのだから、数学をやろうと決心」（山辺健太郎『社会主義運動半生記』）し、数学を独習していた。小倉は山辺がほかの人々に影響を及ぼすように見えないので、塩見研究所の図書閲覧室で自由に勉強するのを許した。

山辺の「阪大を去られた事情と歴史研究」には、戦後、社会運動史・朝鮮近代史の研究者として大きな業績をあげることになる山辺は、当時、直接歴史の研究や歴史観で影響を受けることはなかったが、小倉の原典を読まなければダメだ、活字になったものだけではダメだという原典主義は非常に印象に残ったこと、戦後、社会運動史を研究する中で小倉の歴史観を見直したことを書いている。

由井正臣は「憲政資料室での山辺さん」（『山辺健太郎　回想と遺文』）の中で、山辺の学問への関心が単なるジレッタントで終わらなかった理由の一つに、小倉金之助との出会いがあったとして、次のように述べている。

市民主義的精神をもった独創的な数学者小倉金之助が山辺さんに与えた影響は大きいと思う。つねづね山辺さんは小倉金之助について尊敬の気持をこめて語っていた。単に高等数学を教えられたということだけではなく、そこから学問の本質を学びとったのだと思う。鬚をきれいに鋏でかりとり、茶の背広をきこんだ山辺さんを私がみたのは、後にも先にも、小倉金之助の葬式のとき一回きりだった。

山辺は太平洋戦争中、予防拘禁所に投獄されたが、敗戦後、治安維持法の廃止により釈放された。そして、再建された日本共産党の統制委員として活動した。

柏原盛一は大阪高等工業電気科出身で、数学が好きで論文も書けたが、病身のため適当な職につけないでいた。それで、研究員の中でもわりに暇な図書館員になった。柏原は小倉と文献収集に奔走した。彼の協力なしには、『数学教育史』の後半が、あんなに早く完成しなかったのである。柏原は後に新興宗教「神人会」の教祖となった。

佐木秋夫は「数学者と教祖」（『新宗教新聞』一九五七年三月二十日）で、暗い谷間の時代に柏原は、哲学や宗教や民族学などの本に読みふけり、数をもとにした神秘的な形而上学を築いていったようである。数学教育史のためにアジア古代の神秘的な数学説などに深入りしたことが、一つのキッカケになったのだろう。……

大衆のために学問を守る良心的な学者である小倉博士の下で働らいたことが柏原氏の心の底を流れる平和への願いの大きな力になっている、と思うのだが、どうだろうか。

と書いている。

暗い谷間の中で（一九三七―一九四五）

一　民間の数学者として

小倉は一九三七年六月三十日、岩波茂雄の世話で東京市杉並区馬橋二丁目に移住した。建築後二、三年の家であった。小倉の口ききで、岩波書店に勤めていた長男真美も同居することになった。真美は福井県南条郡武生町の土井瀧治郎二女アツ子と結婚しており、三月には孫欣一が生まれていた。小倉は五二歳で「お祖父ちゃん」とよばれるようになった。

七月上旬、評論集『科学的精神と数学教育』が岩波書店から刊行された。これは「最近、科学的精神の開発が強調される時に当たり、一般人の文化的啓蒙のために、年来の旧稿をまとめては」（『科学的精神と数学教育』「序」）と岩波茂雄から依嘱をうけたものであった。所載の論文は最初の「文部省教員検定試験数学問題の批判及び其の改良私見」を除いて、すべて大阪時代のものである。大正年間のもの五編を序篇、昭和年間のもの一二編を本篇としている。小倉はまず本篇を通読してから、序編を後で読まれることを読者に切望している。

それは大阪での「精神生活を、記念するものであり」「思想の移り変わりの跡をよく伝えた、思想遍歴史ともいうべき」(『回想』)小倉の代表作の一つである。戸坂潤は「小倉金之助氏著『科学的精神と数学教育』」(『東京朝日新聞』一九三七年十一月八日)の中で、「序篇から本篇への進歩は、マッハ主義から唯物論への前進と社会科学的省察の徹底とに現れてゐる」と書いている。

小倉の東京移住を機会に、石原純・岩波茂雄・掛谷宗一・藤森良蔵ら友人たちが、新生活を祝福する歓迎会を開いてくれた。参加者は学者・同郷人・出版関係者・教育関係者・数名の官吏など一〇〇名近く集まった。藤森良蔵の「考へ方研究社」の客員的存在であった教育家志垣寛が司会をした。テーブルスピーチをした木村毅は、小倉を絶讃した後、「本日は内務省のお役人も出席されてゐますが、今後小倉先生の著書は絶対に発売禁止になさらぬやうにお願ひします」というと、内務省の某氏はつられて、「承知致しました」とうっかり答えたという(『報知新聞』「紙ナイフ」一九三七年七月十五日)。伊藤吉之助が閉会の挨拶をした。

三木清は七月十二日の日記に次のように記している。

小倉金之助博士が二十年の大阪の生活を打切り東京へ永住の目的で移られたにつき、その歓迎会が丸ビルの精養軒で催される。私はテーブル・スピーチのとき、大阪の徳川時代及び明治初年の町人学者のことから説き起し、小倉さんが塩見研究所長の位置を去って純然たる民間学者として東京へ来られたのは、その大阪の町人精神の伝統を発揮されたものであり、この精神を官僚独善の風の盛

東京移住の歓迎会　起立し，挨拶しているのが小倉

んな東京へ持ち込まれたことで、大いに意義があるといふ意味のことを述べた。（『三木清全集』一九所収）

小倉が東京に出てきたのは、もっと身を自由な境地においてもっぱら数学史の研究に精進することにあった。そのためには豊富な資料が閲覧でき、先輩・知友から教えを乞う機会を多く持てる東京が都合よかったのである。しかし七月七日の盧溝橋事件を発端として日中全面戦争に入り、結局は計画通りにはいかなかった。一九五二年に書いた「大阪の友へ」では、「今になって考えてみると、大阪時代こそは僕にとって、もっとも意味のある幸福な時期であったと、なつかしくてならない」と述べている。

小倉と古書の交換をしていた西安の李儼からは、中国の数学書が届かなくなった。八月の第二次上海事変で日本軍が商務印書館に猛撃を加えたとの報に接し、印刷中の李儼の主著『中国算学史論叢』第四巻がどうなったかが案じられた。前述のように、この著書は一九四〇年、『支那数学史』として邦訳された。「著者序」には、書中の材料・挿図を集めるのに、日本人では三上義夫・小倉金之助の助けによったと記している。

東京に出てからも、一九四三年まで病気でもしない限り、大阪大学で春秋二回の講義を続け、統計法・実用解析、それに時々、西洋・中国および明治時代の日本の数学史などを講じた。講義には数学科の学生や助手ばかりでなく、近藤洋逸・三田博雄・武谷三男ら学外の聴講者も加わった。「さわりのところでは、先生は原稿を片手に身振りも大きく、教壇の上を右往左往しながら、東北訛で弁」(静間良次「阪大時代の小倉先生の思い出」『著作集』二、月報)じた。講義のあとで学生たちが、小倉が定宿にしていた大学近くの旅館を訪れた。ビールを傾けながら、数学教育・科学の大衆化などに話題が発展した。

また物理学校でも五、六年間、統計法・実用解析を講じた。大阪では武谷三男など若手の学者と、東京では後々まで親交を続ける平田寛などを知るのもこの頃である。

一九三八(昭和13)年一月、小倉は『報知新聞』(一月五、六、八日)に「支那科学の後進性」を載せている。その中で、中国が今度の事変で敗れつつあるのは、自然科学の後進性がその要因の一つであるとした。中国は近代科学の摂取にあたって、西洋の学問の源はわが国に発しているという科学的精神とは対蹠的な非歴史的な謬れる伝統的信条と、西洋の科学は戦争に必要な技術にすぎず、けっして知識人の講究すべき学問ではないという恐るべき独断的な科学観があったため、衷心から洋学を研究することができなかったと述べている。

小倉は中国科学の後進性を説明しながら、われわれが深く考えなければならぬこととして、日本文化の特殊性をいたずらに強調し、固執して、排他的であってはならないこと、学問を充分に尊重し、学問に聞かなければならないことを強調している。

日中戦争以来、言論はますます束縛され圧迫が加えられた。数学の階級性などの思い切った大胆な意見を説くことは不可能になった。数学史研究についても激しい率直な言葉を避けたり、刺激的なテーマは変更しなければ、発表が困難になってきた。このような状況の中で、まだ静かな気分で一九三八年春までに、「日本数学の特殊性」（『中央公論』一九三八年一月号）、「封建数学の滅亡」（『改造』一九三八年一月号）、「支那数学の特殊性」（『科学』一九三八年五月号）の三つの論文を書いた。これらの論文はどれも実証的・合理的な研究で、時勢に迎合したり、神秘的な伝説などを説いたものではない。

たとえば、「封建数学の滅亡」は幕末から明治時代にかけての和算から洋算への転換の過程についての考察で、和算の廃滅が日本の高度の発達の原因の一つとしているが、現代の課題としても論じ、

わが社会機構の中に、未だ含まれている封建的残滓は、数学界の上にも反映していないだろうか。……封建的な「和算家精神」は、現代の数学者に残っていないであろうか。われわれは到るところに、「洋服をつけた和算家」を見ないであろうか。

と、この文を結んでいる。

『放送』（一九三八年九月号）に「事変下児童向放送への註文」があり、葉書回答到着順に掲載されている。大倉邦彦の「正鵠なる事変認識に基き、個人主義、功利主義、自由主義の風潮を排して、児童に皇国の精神を徹底せしめること」や、松原至大の「軍部と更に密接な連絡をとって、隠れた皇軍の美談をもっと豊富に度々放送すべきだと思ひます」などとともに、小倉は国民精神運動の方向へ児童を教導す

ることもラジオの使用として必要だが、「それがため取材内容その他に過度の制限、統制を加へるやうなことがあっては宜しくないと思ひます。延びて行く児童の将来のためにも、広い意味の情操教育、科学教育を忘れてはなりません」と回答している。

九月、東京文理大学・東京高等師範学校の職員・学生・生徒を主体とする学術団体大塚数学会で「数学教育特に数学の大衆化に就て」を、十月には東京物理学校同窓会で「専門教育における数学の革新」を講演した。小倉はこれらの講演で、数学大衆化の運動と数学教育の改造を提唱した。

十一月刊行の「新輯教育数学講座」（共立社）に、小倉の「数学教育の再建」が掲載されている。数学教育を前進させるには、深くその根本問題を再検討すべきであり、教師は「現状維持派」であってはならず、「教師自身が区々たる問題解法の奴隷となり果てるとき、どこに科学的精神の開発を期待しえよう」と述べている。

十一月二十日、岩波新書（赤版）が発刊され、小倉の『家計の数学』など二〇点が配本となった。発行の趣旨は、「日々につのってゆく言論抑圧のもとにあって、偏狭にして神秘的な国粋思想の圧制に抵抗し、偽りなき現実認識、広い世界的観点、冷静なる科学的精神を大衆の間に普及し、その自主的態度の形成に資すること」（「岩波新書の再出発に際して」）であった。

新書発刊の動機は、一九三七年七月の盧溝橋事件を発端とし、全面戦争に発展した日中戦争にあった。この戦争の重大性、長期化を踏まえ、時勢に関する叢書として企画されたのである。

吉野源三郎「赤版時代――編集者の思い出」（『激動の中で――岩波新書の25年』所収）によれば、「中日事変で浮き足だった新聞の記事を毎日見ながら」「日本の行く末に暗澹たるものを感じ」ていた時期、イギリスで出版されていたペリカンブックスをみて、この型で新しい双書を出したいと、同じ編集部にいた小林勇と話し合ったことにはじまる。そして、三木清も計画に参加することになった。

原案をめぐって社内での討議の末、岩波茂雄の裁断で発刊が決定された。定価は同年発行された五〇銭紙幣と同じく一律五〇銭とした。企画には、多くの日本の青年が中国で戦っているのに、日本人には中国についての知識が乏しいとして、中国を理解するために役立つものをできるだけ多く入れようと考えた。第一巻は、満州で四〇年間、伝道医師として尽したクリスティーの自伝的回想記『奉天三十年』上で、前年に東京帝大を追われた矢内原忠雄が訳した。

岩波新書の巻末には岩波茂雄の「岩波新書を刊行するに際して」が載っている。岩波はこの文を編集部の反対にあうことを恐れ、相談せず完成してから渡した。その一部を引用してみる。

吾人は社会の実情を審かにせざるも現下政党は健在なりや、官僚は独善の傾きなきか、財界は奉公の精神に欠くるところなきか、また頼みとする武人に高邁なる卓見と一糸乱れざる統制ありや。思想に生きて社会の先覚たるべき学徒が真理を慕ふこと果して鹿の渓水を慕ふが如きものありや。吾人は非常時に於ける挙国一致国民総動員の現状に少からぬ不安を抱く者である。

発刊後、この発刊の辞に対し、同感の投稿が多くきたが、一方では蓑田胸喜など右翼の人々から強く抗議をうけた。

岩波新書は出版に対する統制が強まり、紙の割当てが厳しくなると、出版が困難をきわめた。一九四一年以降は出版点数が激減、一九四四年の二冊で戦前の刊行が終わった。

岩波新書第七巻の『家計の数学』は、小倉が大阪帝大の春の講義をすませると大急ぎで着手した。七月下旬から八月一杯の四〇日間伊香保に逗留、著述に没頭してまとめた。留守中に二番目の孫純二が生まれている。小倉は係の女中に、何をしているのかと尋ねられ、秋に出版されてから一冊送ったところ、ご本を拝見して久しぶりで学校時代に教わったグラフのことなど思い浮かべて愉快でした、という葉書をもらった。九月に帰宅、阪大の秋の講義に出かけるまでの間にようやく完成した。小倉が数学の大衆化を心がけた処女作である。

この著書は「わが国民大衆の間に、何とかして、科学的精神――少くとも数学的な見方、考へ方、取扱ひ方――を、広く行きわたらせ、しみ込ませたい」(『家計の数学』「序」)という一念から書かれた。つまり、家計の改善そのものを第一義の目的とは考えず、「家計といった最も日常的な、生活そのものの間に起こる、いろんな問題の解決に必要な数学、それを通して数理的な科学的な考え方と取扱い方――いわば科学的精神の開発を狙った」(「女性文化の歩み」)のであった。

最初の計画では歴史的な見方や余興的なことなども加え、全体としてもう少しゆとりのあるものにするつもりだったが、ページ数の都合でできなかった。それで、説明をできるだけ丁寧にすることにした。第一編は序論で、第二編以降の本論は科学的な方法や精神を伝えるため、実証性・合理性、その統一というふうに三段の構成にした。

小倉はこの著作を、高等小学校や青年学校程度の算術に代数の入門程度の予備知識で間に合うように工夫した。小学校や女学校の先生たちには非常に喜ばれたが、高等女学校出の主婦たちにはむずかしすぎるという批評があった。「序」には〝消費の数学〟を著述したこの書物の姉妹編ともいうべき〝生産の数学〟を、この調子でいつか書いてみたいと述べているが、実現しなかった。

刊行後、女性から家計そのものについて協力を求められた。自由学園ではこの著作をテキストに研究会が開かれ、女学生から活発な質問・意見が出、収穫があった。また日本女子大学の氏家寿子からは家計簿の作成に協力を求められた。当時は物価が騰貴しており、国民の生活設計が重大な問題になっていたのである。

一九三九（昭和14）年二月、寒さを冒して東京市内の小学校の視察や講演を行なった。その結果、急性肺炎にかかり、高熱が続いた。四月初めには快癒したが、病後の静養のため阪大の春の講義を休んだ。五月、中央公論社社長嶋中雄作が二〇万円を醵出し、学派・学閥を超越し、新しい日本文化の建設を目標とする、民間の文化・学術団体「国民学術協会」が設立された。小倉も、牧野英一・西田幾多郎・桑木厳翼・柳田国男・高橋誠一郎・和辻哲郎・石原純・三木清・長谷川如是閑・清沢洌・正宗白鳥・津田左右吉・穂積重遠・松本烝治・杉森孝次郎らとともに会員に加わった。

事業は文化方面の業績の表彰、研究補助、研究委嘱、各文化団体との提携などである。発起人の一人、牧野は「この会は政治は全然やらない、しかしアカデミー・フランセーズのやうに各方面の人に集まって貰ひ広く批判を求めるといふ意味で、軍部の人も、政治家も、司法官にも入って頂きたい」（『東京日日新聞』一九三九年五月二日）と語っている。

会員は四〇名に限定、桑木厳翼が会長、小倉など一二名が幹事となり、毎月八日に例会を開くことになった。同協会は一九四〇年二月には財団法人となり、桑木厳翼が理事長、小倉も理事に就任した。この協会のことを調べに特高が小倉のところに一度訪れている。また最初の事業としては、長谷川如是閑の『英文日本文化史』への四五〇〇円と小倉の『日本数学史』への三〇〇〇円の研究費補助がある。

同月、東京物理学校理事会の決議により、理事長に就任した。一九三九年度『東京物理学校一覧』によれば、理事は岡田武松他七名、評議会は会長が小倉、評議員に岡田・掛谷宗一らがいた。教授に数学科主任小倉の名前がある。また第三学年数学部で、小倉が実用数学を、三上義夫が数学雑論を担当していた。戦時体制へ急速に傾斜していくこの年の物理学校の沿革を、『東京理科大学百年史』から抜き出してみる。

二月七日、第一部に軍事教練が正科として加えられた。

五月二十二日、宮城前広場において、「陸軍現役将校配属令」公布十五年記念全国学生生徒代表御親閲式が行なわれ、物理学校代表が文部省より御親閲拝受章を下付された。学校では遥拝式や学校教練に関する講演があった。

六月十四日、第一回創立記念日式典を挙行。

七月十五日、平川淳康教授引率による東亜青年勤労報国隊が渡満、現地における国防建設文化工作ならびに、内地における農業生産拡充計画遂行上必要な飼料の生産に従事した。隊は約一ヵ月半研修し、八月三十一日に帰国した。

七月十六日、「心身鍛練期間」実施。暑中休暇をこの名前で呼び、丹沢御料地で集団勤労作業に従事している者以外は次のような行事であった。午前六時馬場先門前集合、宮城遥拝、靖国神社参拝、行軍、学校長閲兵分列（戸山学校運動場）。

小倉は理事会に出席してみて物理学校の事情があまりにも複雑で、自分には勤まりそうになかったので辞表を提出したが、すぐには許可されなかった（翌一九四〇年二月十日辞任）。

物理学校文芸部の『濠』第二号（一九四〇年二月）に、「物理学校生徒に与ふ」という小倉の談話が載っている。その中で小倉は、将来深く研究しようと心に期す題目が若い時代に見出せたならば、それをどこまでも追究し育て上げること、科学の途はけっして天才的な直観のみによって通る坦々たる大道でなく、粘り強い思索とか実験とか計算により一歩一歩進みうる荊の道であること、真の学問を深く探究すれば、究極において人間的な教養ともうまく統一するものと思われること、などと語っている。

六月中旬、酒田市の教育会の依頼で、小学校教員のための五日間にわたる講習会の講師となった。帰京の際、七六歳でまだ元気だった母を連れていった。鳴子・飯坂・熱海・伊香保に滞在し、九月下旬、母が帰郷した。小倉は伊香保に一人残り、もう一冊頼まれていた岩波新書を、数学教育の問題について書こうとしたが、まとまらなかった。

十月、阪大で西洋数学史を講義した。ちょっと珍しい題目のためか職員の中にも聴講する人たちがあった。三名の女学生が出席していた。ある日、三人の中で一番若く見える人から、何の説明もなく突然、「先生の講義は、どういう意味を持っているのか、ちっともわかりません」という手きびしい批評をうけている（「女性文化の歩み」）。この西洋数学史をまとめ、岩波新書に入れることも容易でなく、結局、断念した。

帰京後間もなく、放送局から五日間の連続講演を頼まれた。「日本の数学」と題する放送をすることにし、岩波書店で放送を速記し、それを基に岩波新書を書きあげることを約束した。

この時期の小倉の楽しみは古本いじりであった。何をするのも厭で、酒を飲む気にも人を訪ねる気にもならない時は、天気のいい日に日当りのよい廊下一杯に和算書などをならべ、虫干しをした。それを

「手当り次第に取上げて、いい加減のところから読みはじめる楽みは、およそ何物にも代へ難いもの」(「三百年後」『図書』一九四〇年一月号)だった。

当時、自然科学の書物が洪水のように多く出版されていた。これはノモンハン事件の敗北が一つの契機となっていた。

一九三九年五月、「満州国」とモンゴル人民共和国との国境に接するノモンハン付近で武力衝突がおきた。両国間にはかねてより国境線について主張の対立があった。関東軍は強硬方針の「満ソ国境紛争処置要綱」にもとづき越境攻撃をした。しかし、予想をはるかに上まわる兵力を投入したソ連軍は八月、優秀な砲兵火力と飛行機・戦車などの機動力で総攻撃をかけ、関東軍を圧倒した。その結果、一個師団がほとんど全滅状態となった。

九月、第二次世界大戦勃発という国際情勢の大変化があり、大本営は関東軍に部隊の撤退を命じ、モスクワでソ連側の主張する国境線を認める停戦協定を結んだ。四カ月に及ぶ国境紛争で日本側は大損害をうけ、連隊長級の将校はほとんどが戦死か自決した。

この敗北は陸軍に大きな衝撃を与えた。十月、地方長官会議で陸軍次官が事件について経過説明を行ない、新聞に公表された。その末尾に、

近代科学の粋を尽した本事件の経験は軍の精神的訓練の重要性は固より軍の機械化等物質的戦備の充実が如何に近代戦闘に於て重大なる意義を有するかを愈痛切に訓へたもので、今後皇軍は訓練の精到を期すると共に一層急速に物的戦備の充実に邁進すべきを痛感するものである。

とあるように、精神主義一辺倒から科学技術の必要が強調されるのである。

多くの自然科学書の中で、『百万人の数学』という同名の本が二種でた。一つは物理学者竹内時男著、も一つはイギリスのホグベン著、今野武雄・山崎三郎共訳である。小倉は後者の「推薦の辞」を書いている。ノモンハン事件で反省させられるまで、大多数の数学者は科学の大衆化について考えていなかった。ノモンハン以来、高度国防国家建設のために数学の研究・教育の革新について論議された。しかし、実行になると微温的なものになっていった。

自然科学の流行に反して、社会科学・人文科学は偏狭な国粋思想の横行によって抑圧されていった。十二月、国民学術協会で歴史学者津田左右吉の要請をうけ、中国思想と日本文化との交流を解明するための討論会が開かれた。津田を囲む会は桑木厳翼の司会ですすめられ、三浦新七・村岡典嗣らとともに小倉も発言した。平野義太郎が速記録を整理し、出版する予定であった。しかし、この時期、津田の学説が右翼に攻撃され、大きな問題になる情勢だったため、国民学術協会で遠慮し、会は一回で中止、速記録も出版されずに終わった。

世にいう津田左右吉事件について少し述べてみたい。前述のように一九三八年十一月、岩波新書が創刊され、その中に津田の『支那思想と日本』があった。それは東洋といっても日本・支那・インドは風俗も民族も文化もまったく異質であり、これらを含めた「東洋文化」というのは存在しない、現代日本人の生活の基調をなすのは西洋近代を源とする「世界文化」であることなどを学問的に説いている。それは中国との戦争が長期化するとともに強まった非科学的なアジア主義を論破するもので、右翼評論家たちを刺激することになった。

一九三九年十月、東京帝大法学部に東洋政治思想史講座が開設され、津田が講師に招聘された。この津田の東大出講はかねて美濃部達吉、末弘厳太郎、南原繁など東大法学部教授を執拗に槍玉にあげていた蓑田胸喜の雑誌『原理日本』の絶好の標的となった。十二月発刊の『原理日本』の臨時増刊号は全巻が津田攻撃にあてられた。表紙には「『皇紀二千六百年』奉祝直前に学界空前の不祥事件！」「津田左右吉氏の大逆思想　神代史上代史抹殺論の学術的批判」とある。

一九四〇年一月、岩波書店は内務省・警視庁・裁判所から、津田の『神代史の研究』『古事記及び日本書紀の研究』『日本上代史の研究』『上代日本の社会及び思想』の四点の発行状況などの報告が求められた。三月には著者津田左右吉、出版者岩波茂雄が出版法第二十六条（皇室の尊厳冒瀆罪）によって起訴された。争点は津田の記紀研究は、神代および仲哀天皇以前の歴代天皇の実在性を否定しているか否かだったが、審査の進捗状況ははかばかしくなかった。また安寧秩序を害するという理由で非公開であった。

一九四二年五月、判決が下り、津田は禁錮三カ月、岩波は禁錮二カ月、共に二年間の執行猶予であった。検事・被告とも控訴した。しかし一九四四年十一月、控訴審で公判が一年以上にわたって行なわれなかったという理由で時効、免訴となった。

家永三郎は『津田左右吉の思想史的研究』の中で、この時効・免訴を「おそらく司法当局は、このような天皇制の観念的支柱に関する根本的問題について、ふたたび控訴審で論争をくり返されるのを不利と考え、問題を闇に葬ることを支配権力のために得策と判断したのではあるまいか」と推理している。

家永の同書によると、東大への津田招聘に尽力した南原繁は責任を感じ、自ら裁判所宛に「生等飽クマデ博士ノ無辜ヲ信」ずるがゆえに、「謹シンデ公正明達ナル御審理ト御裁断トヲ冀フ」旨の上申書を起草、助手丸山真男らが署名集めに奔走、主として大学教授クラスの学者八九名が署名した。また西田幾多郎と幸田露伴は、このような学問上の問題を刑事事件とするのは不当だとして、司法大臣に意見を申し立てた。戦時下でもなお良識の灯がともっていたことは特記すべきであろう。

しかし、免訴になったとはいえ、津田は主著が発禁、事実上執筆禁止状態におかれ、敗戦まで沈黙を強いられることになる。

当時、小倉真美は岩波書店で「物理学講座」の編集をしていた。一九四〇年末の最終配本が遅れたため、警視庁の納本・検閲係に手続きを取りにいった時、「キサマのところはアカの出版をしやがって、許さんぞ」と怒声を浴びせられている（「ある編集者の回想」）。

一九四〇（昭和15）年（この年は日本紀元二千六百年ということで大々的に行事が催された）三月、岩波新書『日本の数学』が刊行された。この本は前述のように昨年秋、毎日二五分間ずつ五日間行なわれたラジオ講演をもとにしたもので、たくさんの写真版を挿入するなど、さまざまな修正を加えた通俗的啓蒙書である。九三の写真版には厳密な考証による説明が付けられている。

小倉は当初、写真を入れずに和算の方法や内容を、平易にしかもできるだけ詳しく解説しようと考え、何遍も書き直したが、結局は、

私達、日本の一般人に取って大切なのは、和算そのものの、詳しい結果や計算法などに、深入りすることではなくて、和算の発達や特質を、日本の歴史・社会・文化、或は日本人の性格との関連に於て理解し、しかも一方、世界史的にも、考へて見ることだ（『日本の数学』「読者諸君へ」）

という考えにいきつく。それで、細々しいことを一切省き、専門語や固有名詞をできるだけ用いないこ

とにつとめ、また科学的な科学史の性格はなるべく崩さないことにした。

『日本の数学』は和算が江戸時代初期の揺籃期から、発展・成熟期を経て、明治初期の学制の発布で和算廃止、洋算専用の命令が出、以後衰退・廃滅していく過程がわかりやすく書かれている。

和算は自由な精神が抑圧されていた封建制の下で、自然科学や工業技術が未発達のため交渉が薄く、また哲学や思想方面との接触も乏しかった。それで、結局は「無用の用」、「芸に遊ぶ」として発達せざるをえなかったこと、つまり「科学」であるよりも、「術」として成功したことを鮮やかに描き出し、「結び」では、次のように強調している。

国民大衆の科学的水準を高めまして、もっと科学的な地盤を、作らなければなりません。それには、国民大衆が、もっと科学的に物を考へ、もっと数理的に事を処理するやうに、進まなければいけないと思ひます。国民大衆の日常生活から出発しまして、科学的精神を開発し、数学的教養を取り入れることが、大切だと考へます。

実は、かうあってこそ、国力といふものも、本当に健全に増進するのだと思ひます。……私には、科学的精神、数理的教養を欠いた国民の中から、数学の天才を生むことも、また真に実力ある国家を建設することも、期待することが出来ないのであります。

この著書は文部省推薦図書になり、また各方面から好評を博した。

永野繁二は「言々迫る科学エスプリに充ちた啓蒙書　小倉金之助著　日本の数学」（『九州帝国大学新聞』一九四〇年五月八日）で、次のように評している。

本著は日本の歴史を活々したものに改めて見直させてくれる底力をもって迫るものがあることは誰

しも認める所だらうそして本著全篇に流れる著者の科学的精神は生々しい程にたくましく紙背に徹してゐることも亦類書に見ることが出来ない。

大森義太郎は「私の愛読書」(『東京日日新聞』一九四〇年六月十九日)で、

最近で僕はこの本をいちばん趣味深く読みました。日本数学史ですが、さういふものとして非常に要領を得てゐるばかりでなく、日本数学に対する評価も適正のものとしてうなづけます。小倉氏の文章はいつもながら、伸びやかで明快で、気持よく読めます。

と書いた。この一カ月後の七月末、大森は他界している。

大森義太郎は一九二二年、東京帝大経済学部を卒業後、助手をへて助教授になった。マルクス主義者として実際に運動に参加、一九二七年、雑誌『労農』同人となり労農派結成に参画した。一九二八年、三・一五事件直後に東大を辞職させられ、以後、労農派の理論的指導者として論陣を張った。一九三七年、人民戦線事件で検挙された。一九三九年、重病となり保釈されたが、一九四〇年、四一歳で病死した。

小倉は大森から四月一日付で、次のような手紙をもらっている。

……最近数学に興味をおぼえまして、それに和算をむやみとありがたがるやうな言説にときどき出会ひ、和算の歴史的の意義を認めるのはまことによいことだとしましても、西洋数学を排斥するやうな気分は困ると存じてをりました。この際、先生の的確な評価に接することのできるのは、大変な喜びでございます……(『回想』)

小倉は大森とは一度も会う機会がなかった。

『日本の数学』は一九四一年、アメリカから交換船で帰った坂西志保が英訳を申し出たが、結局、実現しなかった。

四月、大矢真一を助手として、まとまった日本数学史の著述にとりかかることにした。大矢真一「弟子の見た小倉先生」（『算数と数学』一九六三年二月号）によれば、大矢が助手になって初めに命ぜられたのは、書庫の整理であった。書物が多く、書物を並べた前にもう一列並べなければならなかった。大矢は小倉にまったく相談せず、書物の配列を全部自己流にやったため、しばらくは大矢に聞かないと本を探し出すことができなかったという。

日本数学史の手伝いは、まず『塵劫記』の調査からはじまった。調査の報告がすむと、小倉が雑誌に書いた論文などの話がはじまり、議論する時間が長くなった。仕事ができなかった原因は、「私があまり議論ばかりしていたことにもよるので考えてみると全く申しわけないことであった」と書いている。

小倉は平面描写的でなく、科学史の立体描写を長らく考えていた。大矢真一の『著作集』三「解説」によれば、「科学史の立体描写」とは「社会状態の変遷の上で発達する数学の状態を描写すること」である。小倉は『日本数学史』で最初に和算の内容を一通り取り扱い、次の数学の歴史を扱う部分では、和算の内容はすでに知っているものと取り扱い、社会の状態と、その上に立った人名、書名、数学用語などで組み立てられた歴史を述べることを計画していたという。現に、五月、阪大での「日本数学史」の講義を、一、和算の概念（六時間）、二、中国数学史の展望（五時間）、三、日本数学史――徳川時代（二〇時間）という構成で講じた。

しかし、言論弾圧の時期に、「立体描写」は容易でなく、また時局の悪化、物理学校理事の仕事などのため着手できなかった。『日本数学史』は結局、未完に終わっている。

五月、城戸幡太郎の依頼をうけ、法政大学文学部で一〇時間、統計の講義をした。これが機縁となり、城戸や教育学者宗像誠也と知り合いになった。

八月、中央公論社後援で、国民学術協会主催の第一回公開講座が一週間にわたって開かれた。テーマは「現代文化の問題」で、小倉は八月一日に、「数学教育の革新」という題で講演した。他に芦田均・三木清・柳田国男・長谷川如是閑なども講師として参加した。

また国民学術協会は紀元二千六百年記念として、協会会員の論文を集め、『学術の日本』を編集することにした。小倉は十月の阪大の講義で正規の講義がすんだ後、春の「日本数学史」の続きとして、「明治時代の数学」を六時間講じ、それを速記させ、論文集の一編にすることとした。それが「明治時代の数学――日本における近代的数学の成立過程」である。この論文集は一九四二年、中央公論社から刊行された。

小倉の講義は「おそろしく早口で、訛りもあったから筆記はむつかしかった」（大矢真一『著作集』二「解説」）という。また小倉の講義はたくさんの資料を見せながら話をするのが常で、この時もビール箱一杯に資料を詰めて持参している。

十月、岩波全書の一冊として『計算図表』を刊行した。「高度国防日本にとってほんたうに有難いことだと思ふ」（今野武雄「実用数学への推進」『帝国大学新聞』一九四〇年十一月四日）と歓迎され、技術者の間で広く読まれた。方針としては、材料を限定し、多数の方法や事実を盛らなかった。小倉の目標は「知識の単なる蒐積でも、また妙な専門癖の誇示でもなくて、一筋に科学的精神の開発にあった」（『計算図表』

「読者諸君へ」)。また高等数学の初歩の知識があれば理解できるように平易に叙述しており、必要に応じ、実際に計算図表を作成できるようにした。

十月の阪大での正規の講義は、『計算図表』をテキストにしたもので、二〇時間行なった。紀州の山のなかの材木屋から材木の体積の計算に必要な図表の作成について詳しく質問され、感激している。

この年、小倉は三木清・石原純・山本有三らと共に、「満州国」教科書編集顧問に就任した。当時、「満州国」民生部で教科書編纂主任をしていた寺田喜治郎は三木の中学時代の恩師であった。『三木清全集』一九所収の「年譜」によれば、寺田は東京高師卒業後、龍野中学校に国語担当として赴任、三木は寺田の影響で読書に興味をもち、蘆花などの文学書を愛読するようになった。三木は寺田との邂逅を「私の一生の幸福」とつねに回想していたという。小倉らが顧問となるのは寺田の斡旋によるものであった。

六月十九日付の三木から寺田宛の手紙には、

再度のお手紙拝見いたしました。来月六日の会のこと、小倉、山本両氏へ伝へておきました。会場の方も用意しておきます。六時頃から食事をしながら話をするといふのが、だいたい座談会の形式になってをりますから、そのやうに取計ひたいと思ひます。なほ会場の都合もありますので、御旅行の御予定御変更の際には、なるべく早くお知らせ願ひます。

私の予定についてはお目にかかりまして詳しくお話し申し上げます。一両日中に石原さんに会ふことになってをります。(『三木清全集』一九所収)

と書いている。

小倉は健康上の理由で渡満できなかったが、三木・石原は「満州国」の招聘で教育視察した。三木は八月から二カ月間「満州国」に滞在した。そして、その見聞を「満州の教育所見」（『中外商業新報』一九四〇年十月二十六、二十七、二十九日）として発表している。それによると、理念においては素晴らしいとしているが、反面、教員不足で悩んでいること、上級学校の教師が「大学」の名称を欲しがり、理想も情熱も見られないこと、満州の学府が内地の恩給取りの稼ぎ場になっていること、日本人・朝鮮人・満州人の三種類の学校があり、相互の交流がないことなどを指摘している。

十一月、「満州国」の数学教科書担当者が出張してきて、一緒に師範学校用の数学教科書の原稿に検討を加え、東京で印刷した。この編集作業中、小倉は編集者たちが「満州国民」と生活を共にすることもなければ、深く彼らの実情を知らずに、上から指導する態度に出ていることを知り、「満州国民」にふさわしい教科書がけっしてできるはずがないと痛感した。また編集者たちが満州人の数学者についてはもちろん、「満州国民」がこれまで用いていた数学書についてもまったく門外漢であった。小倉は歴史的なことをまったく顧慮せず、現代の日本風の教科書を天降らせることの無理を編集者にはっきりと伝えている。一九四一年三月、小倉ら編集顧問はみな解任された。

十月十二日、侵略戦争を推進するための国家総力戦体制の中核組織として大政翼賛会が結成された。中央本部は五局二三部で構成され、企画局の中に文化部がおかれた。文化部長には劇作家岸田国士、副部長には劇作家上泉秀信、物理学者菅井準一が就任した。

小倉は菅井を声援するつもりで、「翼賛会の本質もよく知らずに」（『回想』）、十二月上旬、上野精養軒で開かれた「大政翼賛促進の会」に加わった。岸田・上泉・菅井を支持しようと文化団体が一体となって大政翼賛促進の運動が起こされ、各界の代表的文化人百数十名を発起人として、この会が結成された。発起人としては学界から小倉・安倍能成・仁科芳雄・桑木厳翼・三木清・柳田国男など、文壇からは菊池寛・武者小路実篤・横光利一・吉川英治など、画壇から横山大観・梅原龍三郎・安井曽太郎など、言論出版から緒方竹虎・岩波茂雄・嶋中雄作・山本実彦などが名を連ねている。

文化人は岸田の役割を大いに期待したが、蓑田胸喜など右翼の強い攻撃をうけ、二年たらずで辞職した。

大政翼賛会はヨーロッパでのドイツの攻勢に刺激され、国民の自発的な政治力を結集し、軍部に対抗しうる国民運動組織として構想され、国民からも期待された。「バスに乗りおくれるな」が合言葉となり、政党がすべて解党されたのをはじめ、さまざまな勢力がなだれ込んでいった。総裁を首相、都府県支部長を知事が兼任、部落会・町内会・隣組が末端組織として組み込まれていった。結局は、内務官僚や警察が主導権をにぎる行政補助的な国民統制機関となっていくのである。

二　東京物理学校理事長

一九四〇年十月、小倉は再び物理学校の理事長に就任した。これまでの理事が総辞職するという事態の中で、黒須康之介などの同窓有志から懇望され、理事に出馬、学校の経営を委ねられることになった。また十二月からは校長事務代理である幹事を兼任した。当時の校長は工学博士子爵大河内正敏で、貴族院議員・理化学研究所所長など種々の仕事をもっており、多忙のため出校するのも稀であった。それで、小倉は学校の経営と教育の両面にわたり、繁忙をきわめることになった。

　小倉は物理学校の理事になる前から、母校のあり方、進み方に心を砕いていた。黒須康之介「在学中より偉材」によれば、大阪時代、理事の長尾晋志朗と手紙であるいは会合して、母校の将来を語り合っていたという。

　小倉は当時の物理学校が学問的環境とか研究的雰囲気が甚だ心淋しいと痛感していた。それで、学校革新の手はじめに教員の俸給や研究費を増し、人材を集め、研究を奨励して学問的雰囲気をつくること、学課課程も時代に適応させ、生徒の人間的教養を高めること、などに努力した。軍部や文部省から天降ってくる戦時下の緊急命令の中で苦心を重ねるが、金がかかることでもあり、同窓会の大部分の容れるところにはならなかった。

　十二月発刊の物理学校文化部の『文化』三号に、小倉の「科学的と歴史的」が載っている。これは六月に編集委員が小倉の談話を筆記したものに、ちょっと短かすぎるというので、〆切の日に終わりの一枚分を書き足したものである。

　学生はいたずらにたくさんの問題を解いたり、知識の羅列を求めるよりも、歴史的に考え、科学的精神をつかむことに努力しなければならないと主張した。また社会的・文化的教養が劣っているのが物理学校卒業生の非常な欠点で、技術のみをもって立たんとする一種の芸人という傾向が著しかったことを指摘し、「技術に於て優秀なばかりではなく、人間として教養のある文化人、而も熱烈な科学的精神を抱きながら、自覚し行動する人でなければなりません」と強調した。そして、学校の実情の責任を学校関係者として痛感し、今後、心を込めて学校の改革にあたることを誓い、生徒の熱意ある精神的援助を

1941年4月，東京物理学校出身者有志と

求めている。

ここで小倉の理事長時代の主な物理学校の歩みを、『東京理科大学百年史』と東京物理学校同窓会『会報』（第一三二号）から拾ってみよう。

一九四一（昭和16）年二月一日付で、陸軍現役将校が配属された。

三月二十一日、卒業式で小倉は、職員を代表して祝辞を述べた。科学と技術の振興を激しく要求する時代にあって、奉公滅私の精神で一切の知識を傾注し、わが国家に捧げることこそ、諸君の国家に対する最高の奉公であると激励した。

四月一日、「教学ノ本義ニ基キ全校一体ノ活動ノ下ニ心身ノ修練ヲ為シ以テ報国精神ニ一貫スル校風ヲ発揚スルヲ目的」とする東京物理学校報国団が結成された。これは職員と生徒の全員をもって組織された。

四月十一日、入学式で小倉は、不在の校長にかわっての迎える言葉の中で、大切なことは区々たる試験のための勉強ではなく、若い青年の時代に科学の本質を確実に学び取ることが、何物にもまして肝要であると述べた。

六月十四日、創立六〇周年記念式を挙行した。式次第では、宮城遙拝、君が代奉唱、勅語奉読、創立諸先生に対する感謝の黙禱の次に、小倉が欠席の校長にかわって幹事として式辞を述べた。式辞では学校の歴史をふりかえり、維持員諸先生・同窓先輩諸兄・教授諸先生・本校全職員に心からの感謝の意を表明した。生徒には逞しい科学的精神、健康な正しい批判力、創造の精神の開発に努めること、また高邁なる識見と不撓不屈の実践的意志をそなえた教養の高い、高潔な人格の陶冶に、最善の努力を傾注することを切望した。そして、学校革新のためには、本校創立の先駆的精神が導く光となることを強調した。

大矢真一「弟子の見た小倉先生」によれば、小倉は原稿を書くのに実に周到な準備をし、学校の式の訓辞の原稿を書くのに、まる一日つぶすこともあった。どんな場合にもまずざっと要項を作った。原稿を書き出してからも何回も書き直し、加除訂正の書き入れも多く、「一気呵成にすらすらと書かれたもののように見えるが、実はおそろしく練られた文章」だったという。

九月十九日、学則改正が認可された。来年度より、入学志願者は入学願書のほかに、学業に堪えうるかを調べるために中等学校での学業成績と、正科となった教練に堪えうるかを知るための医師の身体考査票を添えて提出することになった。

十一月、『東京物理学校雑誌』の六〇〇号が刊行された。小倉はこの記念号に、「明治科学上における東京物理学校の地位」という論文を載せている。

十二月二十七日、卒業期日を繰り上げ実施した（一九四二年からは九月に繰り上げ実施となった）。

一九四二年一月八日、大詔奉戴日。詔書奉読式を学校中庭で行なった。今後、毎月八日に同式を行なうことに決定した。小倉はこのわかりにくく、読みにくい宣戦の勅語を間違えずに読まねばならなかった。学校の責任者として、朗読を断わることはできなかった。

二月十八日、シンガポール陥落で屋上において祝賀式を行ない、その後、靖国神社に参拝した。

五月十日、戸山学校校庭にて、第一回報国団錬成大会を実施した。

一九四三年六月五日、山本五十六元帥国葬。中庭で遙拝式を行ない、生徒代表が沿道で参拝した。

十月二十一日、明治神宮外苑競技場において出陣学徒壮行式が開催され、第一部生徒全員が参加した。

これらの事項一つ一つに戦争が色濃く反映されている。

しかし、一方では石原純・長谷川如是閑などを招き、戦時色とは無関係な文化講演会を生徒に司会させて催したのも、小倉時代の文化運動の一環だった（森島恒雄「小倉内閣時代」『著作集』二、月報）。

さて、当時の物理学校の最も根本的問題が定員問題だった。無試験で多くの生徒を入学させていたからである。生徒の中には徴兵猶予の特典をうけるため入学したり、来年度希望の学校への入学に備える勉学の上から、名義だけ籍をおくという生徒がいた。文部省の意向は合理的な定員を確定すること、この時局下では不当な徴兵猶予をすることとも考えられる落第生を多く出さないこと、などで数年来、学校当局と文部省とで幾度か交渉が続けられてきた。小倉はむしろ文部省の言い分が正しいと思い、この機会に定員問題を解決しようと考えたのである。

一九四一（昭和16）年三月、小倉は「現時局下における科学者の責務」を書き、『中央公論』四月号に巻頭論文として掲載された。

一九四〇年、フランス・オランダがドイツに占領されたのを機に、軍部は南進策をとり、九月には北部仏印への進駐と、アメリカの第二次世界大戦への参戦を牽制するため、日独伊三国軍事同盟を結んだ。この政策はアメリカを刺激した。アメリカは日本への輸出を制限して、日本に対する経済封鎖を強めていった。

アメリカでは一九四〇年夏、数学者が「戦争準備委員会」を結成し、戦争のために直接に必要な数学の研究を開始していた。アメリカにくらべ、高度国防国家建設と東亜自給経済の確立を目標とする日本は、日中戦争がはじまって五年目になるのに、科学の戦時体制が確立していなかった。

小倉は「現時局下における科学者の責務」で、学界近代化の観点から、「原則として、科学および技術の研究を、国家目的のために、強力に統制せよ」と主張し、「日本人である限り、……非常時にあってはなおさらに、科学によって、国家に奉公すべきである。軍人が血を国家に捧げるように、科学者の専門的才能と知識とは、……一切をあげて、国家に捧ぐべき」であるとした。また研究統制は日本の科学の弱点である科学と技術の遊離を克服させるもので、これに反対する人々のいう「研究の自由」は、自己の不勉強の隠蔽と封建的縄張り擁護の口実にすぎないと断じた。

小倉はファシストでも御用学者でもなかったが、非戦論者・敗戦論者でもなかった。それで戦争の準備を強調したのである。国家への奉仕と国家による科学統制を主張する論調のこの論文は、それ以前の小倉の論文とはずいぶん肌合いが異なる。一歩踏み出した論文とみることができるだろう。やはり「全面的に批判されなければならないもの」(『回想』)であった。

板倉聖宣は『著作集』七の解説「科学論」で次のように述べている。

小倉さんは、科学否定のファシズムには反対だったが、「大東亜戦争」反対のところまでは一貫しえず、そのため戦争のための科学統制の主張となったのである。この主張の背景には、それまで小倉さんが批判しつづけてきた封建的・官僚的な科学では戦争のために科学を有効に役立てることもできない、という事情があったわけである。

この年、市民の教養機関として、また大学開放の意味もこめて大阪毎日新聞社主催の「大毎文化講座」が開設され、日本文化の各分野を代表する碩学が毎月講演した。一月の新村出「言葉の歴史」にはじまり、小倉の「数学の日本的性格」は五月の講座であった。

論文「数学の日本的性格」は講演速記をもとに、決戦下に適応するように徹底的に書き直したもので、『戦時下の数学』（一九四四年刊）には、「日本数学の建設へ」という題が収載されている。

この論文では「大東亜戦争」前の日本の数学は、欧米からの移植数学で、学問の奥底にあるものを掴んでいない表面的・皮相的なものであり、数学者は科学技術の全面的関連を考察せず、自分の専門的な特殊分野に閉じこもり、社会意識が稀薄で、思想・哲学にほとんど関心をもたないと指摘している。そして、戦時下に適応する日本数学は戦争完遂という大目的のためには、計画的な「数学、科学、技術の総合統一」が急務であるとしている。それを実現するためには、国民学校・中等学校の数学教育を刷新し、国民の科学的水準を高め、科学的基盤を固める必要を説いた。

近衛内閣によって五月末、「科学技術新体制確立要綱」が決定されてから書かれた「日本科学への要望」（『科学主義工業』一九四一年八月号）は、「数学の日本的性格」と共通点が多い。小倉はこの論文で高度国防国家建設に向かい、日本科学に次の三つの要望を出している。

①移植科学の域を脱するため、西洋科学を根底から消化し尽すこと。

②科学者と技術者が遊離している基本的欠陥を克服するために、意識的に、計画的に、数学、科学、技術の総合・統一を計ること。

③高度の文化性をもつこと。

小倉は「ただ黙って、事態の進行を眺めていることが、出来なかった」（『回想』）のである。

ここで、「科学技術新体制確立要綱」が作成されるに至る経過について簡単にふれてみたい。

一九四〇年九月、企画院は「大東亜協同体内における自給資源に基く科学技術の日本的性格を確立すること」を目標とする、「科学技術新体制確立要綱原案」を完成させた。科学技術の徹底した国家管理を実施しようとしたのである。しかし、この案に対し、諸官庁・大学・民間企業から激しい反対が起き、閣議決定に至らなかった。企画院は案をねりなおし、各界代表者の意見を聴取した。科学者の中でも賛否両論があったが、多くは科学動員・統制を支持した。

大阪帝大教授菊池正士は『東京朝日新聞』（一九四一年二月十四～十六日）に「学術の新体制」を書き、その中で、

われわれの当面してゐるこの国難を克服する唯一の道はわれわれのすべてが私を棄てゝ国に尽す強い覚悟をもって立つ以外に手はないのである。いはゆる一億一心滅私奉公の精神を身に体現させる以外に手はないのである。……

この重大な時局に科学振興だとか統制だとか掛声のみ多く一向に実行の伴なはないのは一体どう

した事なのか。要するに滅私奉公の念が到るところ不足してゐるのである。

と科学動員、統制への積極的な協力を提唱している。小倉も「現時局下における科学者の責務」の中で菊池の論文を支持し、前述のように統制の強化を主張した。

一九四一年五月、企画院が作成した「科学技術新体制確立要綱」が閣議決定された。「高度国防国家完成ノ根幹タル科学技術ノ国家総力戦体制ヲ確立シ科学ノ画期的振興ト技術ノ躍進的発達ヲ図ルト共ニ其ノ基礎タル国民ノ科学精神ヲ作興シ以テ大東亜共栄圏資源ニ基ク科学技術ノ日本的性格ノ完成ヲ期ス」ために、「措置」として、科学技術行政機関（仮称技術院）の創設、科学技術研究機関の総合整備、科学技術審議会の設置の三つを掲げている。

一九四一年は小倉にとって非常に忙しい年であった。さまざまな新しい企画に参加させられている。四月下旬、菅井準一らの呼びかけで、幾回かの準備会を経て、日本科学史学会が成立した。松本高等学校校長桑木彧雄が初代会長に、小倉が顧問に就任した。小倉はこの会をいくぶんか時勢に便乗して生まれたものではあるが、機関誌をもったのは幸いであると評価している。小倉の数学史の論文は、科学史雑誌がないために総合雑誌や思想雑誌に載せたが、それらの雑誌には細々とした専門的なことは書けず、大ざっぱな議論に終わってしまっていたからである。

九月、日本科学史学会第一回総会の際、小倉は「わが国における日本数学史の研究」という講演を行なった。『科学史研究』第一号所収の論文は、講演筆記にほんの少し手を加えたものである。この論文は日本数学史研究を現代まで時代順に概観したもので、科学的な数学史であるためには世界史的観点が必要なこと、社会経済・思想文化・科学技術・軍事などとの関連を考えねばならぬこと、定説は吟味を要することなどを強調し、さらに、日本科学史学会に代表的古典の復刻と現代文に書き改められた簡明な和算数学書の一、二種の刊行を要望している。

中央公論社の嶋中雄作の寄付で、「国民生活学院」という女子校が創立されたのは一九四〇年である。この学校ははじめ、城戸幡太郎や宗像誠也が企画し、高等女学校卒業生を入れる三カ年の学校で、特色のある珍しい存在だった。宗像が校長、城戸が附属として設けられた生活科学研究所所長に就任した。小倉も理事の一人として経営に参与した。

この学校をかかげで準備したのは帯刀貞代である。林光の河崎なつ伝『母親がかわれば社会がかわる』によれば、帯刀は『婦人公論』の執筆者を呼んで嶋中社長が話をする「十日会」の席で、嶋中から読者にむくいる仕事をしたいとの相談をうけた。そして、保健婦・栄養士・保母の資格がとれる女学校をつくる話がまとまったという。

主事は学校が存続した六年間に三度かわった。一九四四年からは河崎なつが主事になり、小倉は数回話をする機会があった。帯刀は国民生活学院と河崎との関係を次のように語っている（林光『母親がかわれば社会がかわる』）。

昭和一九年のはじめぐらいだったと思いますが、教師が教科研のみなさんでは適当でない、ということになって嶋中社長が研究所長兼校長に大熊信行という人をつれてきたんですね。この人は進歩的な顔して、どっちにでもつく人なんですが、そのときから河崎先生が主事になったんです。河崎先生の時代になると、古谷綱武なんて人も先生に入ってきて、学校の趣旨は尊重してやっていましたけれど、空襲で焼けましてね。最後は練馬の方の民家を借りて二年ぐらいやって、昭和二二〜

三年頃までつづいたと思います。最後の卒業生は二、三〇人程度だったと思いますが、戦後は保母さんだの栄養士さんだのになって、運動の第一線で活動している人がいっぱいいます。

私は学校のことで何かあれば、というのは、戦争中ですから、いろんな問題が起こるので、そのたびに中央公論社の社長室で河崎先生と同席させられてお話しする、そういう関係でしたが、河崎先生は、あの時代の防波堤の役割をしてらしたと思います。

帯刀貞代は一九四二年、中央公論社の社史の編纂と近代日本の出版文化史の編纂のために中央公論社が設置した「出版文化研究室」に嘱託として勤務、明治以後の雑誌の中でも婦人雑誌を担当した。しかし一九四四年、前歴者として解雇、以後、検挙された。小倉は廃校を決定した最後の理事会の席上で、嶋中が理事以外に帯刀の意見を求めたことを、「私にとっては忘れられないもの」(「女性文化の歩み」)と述懐している。

河崎なつは東京女子高等師範学校を卒業後、小樽高女、東京女高師、東京女子大、文化学院、津田英学塾などで主に作文を教えた。その間、与謝野晶子と交流し、晶子の紹介で新婦人協会の運動に参加、平塚らいてう・市川房枝と知りあった。また婦人参政権獲得期成同盟でも活躍した。昭和に入ると、学生運動や地下運動をしている人々をかくまった。帯刀貞代・宮本百合子なども援助をうけている。戦後は第一回参議院議員選挙に日本社会党から全国区で当選、一期つとめた。また日本母親大会の委員長として一九六六年に死亡するまで活動した。

「女性文化の歩み」によれば、理事会後の晩餐の折、小倉は野上弥生子から、「なぜ、あなたはご自分で学校の数学をおやりにならないの」と尋ねられたという。しかし、健康がすぐれなかったこと、物理学校の仕事に多忙であったことから実現しなかった。

学院は戦争の敗色が濃くなると物資困難で、思うように活動できなくなった。学校の性格があくまで実践的でなければならず、河崎は非常な苦労をしたという。また戦争に協力しなければならなくなるのである。校舎を戦火で全焼し、学院は一九四六年の初めに廃校となった。

小倉が日本出版文化協会の文化委員ならびに図書推薦委員に就任したのもこの時期である。一九四〇年十二月、日本出版文化協会が設立された。この会は「日本文化建設並ニ国防国家確立ニ関スル出版文化事業ノ使命ヲ遂行シ斯業ノ適正ナル運営ヲ図リ以テ出版報国ノ案ヲ挙グルヲ目的」とした。「一見自主的組織としての外貌をもちながら、しかし実質的には会長その他の役員はすべて官選によって決められ、総会その他役員会の決定事項なども、すべて主務官庁の認可なくしては実行にうつしえない」（畑中繁雄『日本ファシズムの言論弾圧抄史』）という官庁機構の下請の統制機関であった。

同協会（一九四三年には「日本出版会」に改組）は一九四一年から四三年まで、内容のすぐれた出版物の推薦活動を行なった。その活動については福島鑄郎「『出版文化協会』推薦図書について」（福島鑄郎『戦後雑誌の周辺』所収）に詳しい。

それによると、図書推薦委員会は第一部（皇室、哲学、宗教、教育）から第十部（児童）まで分類されている。小倉は第五部（理、工、農、医）に属し、他に委員として、理研所員仁科芳雄、企画院技師菅井準一、医学博士斎藤茂吉、東大助教授緒方富雄などがいる。推薦図書の分野は歴史伝記・少国民読物・軍事社会などが多く、農学農業が少ない。推薦図書を多く刊行している出版社は岩波書店・講談社などである。

同協会の重要な役割の一つに、用紙割当を掌握していたことがある。同協会は当初から「新聞雑誌用紙統制委員会」の割当原案作成権をもち、さらに、一九四三年には割当権そのものをもつに至った。そして、出版社の性格を独断的に検討し、等級をつけ、好ましからぬ出版社には割当を削減、追随するものに対しては用紙の便宜をはかるなどの操作が行なわれた。『日本ファシズムの言論弾圧抄史』には、中央公論社の用紙割当指数が一九四一年第二・四半期の一から、廃社直前の一九四四年第一・四半期には〇・〇八に激減していることが書いてある。一九四二年四月以降、発行者は出版企画を協会に届け出、承認を受けなければ用紙を割り当ててもらえなかった。この時から発行図書の奥付に出版文化協会の承認番号が記載された。まさに生殺与奪の権を握ることになる。

小倉は文化委員・図書推薦委員の役職を約一年で解除されている。

八月、日本中等教育数学会の第二三回総会が東京で開かれることになっていた。小倉はその準備委員長となり、開催にむけ尽力した。

当時、文部省は中学校教授要目の改正作業をすすめていた。一九四〇年の第二二回総会でそれが大きな問題となり、同志の者が数学教育再構成の協議を続け、その結果、全国を東部・中部・西部の三ブロックに分け、約半年にわたり研究が続けられた。第二三回総会にむけて数学教育界を一新するような試みについて、いろいろ計画を立てたが、総会を前にして軍部の輸送の関係上、一般人の多人数の移動が一時ほとんど禁止の状態になったため、総会を中止せざるをえなかった。結局、各地区の研究の報告会が東京で開かれたにとどまった。

小倉は『改造』（一九四一年十月号）に「教育問題の焦点」という小文を寄せている。これは小学校にかわり国民学校が設立されたことに感想を求められて書いたものである。

この中で、学校教育は詰め込み主義でなく、「国民一生の活動の間に、どこまでも延びて行くやうに、基本的な学問技術を通じて、事物の正しい見方、考へ方、取扱ひ方を習得させるところに」主眼点を置くべきで、問題の焦点は、「どこまでも、大東亜の新建設といふ、長期的な大目標に向って確固たる方針の下に貫徹せる教育の実現にある」と記した。そして、教師は精神的にも物質的にも、もっともっと優遇されなければならないと述べた。つまり、国民学校の成績をあげるには教師の俸給を上げることが大切だと、『家計の数学』の著者として当然のことを書いたのである。

ところが、この論文が陸軍当局の目にふれ、非常に反感を買い、ブラックリストに載せられ、ジャーナリズムの世界から排除されてしまう原因になったと、後にある記者に聴かされている。『中央公論社七十年史』によると、太平洋戦争開始前後を境にして常連執筆者で誌上から姿を消した顔ぶれに、尾崎秀実・清沢洌・森戸辰男らと並んで小倉の名前が出ている。

物理学校の校務のほか、さまざまな仕事が重なったため、心労がつのり、十一月末頃から翌一九四二年三月半ばまで病臥することになった。十二月八日の太平洋戦争開戦の報も病床で聞いた。真美の「ある編集者の回想」に、開戦の朝の様子が次のように書いてある。

なぜかいつもより早く起きた。外はまだ暗く、冬空にいちめん星が輝き、とぎすましたカマのような三日月が冴えていたのを、いまだに記憶している。寒さはきびしく、刺すような霜の気配すら感じられたので、門の郵便受けから朝刊を取ってくる気になれず、ラジオにスイッチを入れた。すると、海軍が西太平洋で米英軍と戦闘状態に入ったとの大本営発表である。私はこれを聞いてハダにアワの生ずる思いがしたのだ。次いで急にじっとしていられず一人で床をあげてしまった。

国民が真珠湾攻撃をはじめ意外な戦果に酔いしれ、判断力を失っていく中で、小倉は勝利を聞いても喜ぶことができなかった。今後どうなるだろうかと前途が案じられたからである。しかし、戦争に負けるのを讃美する気にはなれなかった。

一九四二（昭和17）年三月、文部省が「中学校高等女学校数学及理科教授要目」を公表した。中学校教授要目は、一九三一年全般にわたり改正、一九三七年には国民精神を作興するため国民科的学科（修身、公民、国語、漢文、歴史、地理）に改正が加えられた。日中全面戦争が長期化していくなど時局の変化が著しい中、新設された国民学校の基礎の上に、中学校でも根本的改革が叫ばれ、一九四一年二月からとりあえず数学および理科の教授要目の改正が着手された。中学校の目的は教育の一切を皇国の道の修練に帰し、中堅有為の国民を錬成することにあった。

四月初め、文部省案を好意的に批評した小倉の「数学教授要目の刷新」が『東京朝日新聞』に連載された。小倉はこの要目を、心ある人たちの二〇年来の主張をとり入れ、算術・代数・幾何・三角法などの分科的孤立、専門的隔離を撤廃するなど大胆な整理をしているとして、高く評価した。しかし、専門的に深入りする傾向が伏在していることを警戒を要する点として挙げている。

この原稿を書き送った後、一〇日ばかり熱海に逗留し、静養を続けた。しかし、アメリカのB25がはじめて東京を空襲した頃から、三八、九度の熱が続いたため、慶応病院に入院した。見舞いにきた小泉丹に冗談半分にいわれた通り、病名は不明だった。生物学者小泉丹と小倉はフランス留学時代、同宿の間柄だった。

「ある編集者の回想」には病気を、「おそらく当局の言論弾圧に腹を立て、もはやどうにもならないとのあきらめから、それまでの疲れが噴出した結果である」と書いている。熱が下がり退院したのは五月末だった。自宅に戻った時、「庭先きの若葉の色が目にしみこんで、病後の体に、新緑の感じを深くさせた」(「新緑の思ひ出」)。

この頃面白く読んだ本は、島崎藤村『家』、中村光夫『作家論』、田山花袋『近代の小説』である。『日本読書新聞』の「読書余談」⑰(一九四二年六月八日)で、

大たいこの頃のものは小説でも何でも非常に詰らなくなったと思ふ、悪く国策的に許りなった、それから、どういふわけかこの頃私は外国の作品を読みたくなくなってきた、フランスものの原書など二百冊程持ってゐるが読む気がしない、パリにゐた頃は随分読んでバルビュースなどにかぶれて帰ってきたんだが、やっぱりこの頃は日本のものがよい

と語っている。

退院後、再び物理学校の校務を執るが、九月初め、胃酸過多症にかかった。そのため阪大での二〇時間ばかりの日本数学史の講義は病気をおして行なわねばならなかった。暮れには一応全快したが、病後は酒を控えることになった。

この年、高野岩三郎を中心に、小倉らの監修で「統計学文庫」(栗田書店刊)が企画され、しばしば会合がもたれた。戦時中に数冊出版した。この叢書の中には小倉や高野の指導をうけた丸山博の『乳児死亡の研究』も加えられたが、戦争のため刊行されなかった(丸山博「小倉先生と私の乳児死亡の統計的研究」)。

このように一九四二年は病気の療養と物理学校の校務の他にはほとんど活動らしい活動はできなかっ

た。

一九四三（昭和18）年は春になっても健康がすぐれなかった。三月には麻疹が回復した二人の孫と妻を連れて伊豆の温泉で静養、四月には国民学校に入学した孫を学校に連れていくなどで過ごした。五月、阪大で計算図表を講じたが、旅行が困難になってきたことから今回で最後と決め、真島利行総長に辞表を提出した。小倉が阪大講師として講義をはじめてから一〇年の年月が流れていた。

この年も物理学校の校務に忙殺された。警報下の学校警備、勤労動員、戦時に対応した学課課程改正などの諸問題、懸案の大学問題、軍部や文部省から天降る法令に対する緊急処置などなどである。心理学の教科書が自由主義的だと、文部省に呼び出されたこともあった。定員問題は古い伝統を重んじ、小倉とは根本的に考えを異にする同窓生たちの反対にあい、在任中は解決できなかった。結局は小倉の後をついだ理事会で、文部省の要望に従った定員が決定された。一九四四年四月には新学則による入学試験が実施されることになる。

理事の改選期になった。小倉は健康に自信がない上に、これ以上校務のわずらわしさに耐えられなかった。それで十月には理事を、十一月には幹事を辞任し、物理学校から完全に身を引いた。小倉の三年間の理事長・幹事時代で、何よりも強く感じたのは理工科系私学の経営のむずかしさだった。昔、私学の経営者たちは時の政府の干渉を嫌い、学問の独立と自由を宣言したが、経営難のために官学よりもかえって教授研究上の不自由をきたした。私学の経営は困難をきわめたのである。

『回想』（一九五〇年）には自分の母校経営が学校のプラスになったか判定するだけの勇気がないと記しているが、「回想の半世紀」（一九五六年）では、「私の仕事につきましては、終戦後から今日に至る、東京理科大学の内情がどうなったか。その実情こそ、何よりも正しい（歴史的）批判をしてくれたと、私は考えております」と述べている。

ここで、一九四三年におきた横浜事件についてふれてみたい。この事件で解散させられた中央公論社には、小倉真美が勤務していたのである（真美は一九四一年、岩波書店をやめ、中央公論社に入社）。

横浜事件は十五年戦争末期、神奈川県特高警察部によって、日本共産党再建を企てたとして多くの人々が検挙された捏造事件である。検挙された人数は、中村智子『横浜事件の人びと』増補二版によると、不起訴となった愛国同志会の労働者を含めると八八名にのぼる。

事件は日米開戦後、交換船でアメリカからひきあげてきた人々の中にアメリカで左翼運動に参加した者がいないかを、神奈川県の特高が調査したことからはじまる。その結果、一九四二年九月、世界経済調査会主事川田寿と同夫人定子が検挙され、拷問が加えられた。取り調べの進行にともない、一九四三年、世界経済調査会・満鉄調査部関係者からも検挙者が出た。

満鉄調査部員の押収品の中から、前年（一九四二年七月）細川嘉六が日頃親しくしていた若い研究者・編集者らを故郷の富山県泊町に招待した時に、旅館の中庭で細川を中心にうつした写真が出てきた。これが日本共産党再建準備のための「泊会議」の証拠写真にしたてあげられ、『中央公論』の編集者を含む参会者が一斉に検挙された。また昭和塾関係の政治経済研究会グループも検挙された。

一九四二年八、九月号の『改造』に細川の、「世界史の動向と日本」という論文が掲載された。この論文は内務省警保局の検閲にはパスするが、陸軍報道部から共産主義理論にもとづく民族自決主義を鼓吹するものとして問題にされ、『改造』は発売禁止となった。また編集長と担当編集者の引責退社、編集委員全員の交代が行なわれ、以後、完全な国策協力雑誌に転換した。細川は治安維持法違反の容疑で検挙、世田谷署に留置された。「泊会議」がデッチあげられると細川は横浜に移送され、日本共産党再建準備の首謀者として取り調べられることになった。

一九四四年になると、中央公論社・改造社・日本評論社・岩波書店関係者にも逮捕がひろがっていった。取り調べでは言語に絶する拷問が加えられ、虚偽の自白を強要され、手記に書く内容を指示された。その結果、四名が獄死、二名が保釈出獄直後に死亡、一三名が拷問により失神、三一名が拷問により負傷した（畑中繁雄『日本ファシズムの言論弾圧抄史』）。

横浜事件で中央公論社から次々に検挙者が出、社は沈痛な空気につつまれた。社員は言論弾圧の具に使われるのを恐れ、日記類を焼却した。真美は言論の自由が保証されることになった戦後もついに日記を書かなかった。

『中央公論』は陸軍ににらまれ、ついに廃刊に追い込まれるのだが、その経過については「ある編集者の回想」に詳しい。真美は当時、科学雑誌『図解科学』を編集していた。情報局に呼ばれ、編集方針が基礎科学偏重の傾向があるから、軍事科学に重点を置けと強要され、戦時下でも基礎科学は重要と力説すると、係官から「左翼のオヤジの影響か」などの暴言をうけている。

一九四三年一、三月号に掲載された谷崎潤一郎「細雪」は、国民の戦意を沮喪させる無用の小説と非難された。また陸軍は全雑誌の三月号の表紙に、陸軍記念日標語「撃ちてし止まむ」を掲載するように依頼したが、『中央公論』だけが刷り込まなかった。このような状況の中で、編集部員は陸軍報道部への出入りを禁止された。中央公論社では編集部総入れ替えを実施して恭順の意を表した。旧編集部によって編集された七月号は、製本まじかで休刊し廃棄するという非常措置もとられることになった。以後、編集は後退を重ね、御用雑誌と化していった。

一九四四年、『婦人公論』が三月号限りで姿を消した。初春、真美は徴用の検査をうけた。中央公論社に反感をもっていた日本出版会は、徴用解除の手続きを申請せず、仁科芳雄の尽力で除外された。五月、神奈川県特高が編集室にふみ込み、編集部・出版部の机の中を調べ、「キサマたちはアカの巣だ。それでも日本人か」と威嚇し、「底抜けの国賊め」とののしり、重要書類を運び去った（「ある編集者の回想」）。また五月末、病気中の嶋中社長も証人として呼び出され、数日にわたり拷問にひとしい尋問が行なわれた。

七月、情報局第二部長は中央公論社と改造社の代表を呼び、自発的に廃業するように申し渡した。事実上の解散命令である。これによって、戦前の代表的総合雑誌『中央公論』『改造』が抹殺された。

横浜事件は敗戦直後、横浜地裁で十分な審理なしに公判が行なわれ、判決が出された。被告は治安維持法違反で一律に懲役二年の有罪となり、執行猶予で出所した。細川のみが控訴し、十月の治安維持法廃止によって免訴となった。一方、被告側は拷問を行なった特高三〇余名を特別公務員暴行傷害罪で告訴した。特高は証拠書類を焼却したためほとんどの者が証拠不十分で不起訴となったが、三名に実刑判決が出た。しかしサンフランシスコ講和条約の特赦で実刑に服すことはなかったという（中村智子『横浜事件の人びと』増補二版）。横浜事件の被告たちは裁判の再審請求を行なったが却下された。

官憲は横浜事件で拘禁された雑誌社の社員たちに執筆者のブラックリストをみせ、各々の執筆者に対する意見を求めたという。そのリストはA、B、Cの三つにわけられ、Bクラスの中には小倉の名前があげられていた。小倉はそのことを当時拘禁されていた二、三の社員から聞いた。そのためか一九四三年になると雑誌社からまったく原稿依頼がなく、事実上の執筆禁止になった。

しかし、実際は小倉が「回想の半世紀」で述懐しているように、

開戦のころから、私はもう、軍部や官憲からみて、なにも危険な人物ではなかったのです。私は物理学校の仕事に携わってから、いつの間にかだんだんと、官憲に頭を下げてきたのです。私自身としては戦争はいやだし、文部省のやり方をばかばかしいと思いながらも、文部省の命に従わなければ、学校はつぶされるだけなんです。やむをえず私は官憲のいう通りになりました。

こういう態度を屈伏とみるか、それとも一種の消極的抵抗とみるか、それは考え方によって違いましょう。今日その時分の私の行動を冷静に回顧してみて、自分では屈伏だと考えているのです。

という状況であった。

九月、国民学術協会の評議会で、「戦時下に於ける科学技術学校——初期のエコール・ポリテクニクについて」という講話をした。エコール・ポリテクニクは一七九四年、フランス革命下のパリに設置された、生産拡充のための立派な技術者と砲工の優秀な士官を養成する学校である。この学校の指導精神は理論と応用の総合、そして実行であった。

この講話を『戦時下の数学』に収録するにあたり、多分の修正増補を施したが、一九四七年十月、再び修正増補し、「革命時代に於ける科学技術学校」として『数学史研究』第二輯に収載した。この二つの文の差異は、戦争完遂を唱えた部分を削除し、民主革命遂行に直したのが主たるものであった。一例をあげると、「戦時下に於ける科学技術学校」の「まへおき」の書き出しが、

今日、わが国は大東亜戦争に勝ち抜くために、科学技術の躍進を必須としてゐます。今日の戦争は、実に科学技術の戦なのであります。随って、政治力による科学技術の統一、科学技術教育の革新、かういふ重要問題につきましては、軍官民の各方面で、いろいろ熱心に議論もされて居りまするし、まただんだん実行に移されても参りました。

しかし、アメリカでは――例へば昨日と今日（昭和十八年九月十・十一日）の朝日新聞によりますと――数学、物理学に重点をおいた科学教育の徹底について、非常に明瞭な而も大胆な方策を、既に実行してゐる様子である。それに較べますと、わが国は、さういう点で、まだまだ大変遅れてゐるのであって、甚だ遺憾に堪へない次第であります。

である。その部分を「革命時代に於ける科学技術学校」の「まへおき」の書き出しでは、

今日、わが国は民主革命を遂行して、平和な文化国家を建設するために、科学の再建を必須としてゐます。随って、科学体制の刷新や、科学技術教育の革新につきまして、各方面でいろいろ熱心に研究されて居ります。

と書き直している。しかし、本文の骨子はほとんど変わっていない。近藤洋逸は『著作集』一の「解説」で、「大戦中になされた講演が、その骨子を変えることなしに、そのまま大戦後にも通用するということは、小倉の思想の首尾一貫性を示すものであり、変節や挫折が流行した当時の日本では珍らしいことでもあった」と書いている。

小倉がこの講話で強調したいことの一つは、エコール・ポリテクニク創立時、教授指導の中心人物であったモンジュのことである。小倉はモンジュを「単なる教育家や行政家ではありませんでした。彼は

独創的な大科学者であり、身を以て実践した偉大な教師だったのです」と高く評価した。

小倉は後に『毎日小学生新聞』(一九四八年一月二十一日)の「わたくしのすきな人」でモンジュをとりあげ、次のように書いている。


なんといってもモンジュは、実力を発揮することによって、一歩ずつ自分の運命を切り開いて行った人です。しかもモンジュの学問はただ机の上や頭の中の学問ではなく、実際に役立つものであったと同時に、すぐれた理論があったのでした。彼は人民の味方であり、青年の友でした。彼こそは民主主義革命のために一身をささげた、ほんとうの愛国者なのでした。


国民学術協会では月例評議員会で会内外の専門家に短時間の講義を委嘱し、これについて質疑討論した。しかし、少数会員に伝えるだけでは惜しいというので、講演の筆記を主として他に二、三の関係論文を添付し、会の叢書として刊行することになった。小倉の『戦時下の数学』も「国民学術選書」の一篇である。

物理学校から手を引いてからは、本づくりを手がけた。一九四四年二月には原稿が完成、中央公論社から刊行の予定であった。しかし、七月に中央公論社は解散させられたため、十一月、創元社から出版された。『回想』にあるように、「この書物は、私が日華事変以来一歩一歩と退却し、戦争の後期に及んでは、もうすでに権力の前に、完全に屈服したことを、明らかに語るもの」であった。小倉は後にこの著書を絶版にし、その中の論文の再録はしなかった。

一九四四(昭和19)年二月、執筆封鎖の状態におかれていた小倉は楽観許さない戦局の中で、いつ死んでも差し支えないように、今までの自分の仕事をまとめることにした。そこで、欧文で書いた数学論文の整理を試みたが、手許に参考文献が少なく思い通りにはかどらなかった。

五月、松田信行がはじめて小倉宅を訪れた。その会見の様子を「追憶の断片」（『科学史研究』一九六三年第六五号）に書いている。小倉の風貌をよく伝えていると思うので、引いてみる。

話が一区切ついたと思うと、先生は「そこで」とか「ところが」という言葉をつないで次の話に移られた。先生は心持ち早口で、かれた声ではあったが、時々金属的なキィーという音が聞えた。最初の言葉がでると、あとは次から次へと話がはずんだが、最初のひとことがいい難いらしく、考えるように、唇をつぼめたりゆるめたりしながら、どもるようにして、話をはじめられた。話が夢中になると、とっくに火の消えている両切の煙草を灰皿からとりあげて、無意識に口にもっていかれる。ひといき吸うと（勿論、煙はでない）、「ところが妙なことに……」とかいうふうにして話を続けられる。「妙なことに」とか「何しろ」という言葉を先生はよく使われた。

この時期、東京では学童疎開問題が持ちあがってきていた。

三　酒田疎開時代

一九四二年四月、アメリカ航空母艦から発進したB25により初めて東京が空襲をうけた。被害は少なく、心理的効果をねらった作戦だった。六月のミッドウェー海戦以後、アメリカ軍の反攻がはじまり、太平洋地域での戦局が悪化した。政府は本土空襲に備える体制を作らざるをえなかった。

一九四三年十二月、学童の縁故疎開が推進されることになった。翌一九四四年一月には東京・名古屋で防空法による第一次建物疎開が行なわれ、以後、各都市で建物強制疎開が実施された。三月、東京都は、「学校長をして学童の保護者に対して縁故を頼りて地方へ学童を疎開する様奨励せしむること」という「学童疎開奨励ニ関スル件」を各区長あてに通知した。その結果、四月一日までに一四万二〇〇〇人の子供が縁故疎開したが、戦時下で親子が離散することを嫌い、なかなか進行しなかった。

六月、アメリカ軍がマリアナ諸島のサイパン島に上陸、マリアナ沖海戦では日本軍が惨敗し、空母・飛行機の大半を失った。六月末、「帝都学童集団疎開実施要綱」を閣議で決定、縁故疎開できない国民学校初等科三年から六年までの児童を学校ごとに集団疎開させる方針を出した。七月には、学童集団疎開の範囲が東京都のほか一二都市に広げられた。病気その他で疎開不能な者のみが例外的に残留した。

学童疎開は将来の人的資源としての子供を空襲から守ることであったが、山中恒『子どもたちの太平洋戦争』によれば、軍部の本音は「足手まといになる子どもたちを立ち退かせることと、実際に空襲になれば、子どもの被害者が多くなるのは当然であるし、それによって都市の住民たちが厭戦的になるのを予防」することだった。

七月、サイパン島の日本軍守備隊三万人が玉砕、日本人の一般住民はサイパン島の北端に追いつめられ、投降勧告に応ぜず、多数自殺した。「絶対国防圏」の一角がもろくも破られ、マリアナ諸島がアメリカ軍の手に陥ち、サイパン・グアムの飛行場が使用されると、B29は無着陸で日本本土を往復することが可能になった。サイパン玉砕後、東条英機首相の戦争指導への不満が表面化し、内閣総辞職に追いこまれた。

八月四日、東京の集団疎開第一陣が上野から群馬県に向かった。東京都では九月二十四日の疎開完了

1944年，疎開記念

まで、親元を離れて地方の旅館・寺院などに移住した三年以上の学童は二〇万人に達した。学童疎開には悲劇がつきまとったが、特に八月二十二日、沖縄からの疎開船対馬丸がアメリカ潜水艦の魚雷攻撃をうけ沈没、学童七〇〇余名を含む一五〇〇人が死亡した事件は最大のものである。

小倉家でも孫欣一が国民学校二年、純二が来年入学ということで、疎開を真剣に考える段階となっていた。東京に何の用事もない身であった小倉は、酒田に帰り下見をした。それで、アメリカ軍のサイパン島上陸を機会に、小倉夫妻が三人の孫と一人の女中を連れて、酒田市に疎開することを決断した。

『酒田市議会史年表』には、酒田では八月より十月に至る間、東京都国民学校から集団疎開児童の受け入れは一七四名、十二月末現在における疎開の受け入れ件数は五二九件、人員一四三一名と書いてある。

小倉たちが酒田に到着したのは八月十五日の夕方だった。弟謙三の紹介で、小倉が卒業した琢成学校(当時は第一国民学校)のすぐ側の正伝寺の十畳と八畳の二間を借り、六人で住んだ。寺では小倉一家が同居するというので、ひさしをのばし、台所を作った。炊事はそこでやり、水は寺の井戸を使った。ちなみに正伝寺には一八八一年、養父高山久平が飽海郡役所に赴任したことから、高山林次郎(樗牛)少年が寄宿、琢成学校に通学している。

欣一は第一国民学校に、純二はその隣りの酒田幼稚園に転入した。欣一の記憶では疎開学童は自分以外にはいなかったという。平田寛は小倉から八月二十七日付の酒田市の写真入りの絵葉書をもらっている。その中には、「いよ〳〵孫三人をかゝへて、四十年ぶりに郷里の秋を迎へることになりました。疎開生活を『生活』する体験を、必ず活かしたいものと存じます。時々、お便り下さいませ」とある(平田寛「現代随想全集」「解説」)。

郷里では顔みしりがまだいた。その一人が青山堂の堀美代治である。青山堂社長堀真一によれば、戦争末期の青山堂は間口二間半、奥行四間くらいだった。防空壕は本置き場の下に作った。本は少なく、当時は本を読むという雰囲気ではなかった。

小倉は青山堂に必ず妻と同伴で立ち寄った。本を漁りにくるというより、遊びにくるという様子で、こんな負ける戦をして、馬鹿なことをして、というのが口ぐせだった。堀は小倉について、穏当な感じの人で、奥さんもしとやかで、なごやかないい夫婦という感じをもったという。

伊庭屋薬局の川島竹蔵は小倉の荘内中学の後輩で、中学時代に仲が良かった。現イバヤ薬局の川島恵美子によれば、小倉は毎日かかさず店にきて雑談し、話がおしまい近くになると日本が負けるくだりになった。それで母と二人でまたはじまったとソデをひきあったという。近江商人の伊庭屋は元は小倉家と同業の廻漕問屋で、船を共有する間柄であったことは前にふれた。伊庭屋はまた、小倉の母の実家、鵜渡川原の岩本家と親戚関係にあった。

小倉が酒田でいろいろ世話になったのは、妻の友人たちだった。酒田劇場の経営者の厚意により木戸御免であった。一番下の孫信三とよく観に出かけた。

地方都市とはいえ、食料品を得るのはむずかしかった。「ある編集者の回想」には「父も実際は食糧品では土地の人達の冷酷な態度にあってかなり苦労していたようであった。戦争が素朴で粗野な酒田人をも変えてしまったのか」と書いている。小倉は母の実家から米・野菜だけでなく、煙草も便宜をはかってもらった。当時、家の内外の毎日の話題は食物、闇の話ばかりだった。しかし、三四年ぶりの郷里の秋は小倉の心を慰めるものだった。この時期、方々を散歩して回っている。

小倉の書籍はごく貴重なもの、身近に必要なものを酒田に移したが、二間だけの借間では置場もなく、市の図書館のような光丘文庫の倉庫に箱のまま依託した。第二義的に重要なものは茨城県の農村に疎開させようとしたが、安全面で預れないと先方に断わられ、大部分は東京の自宅に残した。小倉は疎開中はゆっくり読書したり、数学史をまとめることを考えていたが、厳しい現実の前に物を書くとか何かを調べるとかいう気分は、不思議なほど起きなかった。それで、疎開した本来の目的である孫の身を護ることに専念することにしたのである。

一九四四年から一九四五年にかけての冬は寒冬多雪だった。酒田の根雪初日は例年より一カ月早い十二月初旬で、根雪終日は一カ月遅れの三月末だった。また最深積雪は例年の三倍近くの九五センチであった（「山形県60年間の異常気象（一九〇一〜一九六〇年）」『気象庁技術報告』第八二号）。まさに、「私の母さえもまだ見たことがない、というほどの大雪」（『回想』）だった。

酒田市に隣接する余目町の『余目町史年表』には、「佐藤東一日記」より次の文を転載している。

一月末　稀有の大雪なり。又、此の頃インキ凍結屢々なり。二月六日　大野附近にて列車吹溜に突入し進行不可能となる。三月一一日　猛吹雪且は稀有の大雪とて、十日以来列車不通。三月一二日列車乗客の為炊出しを行なう。

聞きしにまさる厳冬だった。小倉は汽車不通で新聞を読めない日が幾日か続いた。

当時の小倉の健康状況は、胃痛はあったが、配給の酒・煙草はたしなんでいた。しかし一九四五（昭和20）年二月末から気管支炎を病み、病床で六〇歳を迎えることになった。

一九四四年十一月、マリアナ基地のB29約七〇機が東京を初爆撃し、空襲が本格化した。一九四五年三月、東京・大阪が無差別爆撃され、大きな被害をうけた。東京では、上級学校の入学考査期日にあわせ帰京した六年生が東京大空襲にあい、大勢死亡した。三月、閣議で「疎開強化要綱」が決定された。これは一、二年生も保護者の申し出と当該都府県が適当と認めた時は集団疎開させる、というものだった。疎開対象区域に京都・広島・沖縄・小笠原なども指定された。また「決戦教育措置要綱」が出され、国民学校初等科を除くすべての学校の授業が、四月一日から一年間停止されることになった。

戦争末期、酒田は軍需工場地帯、満州方面から移入した高粱・大豆の荷揚げ港などで、戦争遂行に重要な基地であった。荷揚げ作業に従事する労務者の不足を補うため、一九四四年十二月から中国人労務

者の移入が行なわれ、翌一九四五年五月には新たに受け入れた者を含めて三三八名が作業にあたってい
た。彼らは強制連行によるものであった。またイギリス軍とオーストラリア軍の捕虜が鉄興社等で労役
に従事した。また酒田には港湾で荷揚げ作業を行なっていた暁部隊をはじめ、陸海軍あわせて二〇部隊、
合計一六五二名が駐屯していた。

人口の急激な膨張で深刻な住宅難となった。小倉は他の借間を弟を通して探すが、なかなか得られな
かった。四月末、真美夫妻が酒田に疎開した。東京の空襲は熾烈をきわめていた。真美は勤めていた中
央公論社が解散に追い込まれてから、山海堂出版部の仕事を手伝っていた。真美は硫黄島が玉砕し、そ
こを基地とするP51が東京にあらわれ爆撃するのを見て、疎開を決心した。空襲で印刷所・製本所が焼
け、もはや出版どころの話ではなかったのである。

酒田では徴用のがれのため、帝国石油勤労課に勤めた。住いは正伝寺がせまかったため、真美夫婦は
浄福寺の六畳を借りて住んだ。食事は正伝寺で一緒にとり、浄福寺は寝るだけだった。

真美が疎開した直後、一人の熱心な中学生が小倉に数学の講義を聴きに訪れた。以前も、国民学校六
年の女子数名が高等女学校の入学試験の準備といって、算数の模擬試験問題をもって質問にきたが、二
度と来なかった。しかし、この中学生への函数の概念や解析幾何の初歩についての講義は、小倉が独自
の講義スケジュールをたて、熱心に行なわれた。「この講義こそは、疎開中私に与えられました、ただ
一つの仕事らしい仕事であった」(『回想』)。

この中学生は、酒田のレストラン「ル・ポット・フー」の支配人佐藤久一である。佐藤は疎開してい
た親戚から、小倉金之助という立派な学者がきていると聞き、訪れた。佐藤は食物や炭を背負い正伝寺

防空演習（1944年ごろ） 酒田下台町のバケツリレー風景．鳥居は下の山王社

に通った。二カ月ぐらいの間、少なくとも夜週一回、一〇回以上は学校の教科書にない数学の講義を聴いた。やせて鶴のような感じの小倉は口数も少なく、問題を解いて講義するという連続だったが、余談で、戦争に負けるという話もした。すべてが寒い暗い感じだったという。

四月以降、疎開指定区域外の地方都市でも縁故疎開が推進された。三月の硫黄島玉砕、六月の沖縄戦終結後は、マリアナ基地のB29を加え、硫黄島基地のP51、沖縄基地のB24などによる地方中小都市への空襲が激化した。酒田でも防空演習や灯火管制が行なわれ、公共用防空壕が作られ、各家でも防空壕が掘られた。砂箱に砂を入れ重ねておかれたり、防火用はたきが備えられた。正伝寺には庭に寺用と小倉用の二つの壕が掘られた。正伝寺住職佐々木正俊は、空襲警報で小倉が壕にまっ先にとびこむ姿を見たという。

六月からは酒田を来たるべき空襲から防衛する

ため、仙台の独立高射砲大隊より分派された二つの中隊によって、光ケ丘・宮野浦に官民の全面的な協力のもとに、高射砲陣地の構築工事がすすめられた。宮野浦の中隊は作業途中で秋田の土崎に転属を命ぜられた。後に土崎空襲で多くの戦死者を出すことになる。

山形県は六月二十日、「山形県建物疎開本部規程」を公布した。基本方針は、「一、避難道の設置、二、重要建物の防護、三、特に燃焼著しい建物の撤去もしくは防火改修」におかれた（『山形県警察史』下巻）。防空法にもとづき空地帯を作るというものであった。建物疎開が警察と市の協議のうえで実施され、建物は市が買収した。

酒田市では六月三十日、建物疎開地域が指定され、七月十六日から一〇日間、土建業者を動員し、第一次建物疎開が行なわれた。三四七棟、要した費用は二二六万円だった。また七月二十一日から一六日間、第二次建物疎開が県の指定でなく、現地の判断で行なわれた。一四三二棟、その経費は四三六万円であった。一九一七年に建てられた二層の堂々たる建築物の公会堂も、この時取りこわされた。

六月三十日深夜、飛島方面からB29が波状的に酒田上空に侵入、港一帯に機雷を投下した。侵入機は約一〇機、投下機雷は五五個に達した。この時の被害は機雷投下の際、飛散した石によって全治三カ月の重傷が一名出た程度で小規模だった。しかし八月三日、酒田港北防波堤で浚渫船が機雷にふれ沈没、死者二名を出す被害があった。

この空襲後、真美が勤めていた帝国石油の事務所も分散疎開が行なわれた。真美は宿直の夜、仙台から かなりはなれた海上にあったアメリカ艦隊が砲撃する音を聞いている。また東京から疎開していた江東区砂川国民学校の児童も吹浦に再疎開しなければならず、旧市内の児童も周辺町村に疎開させられることになった。小倉は国民学校に通学している二人の孫を、どこかに転校させなければならなかった。
小倉夫妻は警戒警報の中、汽車で三日間かけて候補地を探しまわったが、結局見つからなかった。それで、すみ子の友人の知り合いから黒森郵便局長佐藤広治に紹介してもらった。しかし佐藤の家は郵便局兼用のため手狭だったので、一軒おいて隣りの五十嵐茂右衛門の八畳二間を借りることになった。
西田川郡袖浦村大字黒森は酒田市から一〇キロ離れていた。そこの南向きの陽があたり、眺望が開け、月山などがよくみえる部屋に、小倉夫妻・真美夫妻、そして三人の孫が住むことになった。女中は親元から返してほしいと頼まれ、黒森へ移る時に奈良県の実家に帰らせた。酒田から黒森へは直通のバスがなかったので、木炭バスに乗り、鶴岡街道の広野で降り、田んぼ道を歩いた。引っ越しは広野から馬車に荷をつけて運んだ。

黒森へ移って数日して、半年も前から頼んでいた酒田市北端の北千日堂前の本間家の借家が空いたので、真美夫妻はそこに移った。一家は二カ所に分かれて生活するようになった。真美の妻アツ子によれば、黒森と北千日堂との交流はほとんどなく、二、三回くらい行ったきりだった。

二カ月半の黒森生活は小倉にとって、真新しい経験の連続だった。女中が帰郷してしまったことで家事がすみ子の双肩にかかり、小倉は飯炊き・薪割りの手伝いをすることが第一の仕事となった。またそれまで都市のみで生活しており、農村の実生活を目のあたりにするのは初めてだった。「孜々《しし》として働く農民の生活から、見聞するところが多」(「疎開先より」『文藝春秋』一九四六年一月号)く、特に同年ぐらいの隣りの老人五十嵐藤右衛門と懇意になり、一緒に山や畑に行って、農村のことをたずねた。小倉が「こんなにも人と親しくなったことは、ほんとうに珍しいこと」(『回想』)だった。

黒森の生活はそれ以前の酒田での生活にくらべ、小倉にも孫たちにとっても楽しいことが多かった。そこには豊かな農産物があり、甘い牛乳があり、川魚が獲れた。孫の欣一は赤川新川をはしけで渡り、対岸の集落によく牛乳を買いにいった。

八月十日、光ケ丘の高射砲陣地が二カ月かかって完成、午前一〇時に試射を市民に公開することになっていた。前もって午前一〇時に高射砲の試射を行なうから驚かないようにという回覧板が回ったという。市民が続々と参集する頃、突如、警戒警報、そして空襲警報が発令され、本番の戦闘射撃となった。仙台方面から来たアメリカ軍の最新鋭戦闘機グラマンＦ６Ｆが、港湾施設・軍需工場へ爆撃したのである。午前一一時頃、一旦中止後、再び反復銃爆撃を加え、正午すぎ退却した。

工場地帯・岸壁・漁業会・酒田駅・第一国民学校等に五七キロ爆弾三二個が投下された。欣一・純二が通った第一国民学校は雨天体操場を除く全校舎が大破し、ガラス・窓枠が四散した。船舶では貨物船・油槽船が炎上沈没した。空襲での死者は全部で三〇名に及んだ。

新設の高射砲はB29の高々度を想定したもので、超低空の小型艦載機を撃墜することは困難で、ほとんど損害を与えることができなかった。酒田空襲については山形県立酒田東高等学校社会部の『調査酒田の空襲』に詳しく報告されている。

八月十四日深夜、空襲警報が発令された。土崎港爆撃のために北上するB29の編隊だった。小倉は黒森の空を飛んでいくB29の幾組かの編隊を見、爆撃の響きもはっきりと聞いている。土崎空襲は十四日の午後一〇時二七分から十五日未明にかけての太平洋戦争最後の空襲で、一〇〇機以上のB29が参加した。犠牲者は三〇〇名をこえた。

八月十五日、重大な話があるというので、小倉はすみ子、隣りの老人、孫たちと正午にラジオの前に坐り、玉音放送を聞いた。真美は会社で他の課員と共に起立して聞いた。雑音で聞き取りにくかったが、やがて敗戦を知った。「女子職員が泣き始めた。私も涙がホオに伝わった。いっさいの努力が水泡に帰した悲しみだ。……時間の経過と共に自分が助かったというより、異様な挫折感が私の全身をひたした」(「ある編集者の回想」)。

同じ時刻、酒田高等女学校を宿舎としていた高射砲中隊では、一同が校庭に整列して聞いた。音声不明瞭でよく聞きとれず、激励の意味と感じとったが、ほどなく来訪した憲兵下士官から終戦であると知らされたと、中隊長だった真田慶久が「終戦時の酒田」(『方寸』第五号所収)に書いている。

当時、鶴岡には東亜連盟の主宰者の陸軍中将石原莞爾が居住している。八月十三日、かねて石原に傾倒していた山形県警察部特高課長堀田政孝が、敗戦処理について石原の意見を聞くため訪れた。石原はすでに十二日、大本営に勤務していた元某参謀の連絡で無条件降伏を知っていたという(堀田政孝『激動期に生きる』)。成沢米三『石原莞爾の生涯』によれば、石原は十五日午前中、浜中・面野山の寺院を会場にした東亜連盟の会合に出席し、終戦近きにありというような話をした。

『広報さかた』八五一号(一九八二年十月十六日)の連載記事「わたしの昭和史」は、「佐藤広治さん敗戦を予言したふたりの思想家をお世話して」という文である。それによると、石原は「赤川新川の佐藤さんという接骨医の家さ寄宿して、釣竿肩に歩いたりわしら相手に話しこんだり」していた。長くなるが、その文の一部を引用しよう。

それに、憲兵の目をごまかす必要あったらしぐ、わしが袖浦郵便局長だったのを幸いに、中将の手紙はわしの手から発送、受け取りもわしの名義でしたの。んださげ、八月十五日の玉音放送も、黒森の竹林寺で、石原中将を囲んで数人で聞きましたが、陛下のお声が続くにつれ、「日本は敗ける」とふだんからわしらにいい聞かせていた中将のほおに、大粒の涙が流れ出ましたの。びっくりしたわしらは、さあたいへんだ、これからどうすっが、まず、お話聞こうと村じゅうにひと走らせだら本堂さ百人ほど集まり、端のほうさ正座して、中将の話終っど、ひとことも発言せず静かに去ったひとがありました。それが小倉金之助先生でしたの。

小倉は「毎日散歩に出がけらったが、石原閣下と会っても思想ちがうさげ、あいさつぐらい」だったという。接骨医の佐藤とは佐藤主殿之助で、東亜連盟庄内支部の参与会員で袖浦分会の中心人物であった。

敗戦は八歳と九歳の孫たちにはなんらの感じも持たせず、配給などのことには敏感だった。これは小倉には不思議で、また恐ろしい気がしたのである。

戦争末期、新聞紙上で軍人・官僚・政治家でない限り、個人の消息を求めることはほとんど不可能だった。当時の『山形新聞』を中心とする新聞事情を、服部敬雄『言論六十年の軌跡』によってながめてみる。

一九四四年、用紙の割り当てが大削減され、夕刊は廃止、朝刊は表裏二ページとなった。いわゆるペラ新聞である。一九四五年、大都市への空襲が激化し、交通網は寸断され、地方への新聞の輸送は困難をきわめた。三月、閣議は「新聞非常態勢に関する暫定措置要綱」を決定、中央紙が地方紙に一切委託し、地方紙は中央紙の一紙と提携、人員の派遣を求めて紙面製作にあたることになった。題字は県紙の題字の下に、抱合された中央紙の題字を併記した。四月、山形県でも『山形新聞』の題字の下に小題字で『朝日新聞』『毎日新聞』『読売新聞』の三紙名が列記され、一県一紙制に移行した。この体制は敗戦後の十月まで続いた。

八月十五日、号外が発行された。詔書・内閣告諭が掲載され、また今まで「新型爆弾」としか報道されなかったものを、「明らかに原子爆弾」とし、原爆被害も県民に明らかにされた。ラジオでは半信半疑だった県民も、この号外で敗戦をはっきり認識することになった。

小倉は『山形新聞』（一九四五年八月一日）の長谷川如是閑「自炊も楽し」を読み、如是閑の消息を知った。それで十月末にHさんへの手紙という形式で、「疎開先より」という文章を書いた。Hさんとは如是閑のことである。

如是閑の東中野の家は五月に空襲で焼かれ、長年にわたって集めた本など全財産を失った。「自炊も楽し」は戦災で焼け出された如是閑の近況を述べたもので、家財を失った憾みはうかがえない。小倉はこの文章から雄々しい日本男児の教訓とでもいうような感じを味わいつつ、いくぶんか不自然で多少の負け惜しみを読みとっている。そして、

負け惜しみということは、多くの場合、決して客観的な真理を語るものではありません。それは歪められた見方です。じつは戦時中、わが国の指導者によって語られたものは、負け惜しみが多かった。それはどんなにか国民を錯覚に陥れたかわからないと思います。

と書いている。

また小倉は東京を離れる頃から、日本が勝てるものとは考えず、酒田が空襲をうけるようになると、

戦争はもうおしまいと確信するようになったと述べている。そして東京にもどるに先立っての抱負として、今後は無理しないで、「いまさら民主主義などと名のらないでも、真に価値のある学問上の仕事なら、大なり小なり、全世界人の財産に相違ないのですから、それは必ず、広義における民主主義にかなうものと信じます」でこの文章を結んでいる。

敗戦後、日本は連合国の占領下に入った。酒田では八月下旬、B29が超低空で旋回し、パラシュートでドラム缶等を投下した。捕虜に対する衣類・食料品の補給だった。遊んでいた子供にあたり、一名が死亡している。九月、神町に八五〇〇名の占領軍が進駐、十月にはそのうち約一〇〇〇名が酒田に入った。山形造船会社が宿舎にあてられた。また市長が戦争の責任をとって辞職した。

この年の夏秋は低温寡照、長雨であった。七月の平均気温は一九・六度で、酒田測候所開所以来の低温であった。九月には枕崎台風が飽海郡に再上陸し、農作物は大きな被害を蒙った。台風に労働力不足・肥料不足などが加わって、二割減収の凶作になっている。

小倉たちが黒森から北千日堂へ移ったのは十月半ばであった。二人の孫は第二国民学校に転校した。そして十月下旬、小倉は八二歳の母を失った。真美が中央公論社社長嶋中雄作からの手紙を受け取り、会社再建のため上京したのは十月末だった。

十二月に来日したアメリカのジャーナリストにマーク・ゲインがいる。彼はクリスマス・イブの日に酒田に入った。『ニッポン日記』によると、彼が酒田に来たのは偶然ではなく、いろいろな研究の結果だった。酒田は「新しい思想の侵入には抵抗の強そうな保守派な町」で、「戦闘的な国家主義の伝統的な城塞」で、「反民主主義運動に沃土を提供」する町であり、「われわれの政策にも日本民主化の難易に対しても絶好な試験地」になると考えたからだった。そして、日本最大の地主本間家が存在する町だったのである。

小倉はマーク・ゲインが来酒した十二月下旬、奇跡的に焼け残った東京の阿佐谷の自宅にもどった。以後、小倉は酒田を訪れることはなかった。

戦後（一九四六―一九六二）

一　民主主義革命の中で

十二月下旬に帰京した小倉は、あまり世間に出ないで、静かに分相応に学問上の仕事を続けていこうという気持ちだった。一九四六（昭和21）年は元旦から原稿を書きはじめた。

一月十二日、東京の芝公園近くに焼け残っていた日本赤十字本社の大講堂で約二〇〇名が集まり、民主主義科学者協会（略称民科）の創立大会が開催された。民科結成までの準備は、一九三〇年代にプロレタリア科学研究所や唯物論研究会などで活動した人々が中心となった。その結果、思想的には自由主義者からマルクス主義者までの社会科学者・自然科学者・技術者を幅広く結集したのである。

末川博は「民科第十回記念大会によせて」（『末川博随想全集』第二巻所収）の中で民科の結成を次のように回想している。

日本は、歴史上かつて経験したことのないおそるべき大変転期にあった。すべてのものが、根底からゆるぎ、あらゆるものが、混迷その極に達した。そして国民は、疲労困パイ、なすところを知らず、いわゆる虚脱の状態に追いこまれて、右往左往、家を失った犬のようにあてどもなくさまよった。このみじめな敗戦後における日本国民の姿は、また日本の学問の姿でもあった。ところが、このようなあわれな日本国民と日本の学問の姿を永遠の姿たらしめてはならないという決意をもって、またこの日本の大変転期を正しい方向にむけねばならないという信念をもって、全日本の良心的な科学者が立ち上がった。そして結成したのが、民主主義科学者協会である。

大会当日は寒い日で、火の気もなく、外套を着たまま会議がすすめられ、多くの参会者は弁当持参だった。午後一時にはじまり、午後七時二〇分に終わっている。民科は科学活動における共同戦線体と規定された。また科学界の戦争犯罪者を清掃するため特別委員会を設けよという緊急動議が採択された。河上肇・津田左右吉が名誉会員に推され、人事では小倉会長、大内兵衛・細川嘉六副会長が満場一致で可決された。

小倉は武谷三男から民科ができるということは聞いていたが、会長に推されたのは思いもかけなかった。常任理事の風早八十二・渡辺義通が自宅を訪れ、大内は小倉が会長に就任することを条件に副会長を引き受けたという話を聞かされた。小倉は自分の戦時中の言動がよくなかったと反省していたし、何よりも非常に病弱であった。しかし結局、名義だけでよければという条件で、事後承諾させられたのである。

小倉の健康状態は一九四六年からの四年間が生涯で一番悪く、一度も民科の会合に出席できなかった

（柘植秀臣『民科と私』には、「小倉会長は病弱のため、民科の本部事務所に顔をだされたことは殆どなく、私の記憶違いでなければ、一回だけ訪ねられたと思う」と書いてある）。それで、病床にある小倉との連絡には渡辺義通・柘植秀臣・石母田正などがあたった。

一月、野坂参三が中国から帰国、帰国歓迎大会が開かれた。小倉は民科を代表して歓迎の言葉を述べなければならなかったが、病臥中のため出席できなかった。

小倉は一月から数カ月間に、次の六つの文章を雑誌・新聞に寄稿している。

「民主主義と自然科学者」（『東京新聞』一月二十七・八日）

「自然科学者の反省」（『世界』四月号）

「科学教育の反省――特に数学教育について」（『新世代』四月号）

「科学教育の民主化」（『評論』五月号）

「科学発達史上における民主主義」（『自然』六月号）

「科学教育の歴史的基礎」（「改造」六月号）

これらの文で小倉は、新日本の建設に際し、自然科学者の任務、科学教育の問題の重要性を一貫して主張している。日本の自然科学は、「創意を欠き、革新に抗する、臆病で保守的な学問（？）であり」、日本の自然科学者は、「迷信や封建制や官権と戦い得ない、真理のために善戦し得ない、不羈独立の精神を欠いた学者（？）であるのが、特徴的だった」（「自然科学者の反省」）が、一方、イギリスやフランスの歴史をみると、民主主義を戦いとることによって自然科学・科学教育が進展し、反民主主義の時代に衰頽したことが実証できるとしている。そして日本の自然科学者が民衆の友になること、民衆になりきることが、自然科学の振興を促すと訴えている。

「自然科学者の反省」では、自然科学者に次のように呼びかけ、文をしめくくっている。

諸君。今日は諸君が進んで国民大衆と握手するか、それとも依然として官僚・財閥に依存するかによって、諸君の熱愛する自然科学の興廃が決定される、正にその最後の瞬間なのである。……今こそお互いに、科学的精神の炬火を高く掲げて、民主戦線への道を照らそうではないか。

三月、小倉は日本放送協会の会長に推薦されたが、病身のため固辞した。

日本放送協会は国家の独占放送として戦争遂行に協力してきた。戦後は国家統制から解放され、GHQの強力な指導のもとに放送の民主化が推進されることになった。GHQは一九四五年十二月、逓信院総裁松前重義あてに、「日本放送協会の再組織」という覚書を手渡した。その内容は、会長を助言するため各階層を代表する一五〜二〇名の男女で構成される顧問委員会（後に放送委員会とよばれた）を結成すること、その名簿は逓信院を通しGHQに提出すること、委員会は新しい会長候補者三名を選び、逓信院を通しGHQに提出することなどであった（『日本放送史』上巻）。

一九四六年一月初旬、逓信院が提出した顧問委員の候補者の中には、GHQの公職追放覚書に該当し不適格としてはずされる者も多く、人選は難航した。その結果、各方面から一七名が選ばれた。その中には荒畑寒村・土方与志・宮本百合子・滝川幸辰・岩波茂雄などがいた。出版界から出た岩波は当時病身であり、公職につくことは一切断っていたが、会長選任を第一任務とするこの役職だけは承諾した。

一月下旬の初会合以来討議を重ねた。岩波は高野岩三郎を推したが、反対があったので、結局は小倉金之助第一、田島道治（育英会会長）第二、高野岩三郎第三となった。「ある編集者の回想」には、小倉が固辞するまでのいきさつが次のように述べられている。

父は岩波氏からの再三の説得に合って一度は引き受ける気持ちになったものの、健康問題が大きな障害となっていた。そこで、岩波氏は武見氏（武見太郎——引用者）の診察をすすめたのである。武見氏はさっそく自宅を訪れてくれたが、この時、私もその場に居合わせ、診察の結果を聞いた。「衰弱がひどくて、会長を引き受けたらおそらく持たないでしょうね。残念だがお断わりした方がいい」——武見氏のその報告通り、父は岩波氏にお断わりしたのだ。委員会委員長・浜田成徳氏と委員の瓜生忠夫氏が自宅を訪れ、形式的に要請したのはそれからしばらくしてである。

小倉はこの時岩波から、宮本百合子が小倉を熱心に推していることを聞かされた。

そこで委員会は田島よりも高野に賛成者が多かったため、高野と交渉することにした。この交渉にあたったのも岩波である。理事会では高野が高齢であること（当時の幣原喜重郎首相と東京帝大同期で七六歳）、天皇制廃止を唱えていたことから反対があったが、結局、四月二十六日、会長に就任した。会長選考に尽力した岩波が脳溢血で急逝したのは、その前日であった。

三月、立教大学経済学部から統計法の講師に嘱託されたが、二月からかかっていた胃潰瘍のため一回でやめた。小倉にとって、これが大学での最後の講義となった。五月にはついに吐血している。七月、戦争調査局参与となるが、まもなく解散した。初秋からちょっと健康を保つことができた。そして静養中、気分の向いた時に欧文で書いた六〇篇ばかりの論文の整理を少しずつやった。あまり初歩的なもの、創意が少ないもの、まったくの誤りで助けられないものは除き、少し手を加えれば助かるものは助ける方針をとった。

十月、『科学の指標』が中央公論社から出版された。この小冊子は「序」にあるように、重大なる国民的課題となってきた「科学的研究の進展、科学的精神の浸潤、科学的知識の普及に関する問題」の意義を明らかにし、その解決のためになんらかの寄与をしたい念願から編まれた。文は一九三九年夏から一九四六年四月まで発表した評論・随筆の中から選ばれた。

この年は日本経済が壊滅的状態を脱することができず、国民生活は危機に瀕していた。小倉は国民の物質生活や生産復興に対する政府の方策を、次のように批判している。

何か誤謬ばかりを事としてゐるかのやうな感じを、われわれに与へるのはどうした訳であらう。それはわが国の社会科学が、これ等の問題を解決するほどに進んでゐないためであらうか。それとも政府をはじめ当局の人々が、社会科学の成果を実現するだけの誠意を欠くがためであらうか。（「あやまり」『社会』一九四七年一月号）

一九四七（昭和22）年二月、雑誌『展望』のために宮本百合子と対談した。編集長の臼井吉見が百合子を杉並の小倉宅に案内した。初対面であった。臼井は「『展望』の試みたいくつかの対談のうちで、随一のできではないかと思いながら、僕はうれしかった。ひとえに、小倉さんの人柄と、広い教養によるものにちがいなかった」（臼井吉見「宮本百合子との対談の回想」『著作集』七、月報）と述懐し、対話はいたって自然に豊かにはこばれたとしている。しかし小倉によれば、前もって何の打ち合わせもできてなく、全然思いもよらない問題がかずかず出され、閉口してしまい、なだらかに進まなかった。

徳永直は「小林多喜二と宮本百合子」（『人民文学』一九五二年二月号）で、この対談について次のようにふれている。長くなるが引用しよう。

国際的な文化問題にわたる内容で、なかなか興味あるものだが、読者には彼女一人の独演会になってしまった感じを与えた。対談の題目からして、読者には小倉の見解や知識による説明もききたいところだが、終始彼女に圧倒されて口をつぐんだ感じがあった。当時の新聞批評にもこれと同じ感想がでたがその対談記事をよんだ直後、私は新日本文学会東京支部主催の『文学祭』の講演を依頼するため、支部責任者として彼女を訪ねる必要があったので、私は自分の感想「も少し小倉さんに話させるとよかった」という希望を述べる心ぐみででかけた。……「あの対談記事は大変おもしろかったですが」といいかけたとたんに、彼女は両手を胸にもちあげるかっこうして「あ、それそれ」といった。「ね、小倉さんて、なんて妙な人でしょ」と矢つぎ早にしゃべりながら、私にせまってきた。「ね、私にばっかりしゃべらせて、御自分は——」私はそのうち廊下から玄関に退ぞかされ、靴ぬぎ石におりて下駄をはいたが、まだ小倉について語る彼女の声がおっかけていて、とうとう外へでて、入口の格子戸をしめてしまってから、ハテ、おれは何をいうつもりだったかな？と考え考え、中条家の石だたみの道をあるいた記憶がある。

小倉が対談で強く感じたことは、百合子が戸坂潤とよく似ているということだった。百合子と戸坂は、思想、肥満、良家の育ち、闘士などの共通点を感じた。百合子は、「頭の鋭いせいか、私などが容易に割り切れぬ問題をスパッと割り切ってみせ」（「ツルゲーネフの葬式」『図書新聞』一九五二年十一月二十二日）たのである。この対談は「科学・宗教・恋愛」として、『展望』三月号に掲載された。

四月、地方自治体首長選挙、衆・参議院選挙、地方自治体議員選挙等各種選挙が実施された。国政選挙前の四月十七日の『東京新聞』には「どの党を支持するか」㈦があり、小倉の「社会党の進出を」が載っている。それには、共産党が一番正しいと思っているが、社会党の進出を図って保守派に対抗しなければ民主勢力の強化は望めないとしている。また社会党は連立政権工作に走らず、社会党の持つ本来の使命に向かって直進し、国民の期待に副うべきこと、共産党はいたずらに社会党を攻撃する態度をやめて幅の広い線で民主戦線をまとめていくことを提言している。

選挙の結果、衆・参両院とも社会党が第一党となった。五月、新憲法下の第一特別国会で、社会党委員長片山哲が首相に選ばれ、民主党・国民協同党の三党連立政権が成立した。戦後、ただ一回の社会党政権だったこの内閣は、経済政策で保守勢力の抵抗にあい、また党内の左右の対立が激化し、八カ月で総辞職した。

七月、急性肺炎にかかった。また「日本民主主義文化連盟」(略称文連)の常任委員長に就任した。事務局長は「自由映画人集団」の大森英之助が推挙された。文連は一九四六年二月に結成された。民主主義文化の建設普及を目的とする、各ジャンルの民主的文化団体の横の連絡組織である。民科はそれの重要な構成団体であった。

小倉は文連の機関紙『文化タイムズ』(一九四七年七月二十一日)で次のような抱負を述べている。

終戦後働くものを中心として下から盛りあがった民主的文化運動も二ケ年にわたる準備期を終えてようやく、その体系化の時期に入ったともいえるし、ちょうどその際文連主催で全国文化会議が開催されるのは意義深いものだこのような情勢下文連の常任委員長に就任したので、今後はこの民主主義文化の体系化のためにできる限り努力する積りである

八月、小倉は学術体制刷新委員会の理学部門の委員になった。理学部門一五名中一四名が、東大はじ

め官学関係者である。学術体制刷新委員会から日本学術会議に至るまでの経過を柘植秀臣『民科と私』、広重徹『戦後日本の科学運動』などを参考にたどってみよう。

この年の一月、敗戦までわが国の科学研究を推進してきた帝国学士院・学術研究会議・日本学術振興会を解体し、学術体制の刷新にあたる組織を作るため学術研究体制世話人会が設けられた。そこで民主的な学術機関を設立するお膳立てをする学術体制刷新委員会の設置と、委員の選挙方法が決められた。

五月から八月にかけ、理・農・工・医・法・文・経・総合の八部門ごとに委員の選挙が行なわれたが、選出された顔ぶれをみて失望の声があがった。『朝日新聞』（一九四七年八月二十四日）の社説には、一〇八名の委員中五五名が東大の教授連であること、地域的にみて九一名が東京およびその近傍から出ていること、四〇歳未満の若年層が少なく、「そもそも刷新の必要などどこにあるかとうそぶく、いわゆる『象げの塔』護持論者の大家連が、あるいは半数に達するのではないかとさえ危ぶまれる」ことなど、不満の意を表わしていた。その原因は選挙方法が民主化されていない学会・協会を選挙母体とし、二重間接選挙が行なわれたことにあると指摘している。

小倉は明治初年、学制の発布を実行した先人の理想と情熱を評価し、刷新委員会も「民主的な科学の歴史を自ら建設しつつあるとの自覚の下に、十分に合理的な科学的な検討・考慮を加えながらも、最高の原則の探求に際しては、飽くまでも大胆であり、最善の方策の決定のためには、仮借なき英断に出られることを期待」（「決意」『自然科学』一九四八年一月号）している。そして、小倉は急性肺炎恢復後の体で、何度も首相官邸や学士院に足を運んだ。ここで上原専禄などと知り合っている。

総会では学術体制に関する各方面からの提案が審議された。この中には「民主主義科学者協会案」

「小倉ほか四委員による案」がある。「小倉ほか四委員による案」は小倉宅で数回にわたり協議した。総会では平野義太郎が提案説明をしている。

その内容は「最高科学者会議」で科学に関する最高の政策を決定し、内閣総理大臣を通じて国会に建議し、議決を得た法律を内閣に属する科学庁に執行させ、監督する。「最高科学者会議」は内閣・政党より独立した決定機関であり、諮問機関ではないというものである。しかし、この案は政府に対し強い拘束性をもつということで反対が多く、否決された。

選挙方法では原案は、大学の助手・副手級の大多数、民間の研究者・技術者が除外されるものであった。これに対し「小倉委員ほか六委員による修正案」を出した。それは、科学・技術の振興を目的とする団体が認めた科学者・技術者を有権者とし、学歴・研究歴・論文の発表による制限はしないこと、東大の学部割・学科割の引き写しの七部門制でなく、社会科学・人文科学・自然科学の三部門制にすること、立候補制とし候補者は政策を発表する義務をもつこと、全国単一選挙制とし完全な国営選挙でリコール制も採用すること、などであった。修正案は採用されなかったが、一部は反映されることになった。

委員会では八月から翌一九四八年三月まで八回の総会が開かれ、「日本学術会議」の成案が決定された。

九月、『明治時代の数学』を理学社から出版した。これは一九四二年刊行の国民学術協会編『学術の日本』の中の一編「明治時代の数学」に多大の改訂を加えたもので、「はしがき」にあるように、

> 今日はわが日本の再建にあたりまして、科学の研究乃至教育の上に、根本的革命を要する時機であります。そのためには、少なくとも明治以来の科学の歴史について、徹底的に反省しなければなり

ません。私はこの小著を、その目的のための一資料として提供したいというのが出版の目的だった。

十月、文連拡大協議会に出席、挨拶を述べている。その中で、日本の文化水準の低さを指摘し、下から盛り上がる力によって人民一般の文化水準の向上をはかる必要性を説いている。そして、小倉がフランス留学時代に出席した「アンペール発見百年記念式」を一国の文化水準の例としてあげている。この会で、土方与志や堀江邑一ら文連役員と会った。帰宅後、それっきり寝込んでしまうことになった。

十月下旬、前年からとりかかっていた「明治数学史の基礎工事」の執筆が終わった。この論文は明治数学史の研究をさらに前進させるための「基礎工事」で、その大半を明治初期の数学者の略歴と業績の素描に費している。長い病床期のわずかの小康の間に雑誌を調べたり、問い合わせたりしてまとめた労作である。

大山郁夫がアメリカから帰国したのは十月下旬である。野坂参三の時と同様、病臥中のために民科を代表した歓迎の言葉を述べることができなかった。

病床にあった小倉が当時読んだ小説については、「門外書評」（『日本読書新聞』一九四八年一月一日）に批評を書いている。評判が高かったレマルク『凱旋門』は二度ゆっくり読んだ。その感想として、作者自身が個人対社会の問題を見失ってしまい、ファシズムに対しては何一つ満足な批判がないこと、ナチスの攻撃に対する民主主義国の絶望感のみが強調され、歴史の必然——将来への見透しや希望の光がまったく封じられていることを指摘している。

そして、対蹠的な作品として宮本百合子『二つの庭』『道標』をあげ、作品の弱点をあげながらも、

1948年６月，病床にあった日．雑誌書評のため撮影

個人対社会の問題、人間の自己革命がリアリズムの手法で本格的にとりあげられており、「これこそ今日の日本が持つ最高の作品たるべきを期待してゐる」と高く評価した。

一方、石川淳『しのぶ恋』、太宰治『ヴィヨンの妻』については、彼らの作風を好まない小倉は、彼らの素質や才能を評価しながらも、「近き将来において諸氏が必ず行き詰まり、おのづから作風を変更するやうになるだらう」と予想した。そして勤労階級を代表する堅実でたくましい作家が、石川・太宰らを圧倒する作品をもって登場することを待望している。

十二月末、再び急性肺炎にかかった。

一九四八（昭和23）年一月、民科第三回大会が開かれ、小倉会長は留任、副会長は置かれなかった。民科の会員は創立時は二〇〇名たらずだったが、一九四六年六月の第二回大会では約一〇〇〇名、第三回大会では二三〇〇名に達した。地方組織も五支部から二九支部に増えた。

小倉は二月中旬、急性肺炎にかかり、それが全快しないうちに、四月、科学史学会の第二代会長に就任した。矢島祐利「豊富で若々しい話題——科学史学会での先生」（『東京理科大学新聞』一九六二年十月二十日）によれば、桑木彧雄会長が戦争末期に死亡した頃、会の活動は事実上停止しており、会長も置かなかった。戦後、再建がはかられた時、顧問の小倉を会長にいただこうということになった。小倉は会合などには出席できないが、という条件で快く引き受けた。会の運営については委員が連絡に行って意見を聞いたという。

六月半ばになると、ようやく散歩できるようになり、『数学史研究』第二輯の校正も終わった。小倉の孫純二は、「祖父の一面」（『数学教室』一九六三年二月号）の中で、小倉の散歩の様子を次のように書いている。

たまに気分が良いと、古ぼけたお気に入りのステッキを持ち、着慣れたマントを着て、散歩がてらに、医者に行き、道々の花木を楽しみ、町に出て花屋に寄り、そして必ず、新本屋、古本屋と回り、新たな本を次々に補充した。

それから、昨年来、河出書房にすすめられた回想録「数学者の回想」にとりかかった。依頼をうけたはじめのうちは気乗りがしなかったが、戦後、いくたびか重い病気にかかり、病床で若い時分の思い出を回顧する日が多くなっていた。これを機会に自伝風の回顧録に着手する気になったのである。簡単な年譜を作りあげてから、ごく簡単な原稿を基にして、編集者と速記者の前で口述し、その速記に手を加える方針をとることにした。

九月、小倉は文連の協議会会長に就任した。『文化タイムズ』（一九四八年十月五日）に小倉会長へのインタビュー記事が載り、次のように述べている。

寝ているると新聞やラジオが世の中を知るたよりですが、ずいぶん出たらめが多いね「新聞週間」などと騒いでいるが、そのスローガンをそっくりそのまま商業新聞にノシをつけて返上したい気持になる……

社会党の醜態はどうです……最近の昭電事件も政党が腐り切っていることを示している、国民はもっと腹を立てなければいかん、国民が手をにぎって不正をなくす運動を起さないと、何時までたっても同じことの繰返えしだ！……

ロマン・ローランは老いてますます人民のために斗っている、日本では研究心を失い進歩を止め、妥協して役に立たなくなる人が余りに多い

民科の勢力は拡大する一方だった。GHQは民科の会員名簿や幹事会、書記局、その他重要ポストの氏名の提出を求めるなど干渉を加えた。GHQの占領方針は初期の民主化・非軍事化の推進から大きく転換していった。

民科の財政は会員の会費、各機関誌を発行する出版社からの納入金などが主要な財源だった。しかし出版社の経営難・紙不足などで出版活動が沈滞すると、財政危機に陥り、事務局員の給料・印刷費の未払い、家賃の滞納という状況になった。民科は本部事務の縮小と本部機能の一部停止を決定せざるをえなくなった。

小倉は十一月に幹事長に就任した栢植秀臣から窮状を聞き、機関誌『科学者』第五号に、「民科の危機を訴う」という檄文を寄せた。その中で、

私は会長としてではなくむしろ会員の一人として、組織の困難と苦痛を少数の人々がたえしのんで

いる現在の事態を見るにしのびない。それは会員の一人一人が分担すべきものである。私は民科に参加しているすべての科学者が民科の財政的困難を克服するために悦んで協力し、みずからすすんで民科の経営としての発展に参加するであろうことを信じて疑はないものである。民科の仕事は従来よりも大きな規模で早急に再建されねばならぬ、われわれはそのために十分の力をもっているのである。

十月下旬、感冒のため床に就いた。

十一月、岩波書店から『数学史研究』第二輯が刊行された。これは昨年完成させた「明治数学史の基礎工事」と、すでに発表している諸論文を一緒にまとめたものである。第二輯の課題は「特にわが日本再建のための歴史的反省としての、数学史上の諸問題を、具体的に究明しながら、その集中的効果を挙げるに努めた点」（「序文」）にあった。

十二月、この年成立した日本学術会議の会員選挙が行なわれた。民科は民主的な学会・諸団体と共同し、選挙運動をしてきた。結果は、会員二一〇名中民科会員および民科推薦の科学者が二六名当選した。小倉は病床にあったため立候補しなかった。

この月、『一数学者の記録』が酣燈社から出版された。軍事的ファシズムの時代から民主革命に至る変革期に書かれた評論・随筆・身辺雑記などを集めたもので、原稿整理や校正は真美と共同で行なっている。暮、臥床しながら、「数学者の回想」の口述速記をはじめた。

一九四九（昭和24）年二月、小倉は文連の会長を辞任、末川博が後任となった。この月、大阪教育図書から『数学教育の刷新』が刊行された。これは小倉の数学教育についての六つの講演を収録したもので、最初の一篇（一九二四年「数学教育改造の基調」）の他は満州事変の直後から太平洋戦争前夜にかけてのものである。小倉は民主主義革命の時代にあたり、「国民大衆への教育の解放と同時に、数学教育の根本的刷新を、最も深く、最も熱心に、期待する一人」（『数学教育の刷新』「はしがき」）であった。

二月、東京物理学校同窓会が「理窓会」と改称され、初代会長に小倉が就任した（一九五一年辞任）。また東京物理学校が新制大学に脱皮すべく、文部省の大学設置基準に見合う隣接地の買収、設備の拡充を行なって提出していた、東京理科大学設置認可要請書が認可された。四月一日、東京理科大学初代学長に本多光太郎が就任した。

『東京理科大学百年史』によれば、本多は大学新設の激務と高齢のため、自宅にあって次長から日常の校務の状況を聴取し、指導したという。本多は熱意をもって運営発展にあたった。しかし、「同大学にはびこっている非民主的・派閥的勢力のために、それは容易でない仕事だった」（「思い出（本多光太郎先生）」）。

三月中旬、小倉はまた急性肺炎にかかっている。四月、民科の第四回大会が開かれた。民科は会員が六八〇〇名、七三支部に膨張した。小倉会長は留任、副会長に末川博・出隆が就任した。小倉は就任のことばとして、次のように述べている。

　とくに最近のファッショ的傾向に対して民主陣営は総力をあげてこれと斗い、科学の創造と大衆化とに努力しなければならない

　具体的に言えば文部省教科書民主々義の非民主的欺瞞性にたいして民科は、広く平和を愛好する人々を動員して徹底的にたたかわなければならない、今こそ本当に科学の危機だと私は考へていま

す（『科学者』一九四九年五月十五日）

文部省著作教科書『民主主義』上巻は、教育基本法第八条に違反するとして、民科を中心に撤回運動がすすめられていた。小倉は「読書について」（『日本読書新聞』一九四九年八月三十一日）で、「批判的精神を強調してきたが、かような精神を開発するための一資料として、文部省発行の『民主主義』などは、青年諸君のごく真面目な、しかも最も手ごろな批判の対象となるだろう」と記している。

梅雨の頃の筆記をもとに書かれたものに、「荷風文学と私」がある。初春以来の長い病床生活から起き上がったばかりで、荷風の日記や随筆を読むのが日々の楽しみだった。戦後とかく病気がちの小倉は、病床で荷風を読むことが多かったのである。

この年は激動の年だった。国内ではデフレ政策が推進され、夏には下山、三鷹、松川事件などが起きた。また国際的には冷戦が激化した。

十月に書いた「学問と言論の自由をめぐって」は、I君への手紙という形式の短文である。前述したようにI君とは当時、北海道大学法文学部長の伊藤吉之助であろう。七月はCIE（総司令部民間情報教育局）教育顧問イールズが新潟大学の開学式で、共産主義教授の学園追放を主張する講演を行なった。「イールズ声明」は各大学に波紋を投げかけ、共産党員・同調者ということで多くの教授に辞職勧告が行なわれた。それに対し、大学教授連合・日教組・日本学術会議が反対を表明した。

小倉は大学に学問と研究の危機をはらんだ嵐が吹き出してきたことに対し、その実情を知りたかったのである。イールズはその後も各大学で演説をしてまわるが、学生たちによる強い抗議行動をうけた。

秋、「人間も昔のことを筆にするようになっては、もはやおしまい」（「学問と言論の自由をめぐって」）としながらも、「数学者の回想」の速記の整理を終え、四〇〇枚近く書きあげた。そして「一数学者の回想」として、河出書房の『評論』十月~十二月号に掲載された。

十一月、理窓会会長として東京理科大学理事になった。しかし、病気のため理事会への出席は困難だった。

『科学者』(一九四九年十二月二十五日)に小倉は、「一九五〇年を迎えるにあたって」という文を寄せている。小倉はかつての日本のファシズムとの闘いを想起しながら、

いま全科学者は科学の名において新しいファシズムを阻止すべきではないか。この際一歩退くことは二歩退くことであり、二歩退くことは三歩退くことである。一万人の会員が結束すれば大きな力の抵抗線ができるのである。一九五〇年はこの抵抗線がかぎりなくひろがりきたえあげられる年なのであろう。

と結んでいる。

一九五〇(昭和25)年一月、民科は既存の大学と性格のちがう庶民の大学として自由大学建設事業にとりくみ、資金募集をはじめた。自由大学は結局、実現できなかった。この事業の発起人承諾者に小倉も名前を連ねた。

『教育』(一九五〇年二月号)に、小倉も参加した座談会「科学教育をめぐって」が載っている。学校教育は戦後の花形教科社会科中心で科学教育はあまり顧みられていないこと、教科書の内容が生活一般から来ており教師に消化しきれない一方、副読本は昔の教科書そのものであること、学習指導要領は細かな規定となっていること、など科学教育をめぐる話題が提起されている。最後に、小倉が次のように座

談会を結んでいる。

どういう社会を建設するのか、それを探求するところに、日本の全教育の重点がおかれなければならないはずです。そうすると何よりも大切なことは、教育者が実証性と合理性によって貫かれた、逞ましい科学的精神の持主として、とくに烈々たる批判的精神によって自主的に立ち上がることです。科学教育は新しい日本の社会建設のための、民主主義革命の一翼を担うところに、その重要任務があることを、はっきりと意識して、進むべきだと思います。

社会科などでは、いろいろなことを生徒に調べさせていた。小倉も孫たちの質問に応ずるため、一緒に小さな百科辞典を引くことがしばしばあった。しかし、その体験から、百科辞典はまったく系統のない断片的な知識の寄せ集めで、単なる物知りになるかもしれないが、本当に自主的に物を考える精神を養うには大きな邪魔になると思った。「この点につきましては、今の学校教育に対して、どんなに強い抗議をしてもいいと考えます」（「辞書と百科辞典」『神港新聞』一九五〇年八月二十五日）と述べている。

三月四日、かねて自宅静養中の医学博士佐多愛彦が肺炎を併発して死亡した。佐多は小倉を塩見理化学研究所所員に招聘した人物である。

四月、民科第五回大会で、小倉は健康上の理由で会長を辞任、かわって末川博が推挙された。大会では小倉に対する感謝決議がなされた。小倉は評議員として残ることになった。

前述のように、病床の小倉を訪れ会務報告などをした事務局員の一人が石母田正である。石母田は当時を「小倉先生の思い出」（『科学史と科学教育』所収）「小倉先生のこと」（『著作集』一、月報）で回想しているが、戦後数年、十日に一度くらいの割合で阿佐ケ谷の小倉宅に通った。

小倉は二階の陽当たりのよい南向きの八畳間にのべた床に横になるか、座ったままで報告を聞いた。この部屋は小倉の書斎・仕事場・寝室・食堂・応接間、そして病室であった。部屋の中には書物が雑然と積まれていた。会務の話は五分か一〇分ですまし、あとは雑談の時間となった。小倉の体のことを考え、辞去しようとしてもひきとめられ、長居することになった。石母田は小倉から科学者の立派さを感じ、自分も科学者になりたいと思ったという。

話題の一つは石川啄木のことだった。啄木を一般にうけとられたような感傷的詩人としてでなく、骨の太い思想家とみる点では二人は一致していた。もう一つは中国や日本の数学の歴史であった。特に石母田の印象に残った指摘の一つが、日本人が洋算をとり入れた時、代数ははやくこなすことができたが、幾何の方ははるかに困難だったということだった。つまり、解くのとちがって証明するということに、日本人の思惟が慣れていなかったのである。これには日本人の考え方の強さと弱さが結びついており、石母田の専攻する歴史学とも関係があると考えたからであった。

石母田は「参上するたび一つか二つ教えられてきて、先生のところにうかがうのは、私の一つの楽しみであった。快い学問の昂奮を感ずるのである」(石母田正「小倉先生の思い出」)と述べている。

四月、『数学者の回想』が単行本として河出書房から刊行された。これは小倉の肉体的活動が最低位にあったときに書かれた作品である。平野義太郎は「混迷期解決の灯台」(『読売新聞』一九五〇年五月三十一日)の中で、この書を「科学者が学問的発展をそのなかになしとげてきた現代史の科学的批判であり、また日本の科学の冷厳な自己批判書でもある」と評した。

秋、平田寛の尽力で旧創元社から出版することになった『現代数学教育史』の口述速記をとりはじめた。これは一九三一年、広島文理大学での講義「数学史及び数学教育史」の一部分である。十九世紀までは、一九三二年に『数学教育史』として刊行、二十世紀以降についてはは多少新しい資料を集め、続編として準備をした。しかしイタリア・ドイツにファシズムが起こり、日本が同盟を結ぶようになると、「もはや日本でそれらの動きについて批判することが出来なくなり、筆がにぶり、資料を集めることも気が進まなくなり、仕事がおくれてしまった」（『現代数学教育史』「あとがき」）のである。

「二十世紀の数学教育」と題し、三五〇枚ばかりをとることができた。しかし、ベテランの速記者だったが自然科学の方面が不得意だったことから、意をつくした口述原稿にならなかった。速記の整理をすすめたが、小倉の健康が許さず、途中で中止せざるをえなかった。

大みそかの日、老衰と栄養失調で病床についていた三上義夫が、疎開先の広島県の郷里の寺で死亡した。七四歳だった。三上には子供がなく、戦時中に妻を失った。空襲が激しくなった一九四五年五月、疎開していたのである。戦後は農地改革で田地を失い、収入がとだえた。日本科学史学会の有志から金銭的援助があったり、アメリカのサートン博士からケア物資が送られたりした。手紙を書く便箋や封筒にも事欠くありさまだったという。

三上は一九四九年十二月、一七年前に書いた論文「関孝和の業績と京坂の算家並に支那の算法との関係及比較」で東北大学から理学博士の学位を授与された。論文提出の世話をしたのは小倉だった。小倉は東北大学の依頼で審査員の一人になり、審査報告を書いて学長に提出した。『著作集』三の大矢真一の「解説」によれば、大矢が三上に手紙を書き、論文の提出を無理に承諾させたこと、三上は学位を得ると郷里の人々からうける待遇が多少変わってきたので喜んだことが書いてある。

この年は半年も病臥し、ついに一度も電車に乗ることができないほど体が衰弱しきっていた。この年以降、小倉の主治医として献身的な治療をしたのが家田敏雄博士である。博士は「それこそ一日に数回、連日、実に気軽に呼び出しを受けては足を運ばれたものであった。そして先生をはげまし、時にはしかりつける程で、それはもはや医者の仕事をこえていた」（黒田孝郎「小倉金之助先生のことども」）。

小倉は室内に寒暖計をおき（黒田によれば、この寒暖計は大阪時代のもので、当時からそれをみて暖房を調節していたという）、気温の変化に応じ衣類や寝具を調整していた。医師の意見には絶対服従し投薬時間・起床時間を厳格に守り、身体状況を丁寧に記録し、治療をうけるのが常だった。しかし、「何時であろうと呼鈴を鳴らし、休診日にも強引に医師を呼ぶなど自己中心的に徹すると、しばしば家族の不平をひきおこし、彼の説く庶民性、民衆性、デモクラットたる面目はどこに行ったのか、との皮肉も出る始末だった。」（小倉欣一「祖父金之助の一面」）。

一九五一（昭和26）年は健康が徐々に恢復にむかった。それまでは少し長い文章を書くときは筆記を頼んだが、ようやく自分で書けるようになった。

「科学する心」という小文を、『夕刊伊勢』（一九五一年一月七日）に寄せている。その中で、わが国の再建は容易でないが、年若い諸君にはいくぶん心に余裕を持って、少し長い眼で物事を見ること、そして明日の日本の歴史は、自分たちが作り上げるもの以外にはどこにも何もありはしないのだということを強く自覚することを望んでいる。

一月、「門外から」（『中央公論文芸特集』一九五一年一月号）を書いた。文学の真面目な読者層は、小説に人間いかに生くべきかの問題へのなんらかの示唆を求めているが、宮本百合子の小説を除くと、この要求に応ずるような作品はほとんど絶無で、日本の作家たちは器用すぎるほどだが、「アーティザンであって、アーティストではありません、……思想的にも、社会的にも、十分な成長を遂げていないように感じられます」と書いている。

百合子に対しては「宮本さん、こんどお書きになるという、『春のある冬』以後の作品では、残酷と思われるほど皮肉な態度で、伸子を分析してみて下さい。期待いたします」と記しているが、百合子はこの文を読まないうちに急逝した。

『宮本百合子全集』(新日本出版社刊)の「年譜」によれば、百合子は一月十九日夜、一二時までかかって『道標』第三部の校正刷の推敲をやりおえ、その時から発熱悪寒がしはじめ、二十日病状悪化、二十一日午前一時五五分、電撃性髄膜炎敗血症のため死亡した。五一歳だった。

百合子が意識不明に陥った日、小倉は『世界』編集部からのアンケートに答える、「私の信条」を書きあげている。「御自分の仕事と世の中の繋りについて、どう御考えになっておられるか?」という問いに、政治的立場の問題では、今日、政治的に絶対的無色だとか政治的関心を持たないなどという立場は事実上ありえないこと、学問の研究に従事するものは精神の自由を得なければならないこと、社会への関心というのはけっしてただ社会を知ることばかりでなく、もっとよい新しい社会建設への関心を意味すること、などと答えている。小倉の「私の信条」は岩波新書『続私の信条』に収められた。

三月、遠山啓らが数学教育協議会の結成についての相談に小倉を訪れた。占領軍の陰の命令で強行された生活単元学習を批判し、数学教育から追放しようというのが結成の動機であった。遠山たちは会を全国的なものにするには小倉の後押しが必要であると考えたのである(遠山啓「数学教育協議会発足のころ」

『遠山啓著作集』数学教育論シリーズ一三所収)。

遠山啓「小倉金之助先生を悼む」(『教育』一九六二年十二月号)によれば、小倉は横向きになることを医者に禁じられていたため、天井を向いたまま話した。話は病人のようではなく、生き生きしており、生彩に富んでいた。遠山は「青年のように気が若いらしい」という印象をうけた。数学教育協議会は四月に設立された。

六月、河出書房の市民文庫の一つとして、『数学者の回想』が刊行された。「解説」を書いた近藤洋逸は、小倉を「フランス的な良識」、「もっとも優れた意味での合理主義とヒューマニズムを体得した科学者」と評している。

九月、サンフランシスコ講和会議の直前に、講和問題を特集した『世界』十月号が刊行された。国民が真実の意義を知り、それを直視し、判断を自ら下すことを願っての特集だった。一〇〇余名の識者の意見の中には、小泉信三・田中美知太郎らの単独講和論もあったが、多数が全面講和を主張した。大きな反響をよび、総合雑誌としては空前の売れゆきをしめした。

その中に、編集部の問いに答えた「講和に対する意見・批判・希望――八十氏の答え」が載っている。小倉は病臥中で執筆困難なため、ほんの一口ずつ答えた。

政府の発表や新聞に伝えられるような形で講和が結ばれることについては、安心してはならず、最大の不安は、なによりもまず、このような「講和」によっては平和は得られまいと答えている。また、是非一言いっておきたい、希望しておきたいこととして、「調印参加国から中国を除外するなんて、ああ神様は何んとおっしゃるでしょう」と述べている。そして、発表された講和条約草案はどんな意味においても、国民の総意にもとづくものとは絶対に認められず、講和条約草案の内容ならびに伝えられる軍事協定は世界平和にとってマイナスと考えられる理由が多いと答えている。

講和問題が具体化したのは、東西対立が激化していた一九四九年後半からである。米英が考えた目標は、日本を親米的・反共的な陣営にくみこむことにあった。国内ではソ連・中国を含めた全面講和と、ソ連・中国を除外しても条約締結を優先させようという単独講和が対立することになった。一九五〇年一月、安倍能成ら平和問題談話会が全面講和を主張する声明を発表した。

小倉はこの声明の趣旨には全面的に賛成だった。「学者の講和声明とジャーナリズム」（『読書新聞』一九五〇年二月十五日）では次のように語っている。

しかしこれが一部の学者の会合にとゞまったため、日本人の下からの叫びとして示されるのに欠けるうらみがあるのではないか、新聞といえども声明の趣旨に反対だとかあるいは部分的にも異議があるとは信じない、この時ジャーナリズム自体こそ全面的にこれを国民の声として伝えてほしい、

五月、吉田茂首相は全面講和を唱える南原繁東大総長を「曲学阿世の徒」ときめつけた。対日講和担当に国務長官顧問ダレスが任命されると、講和問題が急速に進展した。また朝鮮戦争の勃発で国内でも単独講和が積極的に推進されていくことになった。これに対し、日教組は一九五一年一月、「教え子をふたたび戦場におくるな」のスローガンを採択した。総評も平和四原則を採択、「ニワトリからアヒル」に転換した。反対運動が高まると政府は公職追放令を改正し追放解除を行ない、また日本共産党幹部への弾圧を強化した。

対日講和会議には吉田首相ら全権団が出席した。招請状は日本を含む五五カ国に出されたが、日本と

最も長期にわたり戦い、最も大きな被害をうけた中国は招かれなかった。インド・ユーゴスラビア・ビルマは不参加、ソ連・ポーランド・チェコスロバキアは調印を拒否、調印したのは四九カ国だった。そして調印した夜、日米安全保障条約が結ばれ、占領終了後も米軍の日本駐留が認められることになった。

小倉は『図書新聞』（一九五一年十一月五日）に、「私の公開状――最近の言論界について」という文を寄せている。これは長谷川如是閑と津田左右吉に宛てたもので、二人の戦後の論調、特に講和問題をめぐる考え方を批判し、平和を守り戦争を防止するための運動への協力を願っている。

十一月、アメリカの科学史家ジョージ・サートンの思想を伝える、「科学的ヒューマニストの言葉」（『改造』一九五二年一月号）を書いた。その中で、

今日のやうなきびしい時代には、私たちはめまぐるしい時局の推移に捕へられて、物の見方や考へ方が、とかく一方的に偏って非常に狭くなりがちである。かういったことこそ、大局を誤る基になるのではないか。私たちはこの際、長い目で広く見わたすことが、極めて大切なのではないかと思はれる。

と述べている。

小倉はこの年は、ようやく三度電車に乗ることができた。この年から平和憲法擁護のために尽力する覚悟を決めている。

二　蘇生の日々

一九五二（昭和27）年一月、福島要一・長田新・上原専禄らの提案で、日本の科学者の年頭の決意として、再軍備絶対反対の声明が発表された。二〇〇余名の賛同者の中に小倉の名がある。

『PHP』同年二月号に「こういう人間になりたい」という文を載せている。この中で、日本の知識人は正義のため、真理のためにあくまで闘うという正しいヒューマニズムに欠けていること、正しいヒューマニストであるためには強く逞しい実践的批判精神が必要であり、同時に厳しい自己反省が行なわれなければならないと述べている。小倉の念願は「もっと強い人間になって、できる限りの実行性を持った人間として死にたい」ということであった。また厳しい変遷の中にある時代で、「何の勇気もなく抵抗の精神をも失ったような善人は、結局のところ、ただの悪人と五十歩百歩だと思います。どんなことがあろうともこのような人間にはなりたくない」と言い切っている。

二月、小倉は所蔵の和算書を一括して保存してくれるところがないかと、雄松堂書店の新田勇次に依頼した。新田は早稲田大学図書館に相談、譲渡の話がまとまった。和算書だけと思っていたところ、日本では比類のない中国算書もあり、早稲田大学は大変喜んだという（新田勇次「小倉先生――コレクションと蕎麦」『著作集』八、月報）。

早稲田大学図書館では一九五七年六月、早稲田大学創立七五周年記念として小倉が譲渡した和算書（九二二部、一七〇〇冊）、中国算書（三四三部、一三五〇冊）、欧文古版算書（三四部、四八冊）を収録した「小倉文庫目録」を発刊した。目録の「序」によれば、『塵劫記』および『塵劫記』類の異版が多いこと、中国算書では同一書の明版・清版・朝鮮版と日本覆刻本と比較することができること、数学の専門にかぎらず、その応用の天文・暦法・測量・工学・軍事・商業等の関係書にもわたっており、科学史・技術史・度量衡史等の研究に資する文献が多いなど、貴重なコレクションである。

武田楠雄は「小倉先生と中国数学史」（『科学史と科学教育』所収）に、

　現在早稲田大学に収蔵されている小倉文庫（先生旧蔵書）中国古刊本は、中国清代数学に関する限り、一カ所で、これだけまとまっているものは、ほかにはない。『幾何原本』（明版）や『算海説詳』のような稀覯本ら、昭和以降では蒐集極めて困難なものも含まれている。

と書いている。

小倉は敗戦直後の民主革命の時期も長く病臥にあり、その後の逆コースといわれる反動期にも、それを食い止めるために力を尽すことができなかった。老衰の一途をたどり、人生に絶望を感じはじめていた。この年も一月中旬から病床にあった。しかし四月上旬、何年かぶりで健康が恢復し、桜の季節に起きあがり、散歩することができた。若葉の美しさを十分に味わい、新緑の下で青春にかえったような若々しい気分になった。まったく新しい人生に生き甲斐をおぼえ出したといってよいほど、大きな影響をうけたのである。

四月、誠文堂新光社刊『私の人生訓』に載せる、「二十年代——職業・結婚・変愛などについて」という文を書いた。若者へのメッセージとして、

　青年男女諸君は理想的な社会の建設に努力しなければならない。そのために諸君は必ず何等かの

意味で、社会改造のために、強く団結して戦わなければなりません。平和の問題、憲法擁護の問題、……かような問題について、志ある青年男女諸君の堅い結束が絶対に必要です。……
青年男女の皆さん、現実における生活条件がどんなに苦しくどんなに困難であっても、どうぞ抵抗と団結を新しいモラルとして、若々しい情熱を以て進んで下さい。

と青年への期待を表明している。

病床から起きあがり活動を開始した。いままでやってきた科学史の研究は老弱の身には考証に骨が折れ、古い資料文献は手放していたことから、だんだん離れた。療養中、自分の半生について回顧・反省する機会に接したため、人の生き方、新しい人間性の探求といった道へと歩み始めることになった。つまり、「幾何学精神」でなく「繊細的精神」を追求しようとしたのである。それで文学や芸術に深い興味を寄せるようになった。

小倉には一つの仕事をやり出すと、それに専心する癖があり、それでは病に悪いというので、全然無関係な文学書を読んだ。この年はわりに多く読むことになった。ルソーの『懺悔録』『エミール』を丁寧に読みかえした。欧米の著名人の人生観を収めた『私は信ずる』を読み、ラスキという心からの友人を見出すことができた。

荷風の日記も読みかえした。荷風が平和と文化を愛し、弱者に同情し、戦争と暴力、軍国主義とファシズムを嫌ったことを読みとった。そして、「荷風を不道徳とか反道徳とかいうのは、囚えられた俗見だ。荷風こそはかえってモラルを越えたモラリストなのだ」（「読書雑感」『村と共済』一九五二年八月号）と評した。

カミュやボーヴォワールも読んだが、実存主義の作品はよくわからなかった。プレハーノフ『階級社会の芸術』も二十何年ぶりに読んだ。その時は若さにまかせて無茶苦茶に読んで、インスピレーションのようにはっと来たのだろうが、今は考えながらでなければ、書いてあることが理解できなかった。前に読んだ時とまったく印象が違うのに驚いた。

生まれてはじめて婦人の伝記「ヴォルテールの恋人――デュ・シャトゥレー夫人の生涯」（『中央公論』一九五二年七月号）を書いた。小倉はキュリー夫人伝などを読むたびに、人間的弱点が描かれず、あまりに立派すぎて美しく飾られているようで、深く考えさせられたり、人生を暗示させられるものが少ないと感じた。それで、長所と短所をはっきりと見きわめた伝記がほしいと思い、書きあげたものである。生涯に研究と恋愛の二つの焦点をもち、幾多の矛盾に苦しんだ夫人の生きざまが、あますところなく語られている。

前にふれた「ルソーをめぐる思い出」も小田切進にすすめられ、この時期に書いている。

この年は憲法・教育基本法による戦後民主教育への攻撃が強まった年である。財界の要望によって六月には、文部大臣の諮問機関の中央教育審議会が設置された。小倉は教師に、「平和精神を教えることによって、あくまでも抵抗をつづける」（「反抗の算数」『毎日新聞』一九五二年九月二十八日）ことを求め、学校では「実際生活に臨んでどこまでも疑いを持ち、それを突き破って、自分の生活と闘いながら、生きていく人間を作る」（「独立心について」『図書新聞』一九五三年一月一日）こと、「平和な日本を作り上げて、新しい世界を建設して行く、そしてこういった意味での社会改造のために戦うような人間を作ること」を希望している。

『平和』九月号にフランスの作家ヴェルコールの「沈黙は共犯である」と『レットル・フランセーズ』紙の「ファシズムは突如としてこない」の二つの声明が掲載された。ヴェルコールは共産主義者が迫害されている現状の中で、沈黙をつづけることは共犯とみなされることであり、「われわれの義務は、キリスト者であろうと非キリスト者であろうと、共産主義者であろうとユダヤ人であろうと、すべて正義を愛するが故に迫害されている人々の味方でなければならぬ」と主張した。

『平和』十月号に「われわれは沈黙しない」という日本の知識人の感想が載っている。小倉も感想を寄せ、この声明を、破防法が通過した日本にとって、きわめて適切なアッピールと評価し、統一戦線の下に、専制を打倒する運動を開始すべきで、その第一歩は来るべき総選挙であるとした。そして、「私はもう余命いくべく(ママ)もない老病人ですが、自分に最もふさわしい仕方で、この運動に参加したいと思います。私はどんなことがあっても、ファシズムや戦争の共犯者になりたくありません」と述べている。

小倉は平和憲法擁護の立場にたって発言しつづけた。『世界』十月号は、「平和か戦争か」という題で一〇〇余名の識者の意見を集録した総選挙特集号だった。その中に、編集部の問いに答えた「総選挙に対する意見・批判・希望——七十余氏の答え」が載っている。この選挙は、一九四九年の選挙で大勝した民主自由党の吉田茂内閣が推進してきた諸政策（講和、日米安保条約の締結、日米行政協定のとりきめ、警察予備隊の軍隊化、破防法制定など）に対する、国民の意思の表明の機会だった。また選挙の結果によっては、憲法改定の問題が急速に日程にのぼってくる状況にあった。

小倉は総選挙を、憲法改正問題と再武装問題を決定するきわめて大切な機会で、日本の運命をきめるものととらえ、平和憲法を守り通し再武装しないことが、結局、平和を守り、国民生活を安定させると答えている。そして、それを実現するために社会主義政党が伸長することを望み、社会主義政党が、小さな意見の相違や、これまでの事情などにばかり捕われず、今日どうしても戦わねばならぬ最大の目標――再軍備および独占資本勢力のファシズムとの戦――をかかげ、その目的のために、全力をあげて結集すべきことを主張している。

十月一日の総選挙では与党自由党がかろうじて過半数を確保、左右社会党が躍進した。「自主性確立のため」（『都新聞』〈京都〉一九五二年十一月五日）の中でも、小倉は日本国民が確固たる自主性を回復するためには、平和と人権の憲法を高く掲げ、封建的遺物と闘わねばならず、それが青年のとるべき正当な態度であるとし、「諸君。どんなことがあっても、われわれは日本国憲法の旗を守りぬこうではないか」と呼びかけている。

十一月、二、三の近代日本史を読みながら、小倉にとって思い出深い史論風の「資本主義時代の科学」（中央公論社「新日本史講座」所収）、「われ科学者たるを恥ず」（『改造』一九五三年一月）を書いた。明治維新から太平洋戦争までの日本科学史の概説である「資本主義時代の科学」執筆中に感じたことは、資本主義社会では、その社会にとって都合のいい研究が主で、科学の啓蒙運動、科学の大衆化、小・中学校での教育革新などはもてはやされない、「上からの、いかにも専門的な輝しい仕事ばかりの科学史しかないわけだ。下からの、庶民的な科学史が取り扱われない」（「欠陥のある伝記」）ということだった。

対をなすこの二つの論文は、「日本の近代科学と科学教育というものは、自由民権運動の挫折の上にたてられたものである。その挫折を自ら深く自分の内部に巣食わせてきておる。こういう根本思想の上に書かれたもの」（「科学史についての最近の感想」『科学史研究』第三〇号）であった。

小倉は「資本主義時代の科学」を書くために調べるうちに、「『明治以来、日本の科学は非常な進歩をとげた』などとははげしい恥辱なしには書けぬ」（「われ科学者たるを恥ず」）という感を深くした。「われ科学者たるを恥ず」はなぜそのように感じられるかの答えを、感想風に述べたものである。これを要約してみよう。

日本の科学・科学教育の矛盾の最も根本的な原因は、明治以来、絶対主義政府が推進した科学・教育政策であり、「これこそは日本の科学におけるアキレス腱」であった。自由民権運動期には民主的な諸学会が設立されたり、民間学者が科学・教育の普及に大きな貢献をしたが、政府の圧迫をうけ挫折した。日本の科学・教育は革命性を失った牙のないものになるのである。

絶対主義政権が確立すると官僚的科学者が全盛を誇る時代となり、研究・啓蒙・教科書の編集も彼らに独占されることになる。独占資本主義の時代に入る大正期、デモクラシーの風潮の中で自由主義教育が主張され、昭和期になると、日本の科学が一部の人々により近代市民社会の精神と結びつけられるようになるが、軍事的ファシズムの台頭により完全に抑圧された。そして、次のように結論づけている。

軍国的ファシズムが荒れ狂った時機の科学・科学教育については、ここに語るに忍びない。否、一口で、はっきりといっておこう。要するに、われわれのほとんどすべては権力の前に屈服したのである。もちろん私もまたその一人であったのだ。

この二つの論文には、徹底的に批判を加える人々もなければ、またそれをさらに一層発展させてくれる科学史家も現われなかった。

平田寛「小倉金之助のプロフィール」(『著作集』八「解説」)によれば、小倉は一九五二年十二月にはじめて短歌を詠み、一九五三年から一九六二年まで毎年約二、三〇首(全部で約二六〇首)の歌を作っている。それを原稿用紙に鉛筆書きで整理している。そして、冒頭には「こころの日記」とあり、「感想や随筆では表わしにくい、あるいは表わしたくない、折にふれての生活感情の断片を、心の日記として、短歌に托することにする」と記されている。

一九五三(昭和28)年は六月まで約半年以上も寝込み、新緑さえも眺めることができなかった。病中読んだ本にピエール・ルイス『アフロディット』、山本泰次郎訳編『内村鑑三の生涯』がある。内村の伝記からは、「苦しみに苦しみを重ね、ただキリストにすがって一生を戦い抜いた」(「『アフロディット』と『内村鑑三の生涯』」『図書新聞』一九五三年三月二十八日)生涯に深い感銘をうけた。

三月、東京理科大学の理事を辞任した。四月、『数学の窓から』(角川文庫)が発刊された。政治的・教育的な評論は少なく、折にふれての人間的・文学的な感想が多く収録された。文はすべて旧仮名づかいで統一している。

五月、本多光太郎東京理科大学長が辞任した。本多は五年間、学長をつとめた。『東京理科大学百年史』によれば、本多学長は大学の充実整備を実行する一方、大学における教授陣と学生間の血の通った結束こそが大学発展の礎と考え、「今が大切」「敬愛のボンドで結べ師弟間」「良書精読味の出るまで」などの標語を学内に掲げた。小倉は大学理事として本多のために尽すべきところだったが、病弱のため理事会に出席できず、責務を果たすことができなかった。本多は翌一九五四年二月、八三歳で死亡した。

つれづれのままに歌集を手にし、すこしずつ読み出した。また内灘の基地反対闘争を歌った歌人芦田高子の歌業に接したのもこの時期である。

金沢郊外の漁村内灘村の基地反対闘争は一九五二年九月に、政府が米軍の砲弾の試射場として石川県当局に申し入れた時からはじまる。当初は四カ月間の一時使用ということで反対派を懐柔したが、一九五三年四月、永久使用を申し入れたため反対運動が燃えあがった。着弾地付近や砂丘の鉄板道路へのすわり込みが行なわれ、警官との間に衝突がおき負傷者が出た。北陸鉄道労組は軍需物資輸送を拒否した。全国から学生・労働者が支援に集まり、大きなひろがりをみせたが、結局、三カ年の期限、七億円の補償の提供などの条件が出され、闘争は終熄した。この運動は全国の基地反対闘争に大きな影響を与えた。芦田高子の歌集『内灘』はこの闘争を歌ったものである。

六月、一九二四年にイデア書院から刊行した『数学教育の根本問題』が、小原国芳の好意で、玉川学園出版部から元の内容のままで出版された。

七月、モーパッサンについて少し考えてみたいことがあったので、『ピエールとジャン』の序の「小説論」を読んだ。この小説論を知ったのは、島崎藤村の『新片町より』で、四〇年以上前のことであった。伊東で静養中、モーパッサンの『モーバン嬢』を読んだ。前述のように、モーパッサンは小倉が日本の文学を含めて一番多く読んだ作家で、全作品の八割以上は読んだ。岩波書店の『文学』に依頼された「私と文学」のために、バルビュスの『クラルテ』を調べ、『砲火』を読んだ

「私と文学」は半世紀にわたる文学とのかかわりを述べたものである。小倉は文学に、人間いかに生くべきかの問題へのなんらかの示唆を求めてきたし、文学から人間のあり方を学ぼうと考えていたのである。文学作品については、

今の時代に生きる人間として、個人の心の内面ばかりでなく、社会人としての生活をも、場合によっては、社会の問題をも、まともに取りあげてくれる作品が、もっと日本に現われてほしいのです。じっさい今日は、平和を守るということさえも、「政治的だ」といわれる時代です。こういうさびしい時代には、現実との対決なくして、作品を生かしていく道は、もうあるまいと思います。

と書いている。

真夏に入ってから、元気が出てきた。八月下旬、わずか数冊の歌集をもとに、「啄木・牧水・白秋」(『改造』一九五三年十月号)を書いた。この三人の歌人は小倉と同年に生まれ、同時代に生きた。この文の中で、啄木については、「明星」的ロマンティシズムから大逆事件を契機に社会主義への関心を寄せるに至る思想的変遷を、「『革命詩人』の天才的敏感」ととらえた。

牧水については、牧水短歌における社会性の欠如を指摘しながら、排外的民族主義や保守的愛国主義に墜ちることのなかった、「良きにせよ悪しきにせよ、彼こそ日本における自然主義文学を守り通した歌人」と評した。そして、白秋については、思想的に退嬰的・保守的・排外的愛国主義へと流れ、ついに御用歌人としてファシズムに迎合したことを、彼の才能のために悲しんだ。

厳しい日本の現状は、歌壇といえども、平和の擁護、民族の独立に無関心な態度を許さないと主張している。

九月に入って、石母田正に啄木論があることを知った。それで、石母田正『続歴史と民族の発見』を購入し、収載されている「国民詩人としての石川啄木」「啄木についての補遺」をはじめ、この本を全部読んだ。石母田は啄木死後四〇年にあたる一九五二年に、個人の記念として、啄木を「現在の民族の危機にさいして、学問と芸術の危機にさいして、われわれが想いおこすべき国民詩人の一人」ととらえる「国民詩人としての石川啄木」を書いた。小倉は同情と熱意にあふれたこの啄木論を、委曲をつくした見事な研究と高く評価した。

当時、小倉の頭の中にあったのは、「執筆者通信」(『読書新聞』一九五三年十月十二日)によると、「国民文学とか国民科学といった問題」だったのである。

十月、松川裁判二審判決の直前に「真実と文学との力」(『文藝春秋』一九五三年十二月号)を書いた。これは松川事件について書いた、広津和郎「真実は訴える」と宇野浩二「世にも不思議な物語」の読後感である。小倉は両氏の文章が説得力をもって広く国民に受け入れられていった根柢には、「ヒューマニスティックなあの烈しい情熱と、わざわざ公判を聴きに仙台まで出掛けて、被告たちの無罪を確信するをえた具体的根拠――真実の力が横たわっているからだ」ととらえている。そして、この文学は現代日本の現実と意識を正しく表現したもので、日本社会の発展に重要な意義をもっていると述べた。

広津は後に、『中央公論』に「松川裁判」を連載したが、小倉は「広津さんの松川裁判は立派な文学ですね。高校の道徳のテキストとしてみんなに読ませたい。現代日本の社会の実体はこうだということを教える意味でね」(「読書遍歴 ① 数学 小倉金之助氏」)と語っている。

東京理科大学では本多学長の後任の学長選考をめぐって大きく揺れた。九月、教職員・評議員・理窓会会員からあわせて二〇名からなる学長選考委員会が発足した。選考委の審議の結果、候補者五名を決定した。これに対して、第一部学生は学生大会を開き学長に望む六条件を決め、候補者のうち平川仲五郎理事長には反対することを決議した。大学側は学生四名の退学および停学処分を決定するなど事態は複雑になった。

『朝日新聞』（一九五三年十二月九日）には、「学生側には元物理学校校長《ママ》小倉金之助氏をはじめ一部先輩の激励、応援があるなどあって十二月中旬に予定されている学長選挙をめぐってなお曲折が予想されている」とある。学長選考は翌年にずれ込み、学生側は無期同盟休校に突入した。これに対し三月、平川理事長より学長になる意思のないことが表明され、紛争は収拾にむかった。

十二月下旬、NHKの「趣味の手帳」で「素人のみた文学の話」というテーマで話した。朝八時半という放送時間だったので、家庭にいる若い婦人を第一の目標においた。小田切進に勧められ、この放送の速記を「素人文学談義」として、『改造』（一九五四年二月号）に載せた。

小倉は自らの文学遍歴を語り、「人間が物事を学ぶには、自分の生活経験からも学ばなければならないし、学問からも学ばなければなりませんが、しかしそればかりではなしに、非常に大きな尊いものを文学・芸術から学ぶ道がある」と結論づけている。

日本の大衆文学については、現実の生活を肯定させるようなサラリーマンもの、古い封建的な道徳観の支えとなるような髷物《まげもの》、何か歪められた頽廃的な無道徳のような近代主義といった作品が多く、今日の日本国民の精神の糧にならず、日本を進歩させようとする意図を失わせるものが多いとしている。そして、内外の圧力に挟まれ苦しみながら、こういう圧力に対抗して起き上がらなければならない日本の厳しい時期にあたり、日本国民はわれわれ自らの文学を持たなければならないと強調した。

一九五三年の暮れから一九五四年春にかけて病気らしい病気はしなかった。十二月から四月までの五カ月間の臥床日数は四三日である（「わたしの書斎」『知性』一九五五年二月号所収臥床日数表）。これはまったく異常なことで、不思議なほど体の調子がよかった。

一九五四（昭和29）年正月、『朝日新聞』に載せる「長生き」という文を書いた。病弱で三〇歳まではもつまいといわれた自分が長生きしているのは、肉体的にも精神的にも無理を避けてきたことと、人を憎めず、激しい敵対感情も起きないからだとしている。また年老いて枯木のような身になってから、純粋な愛の意味がかえってよくわかるようになったこと、「近ごろぼくは——長生きの一策かと考えて……小説などばかり読んでいるよ」と述べている。

前年の十二月末、松川事件の第二審判決が出された。新聞の論調は判決を是認、一方、知識人は批判的だった。『図書新聞』（一九五四年一月十六日）に、小倉がインタビューに答えた「事大主義の報道」が載っている。その中で、一番気になるのは「大新聞が今度の判決を最終的なもののように扱った態度」で、また広津・宇野氏らを軽率な行動をしたと責めていることに対し、「広津がミソをつけたなどとんでもない」と憤然と答えている。そして、マスコミと事大主義の関連を今さらのように嘆いている。

五月下旬、NHKで放送された「人生の断片」は、その頃の精神状態をはっきり表現している。それによると、春分の頃からはたいてい毎日起きて、辛夷《こぶし》の花が咲きはじめてから新緑の頃まで二カ月ばかりの間、花と若葉を心静かに眺めて暮らすことができた。また春休みに孫たちをつれ、桜の花が咲く伊豆の温泉で五日間過ごした。春の旅は戦後の物質的経済的困難と病に苦しめられてきた小倉にとっては奇蹟的な喜びだった。

花を見守り、若葉の匂いを嗅いで暮らした結果、花の匂い、若葉の香り、自然の春がこれほどに美しいものであったかという、偽らない感想を持つに至った。また日本の花を愛し、自然を愛する心は祖国日本を愛する心に繋がるものと思った。そして平和と独立を求める国民大衆の声から力強い国民的抵抗を起こすには、ただ理性に訴えるばかりでなく、国民的感情にまで、国民的伝統にまで結びつけ根をおろさなければならぬと語っている。

当時、国民の声が高まったいくつかの問題をあげてみよう。

二月、日本教職員組合の活動を制限することを目的に、「教員の政治的中立の確保に関する臨時措置法」「教育公務員特例法の一部改正に関する法律」の教育二法案が提出された。五月、はげしい抵抗をおさえて両法が成立した。

三月、静岡県焼津の漁船第五福竜丸が太平洋のビキニ環礁付近で、アメリカの水爆実験の死の灰をあびた。水揚げされたマグロから大量の放射能が検出され、廃棄された。また放射能雨が日本に降りそそいだ。これをきっかけに小倉が居住している杉並区の主婦たちが中心となり、原水爆禁止署名運動杉並協議会が結成され、署名運動が展開されていった。

三月、アメリカと相互防衛援助協定(MSA協定)を調印、防衛庁設置法案・自衛隊法案が国会に提出された。六月、両法が成立した。

四月、造船疑獄で検察当局が佐藤栄作自由党幹事長の逮捕を決定した。これに対し犬養健法相は指揮権を発動し、検事総長に佐藤の逮捕許諾を国会に請求しないように指示した。

小倉は原水爆の恐怖の前におののきながらも、軍事基地や汚職問題や言論圧迫に国民的な怒りを感じながらも、「自分の力のないことを嘆じてい」(「日本の花」『改造』一九五四年七月号)たのである。

五月、日本科学史学会総会に出席した。会長挨拶として、最近、小倉のごく近いところにいる人々の仕事あるいは目にとまった面白そうなことを雑談風に述べた。東京大学の新数学人集団による現代の数学の研究、武田楠雄の中国明代の数学の研究、郷土史家の和算史研究についてなどである。そして、最後に近代日本文学史の研究が盛んになっているのにくらべ、方法論の不充分などの理由で、近代日本科学史が貧弱であると指摘し、もっと批判と自己批判を盛んにし、もっと自由な創造的討論を行なうことを呼びかけた。

六月、森本（旧姓深沢）清吾が胃癌で死亡した。五四歳だった。小倉は『森本清吾博士論文集』（一九五五年刊）の序文を未亡人治枝から依頼された。小倉は森本の知友であり、また故人の遺志によるということで、一巻の書物の手引きとなりうるような森本の生涯の輪郭を描いてみることにした。それで書かれたのが、「森本清吾博士の生涯」である。

森本は一九〇〇年、群馬県前橋で生まれた。一九一四年、県立勢多農林学校に入り、在学中独学で数学の勉強をはじめた。農林学校卒業後、中等教員検定試験に合格し、教鞭をとった。その頃書いた論文が林鶴一に認められ、『東北数学雑誌』に掲載された。そして林に招かれ、一九二三年四月、東北帝大数学科助手に就任した。小倉の後任柳原吉次が山形高等学校に転出したためである。

一九二三年三月、森本治枝が東京女子高等師範学校理科を卒業し、東北帝大数学科に入学した。そして婚約問題がおき、林の不快を買った。婚約問題は一応解消され、森本は学問の道にいそしんだ。小倉は次のように書いている。

　清吾さんの一生における、最も烈しく最も美しい闘いは、治枝さんとの結婚問題を通じて行なわれたのであった。清吾さんの業績が短日月の間に、あのように急激な天才的飛躍を遂げた大きな原因の一つは、何といっても周囲の圧迫に抗する、恋愛感情による精神的高潮によるものと、私は信じたい。

一九二七年、治枝の大学卒業を期に仙台を去り、東京物理学校の専任講師となった。そして、結婚し森本姓を名乗った。一九三六年、東北帝大から理学博士の学位をうけた。

小倉は「森本清吾博士の生涯」の中で、森本を「信念をもって生涯を貫き通した一種の合理主義者」であり、その生涯は「『戦前日本の半封建的な科学界において、どんな学閥にも縁故のうすい独学の青年は、数学者としてどれだけに大きな成長を遂げることが出来るか？』という疑問に対する、輝かしい一つの答であった」と高く評価した。しかし一方では、受験界に有名で試験肯定論者である森本が、「なぜに、大多数の青年をゆがめる悪質な試験制度や試験問題の社会的・教育的責任を問い、その革新に向かって最善の努力を傾注されるに至らなかったか私には理解できない」と批判している。

『週刊朝日』七月四日号の大宅壮一の連載紀行「日本拝見」は「酒田」である。大宅は東北の堺という自由都市的性格や大地主本間家について述べ、その他に即身仏（ミイラ）の特産地として紹介している。この地方からは一風変った人物が多く出るとし、高山樗牛・石原莞爾・大川周明・土門拳とともに、小倉も「単なる数学者でなくて求道者的な半面をもっている」と書き、すべて新しい型の即身仏といえないであろうかと記している。

小倉欣一「祖父金之助の一面」によれば、小倉はこの大宅の評には「おりあるごとに反撥し、また、いわゆる辛苦勉励立身出世型の一人物として偉人視、神聖視されることを極度にきらっていた」という。

小倉は、

生業《なりわい》のわびしきわれをかなしくも求道者とよぶ批評家のあり

と詠んでいる。

八月、日本数学教育会総会ならびに全国数学研究大会が東京理科大学で開かれた。この時、大分の小学校校長長谷九郎が計算方式の研究を発表した。長谷は大分県師範学校の同級生である平川淳康を通し小倉に紹介してもらい、自分の研究を説明した。小倉は彼の研究の意義を高く評価した。長谷九郎「小倉金之助先生と私」（『算数と数学』一九六三年二月号）によれば、小倉は長谷の研究の参考となる秘蔵書を郵送したり、ドイツ文献ではこう、フランス文献ではこうといった具合に二〇通あまりの手紙を出した。その中には同じ日付のスタンプもたびたびあったという。小倉は『改造』（一九五五年一月号）に「日本数学史上の奇蹟」を書き、その研究を称賛した。

『新しい教室』（一九五四年九月号）に、小倉と古川原との対談「戦後教育の反省」が載っている。小倉はアメリカ式の単元教育や教員の質について問題を提示している。そして、最後に小倉は次のように語っている。

結局のところ、日本の先生たちがすぐ文部省に何か一定してもらいたいと頼る形、これがいちばんいけないので、何といっても自主、自立というものを養ってもらいたい、これは何も教育ばかりじゃないけれども、私は特に教師というものはそういうものだと思うのですよ。

一九五五（昭和30）年二月、数学教育協議会編集の月刊誌『数学教室』が創刊された。小倉はその巻頭に「本誌の発刊に寄せる」を書いた。見開き二ページの小文だが、示唆に富んでいる。冒頭、新しい数学教育の灯をともす人々は必ずしも数学教室の中からだけでるのではなく、また、数学教育の壁を破って、外の風を入れようというのがこの雑誌の役割の一つであることから、『数学教室』という誌名に不賛成を唱えている。

この雑誌に対して、上からの雑誌になってほしくないこと、中央にいるものも地方にいるものも、現場にいるものもいないものも、みんなが思っていることを述べあう雑誌であってほしいこと、解決されない事柄もどんどん載せなければならないこと、などを希望している。

二月、『現代随想全集』（創元社）第二五巻『小倉金之助　大塚金之助　上原専禄集』が発刊された。「小倉金之助集」の「解説」は平田寛が担当した。平田は小倉に対して第一に感じることは、「すぐれた歴史家的センス」をもっていること、小倉からうけた感銘のうち最も大きなものは、「精神的若さ」であると述べ、自分にとって小倉はけっして「老人」でなく、「永遠に若き師」と書いている。

小倉は前年の十二月、滋賀県長浜市在住の繭検定所の事務吏員高原平四郎から一通の手紙と計算表をうけとった。高原は旧制商業学校卒で、それ以上に高い数学の素養はなかった。高原は多年にわたり独力で、寄せ算と引き算だけで掛け算ができる計算表を発明した。

高原は自分の研究を多くの学者に送ったが、反応があったのは小倉からだけで、しかも、小倉は連日、時によっては一日に数通も高原に手紙を書いた（黒田孝郎「小倉金之助先生のことども」）。小倉は高原に助言をするだけでなく、『朝日新聞』（一九五五年二月十三日）に「こんな発明家もいる」という文を寄せ、その業績を紹介した。小倉はこの発明を喜び、国民大衆の間からの発明発見を促すためには、科学者自身が国民大衆と結びつかねばならないと力説している。

高原のみならず、小倉には一面識もない地方の愛読者や教師や篤学家からの手紙がしばしば寄せられたが、それに対して一つ一つ丁寧に返事を出していたという（平田寛「小倉金之助のプロフィール」）。

健康を回復した一九五二年以来三年間、人間形成の問題、人間性の探求にむかってまっすぐにすすもうとした小倉の精神状態は、三月、満七〇歳の古稀の祝いの後、まもなくかかった大患のために一応打ち切られることになった。この年、小倉は肺炎・心悸亢進症・病名不明の熱病などを病んだ。

八月、小倉が補訳した改訂『カジョリ初等数学史』上巻（古代中世篇）が小山書店から刊行された。小倉は初訳の際の不備不満な箇所を増補改訂したいと考え、初訳の共訳者井出弥門が忙しかったので、一人で改訳することにした。一九五〇年に仕事をはじめ、翌一九五一年には一〇〇枚ばかり原稿の整理ができたが、そのままになっていたのである。

この改訂版は新しい資料をできるだけ採用し、図版の選択もかなり自由に行ない、誤植を訂正したりした。いよいよ印刷という段階で、執筆ばかりか校正も思うにまかせぬほどの病に伏すことになった。それで平田寛が校正や固有名詞の検討を行なった。平田はほとんど図版がなく、構成も章別だけの、生硬な専門書としかみえない原書をみて、訳者のなみなみならぬ苦心をおもい知った。

ここまでくれば、もはや翻訳や訳補の範疇を超えて、りっぱに著作に属する。それも安直な著作などとは比較にならぬ業績である。……つまりこれは、原著者の言葉を借りて、訳者がそれを批判し補足しながら作成した、いわば〝批判訳〟とでも呼ぶべきもの」（平田寛「お手つだいをして」改訂『カジョリ初等数学史』下巻所収）

と気づいたのである。

十二月、中国科学院の学術視察団が訪日した。代表団に幾何学の専門家蘇歩青教授がいた。それで、数学者だけの集まりを開いたが、小倉は出席できず、テープレコーダーであいさつの言葉をおくった。

三　晩年

一九五六（昭和31）年三月、改訂『カジョリ初等数学史』下巻（近世篇）が小山書店から刊行された。一応健康にめぐまれ、はるかに多くの増補と改訂を行なった。黒田孝郎が近代的数学の諸概念についての平易な解説を、小倉が新たに挿入した数多くの図版の解説を書いている。また巻末には事項索引・人名索引を載せた。

同月、「国民大衆と科学者との交流」という短文を書き、『自然』五月号に載せた。前述のように、地方でも数学的発明に熱中する人たちがおり、小倉は見知らぬ人から手紙で助力を求められた。小倉はそういう手近なところから国民大衆と科学者との交流が生まれ、国民の科学が下から積極的に盛り立てられていくと考えた。「私は庶民大衆をほとんど全く眼中におかないで、何かといえば、ただ政府と資本家からの研究費の獲得ばかりに狂奔する科学者諸君に対して、敬意を表することの出来ない国民の一人である」とこの文を結んでいる。

五月、体の具合がよく、また天気もよかったので、早稲田大学で開かれた日本科学史学会総会に出席、挨拶の言葉として二つの希望を述べた。一つは日本科学史学会と歴史諸学会との密接な連絡と科学史研究に関する国際的連絡、特に中国の科学史家との交流を希望している。つまり、もっと窓をひらけということである。二つ目はソビエト連邦のミコヤンの演説を引用しながら、解説風のものではなく、原資料による厳密な批判・検討のもとに日本科学史を早く作ることを希望している。

中国との科学の交渉でいえば、中国科学院に寄贈された小倉の数学史の著書と論文が、中国科学院竺可楨副院長の希望により、中国語に翻訳出版の運びとなり、『数学史研究』（第一輯、第二輯）から手をつけることになった。

七月、論文集『近代日本の数学』が新樹社から出版された。「はしがき」にあるように、「日本再建のための科学史的反省と現実諸問題への感想」というべきもので、「特殊な知識を予想しないで読めるような、数学と科学史をめぐる論稿と感想の中から、——どの一篇をとりあげても——全篇をつらぬく一筋の線が、くっきりと見えるような、しかも単調でなく、ヴァラエティーに富んだ読物」で「何か私の体臭がにじんでいるような冊子」であった。

この本について、高橋磌一は「歴史的研究につらぬく叛骨」（『図書新聞』一九五六年九月二十二日）を書き、はじめて小倉に接する読者には「著者の学問のエッセンスのように思われる」「われ科学者たるを恥ず」から読むことをすすめている。そして、「著者に一貫しているものは、つねに歴史的に反省していく態度である」と高く評価している。

同月、小倉金之助先生古稀記念出版編集委員会編『科学史と科学教育』が発刊された。これは小倉が古稀を迎えたのを記念し、友人・同僚・後輩・教えをうけた人たち五〇人が贈った論文、座談会を集めたものである。「まえがき」にあるように、あらかじめ「科学史と科学教育」という標題のもとに一貫した内容を考えて執筆分担したものでなく、各執筆者が小倉が関心をもった学問・人間・社会・歴史についての、それぞれの立場からの見解を述べた論文を集めた。「門人らしい門人を持ったことも、作ったこともない私のような人間にとりましては、まったく思いもよらぬ有難いこと」(「回想の半世紀」)だった。

弥永昌吉は巻頭論文の「小倉博士の歩まれた道」で、「博士は、いろいろのところを遍歴されたようであるが、実は一本の道を歩いて来られたのであった。それは要するにヒューマニズムの道であったということができよう」と書いている。

夏、孫にすすめられて向坂逸郎『歴史をつくるもの』を読んだ。三島由紀夫『沈める滝』も読んだが、三島は合わなかった。また田村泰次郎『肉体の門』は悪くないと思ったが、石原慎太郎の小説はスポーツのことを知らない小倉には解らなかった。

九月、『数学者の回想』の続編、「回想の半世紀」が清水達雄と岩波書店の城塚栄子の手で前後三回にわたり口述速記された。なるべく、『数学者の回想』と重複しないように話が進められた。城塚はそのあと小倉から、次のような手紙をもらっている。

……私の健康にとってあれは無理でした。あの晩から微熱が出て、一週間寝込んでしまいましたが一昨日から平素のとおり起きています。十六日の夜ちょっと強い心悸亢進が来て、二度医者を迎えましたがもう何ともありません。(城塚栄子「小倉先生との出会い」『著作集』三、月報)

「回想の半世紀」は『思想』九月、十二月号に掲載された。十月末、病床につくことになった。

十一月、『近代日本の数学』によって、第一〇回毎日出版文化賞を受賞した。十二月、『一数学者の肖像』が現代教養文庫の一巻として社会思想研究会出版部から刊行された。小倉は「教養文庫」という名にこだわり、だいぶ躊躇したが、ラッセルの『結婚と道徳』もこの文庫の中にあるのを知り、このような広い意味の教養ならと決心した。近年書いた新しいものが多く、戦前のものは少ない。また、まともな数学と数学史の話ははぶいた。

一九五七（昭和32）年一月、角川新書『読書と人間』が刊行された。これは過去五年間に書いたものの中から、専門的なものを除き、読書・文学・人間形成などに関係あるものを集めた。随想風な文が多く、断片的である。『数学の窓から』の後半に続くような性質のものであった。「あとがき」には「物堅い著述よりも、こういった文集のほうに、貧しいながらも人間としての私がかえってよく出ているのかも知れない」と書き、「本書の刊行をきっかけとして、今後引き続いて、もっと大胆に、もっと深く人間形成の問題について考えてみたいと思っております」と結んでいる。

六月、日本文化人会議から『近代日本の数学』『科学史と科学教育』に対して第六回平和文化賞が贈られた。

『早大新聞』のインタビューに答え、科学者にも社会責任があることを強調、また学生運動にも、「元気なままに運動をつづけると人から反感をもたれる。学生運動は歴史に残るものだ。歴史を創ることだから、慎重にやったほうがよいわけだ。昔はちょっとの事で騒いだが、もっと大事件のとき、日本国中の全学生が大同して反対する、というのがぼくの主義だ」（「科学者にも社会責任が……」『早大新聞』一九五七年六月十一日）と注文をつけている。

九月、鍋島信太郎との共著『現代数学教育史』が大日本図書から刊行された。この著書は主として、二十世紀の初頭から第二次世界大戦に至るまでの中等学校を中心とした数学教育の歴史について述べたものである。二十世紀の初年、グラスゴーでジョン・ペリーが行なった講演を契機に数学教育改造運動

1957年，『現代数学教育史』出版当時

がはじまり、ただちに欧米諸国に波及した。また二十世紀は中等教育が全世界的に変革を遂げつつある時代でもあった。この時代の数学教育を広い視野からできるだけ客観的に考察を試みた。

小倉の健康が許さず、速記の整理を中止していたが、一九五四年、旧創元社の解散を機に、長年にわたって欧米の数学教育を研究してきた鍋島信太郎に、以後の原稿の整理の協力を依頼した。鍋島は小倉と協議のうえ、黒田孝郎・横地清らの協力をえて仕事を進めた。協議の結果、口述速記の原稿は口語体から文語体に黒田が直す以外は手をつけないこと、欧米についての概観、小学校に関すること、制度の説明、資料等は鍋島と協議し横地が、日本の部分についての全般的な補充は黒田が、ソビエト・ロシアの項は宮本敏雄が筆をとることにした。付録の「戦後の概観」の欧米は横地、日本は黒田が書きおこした。

再校が始まった頃から小倉の健康がいくぶん恢復したので、全体にわたり大きな加筆の上、綿密な校正を行なった。出版記念会で小倉は、ペリーの経歴・主張・業績などを書いた表を持参し、それを掲げて長時間、明快な講義をした。同席した柿崎兵部は「和服のすっきりした姿と、はずんだ声に、〝先生未だ老いず〟と頼もしく思った」（柿崎兵部「偉大なる数学教育評論家」）。

当時、文部省は学習指導要領の改訂を企てていたが、ローマ字教育は中学校の英語科あたりで簡単にやり、算数など基礎学力の時間にまわすほうがよいという考え方があった。小倉はその考え方に対し、『ことばの教育』（一九五七年十二月号）の「わたしの主張」で、日本の現状では算数・数学科の授業時間数をもっと多くすることが絶対必要だが、国語教育の基礎的一部であるローマ字を犠牲にすることには反対している。

十二月、ソ連教育アカデミー版『基礎数学』が刊行された。数学教師と数学教師志望の学生のために書かれたものである。小倉は山崎三郎とともに日本版監訳者となっていた。この月より、再び病臥することになった。

一九五八（昭和33）年一月号の『数学教室』に、小倉の「数学教育雑感　(1)――一九〇〇年前後のフランスについて」が載った。「編集後記」に「小倉先生の雑談は一ページぐらいずつ時々いただくことになっています」とあるが、この一回で中絶した。

六月下旬から快方に向かい、散歩もできるようになったので、大矢真一と二人で数学教育に関する半世紀間の旧稿から二〇篇を選び編集した『数学教育論集』の原稿に手を入れはじめた。これまでの感想集などに一度も載せないものを多く採り入れ、力作でも重複するものは避けた。数学の科学技術への応用と、数学の大衆化が主題となっている。

小倉は数学教育に関心をもってきたが、小・中学校の教師の経験はなく、教師という自覚をもって教職に従事したことがほとんどなかった。「じっさい私は数学教育の実際家ではなく、ただ数学教育の批評ないし研究に興味をもった、一人の門外漢に過ぎないのである」（「まえがき」）。

この本には、小・中学校での本格的な数学教授法についてや、数学教育の科学的研究らしいものはほとんど語られていない。数学教育の枠をこえたようなヒューマニスティックな科学観や、民衆の一人として民衆の立場と庶民的感覚の上からの感想が多かったのである。八月中旬、出版社にまわしたが、健康にめぐまれたため、多くの増補や追記を加えることができた。十月いっぱいで初校を見た。十二月に新評論から刊行している。

中谷太郎は「数学教育と共に半世紀」（『週刊読書人』一九五九年一月二十六日）の中で、「この書物にみちみちている、いかなる権威にも屈しない批判的精神と広い視野に立った強い総合力とは、われわれが今後進むべき方向をも深く示唆している」と評価している。

この時期、没頭したことに明治十年代における微積分書の検討があった。細かな点まで一々まとめることが面倒だったので、三輪辰郎に仕事の継続を託した。また岩波講座『日本文学史』第八巻の月報に、ずいぶん苦心して「一般向き日本文学史への要望」を書いた。この中で小倉が特に要望したのは、文学ずきな読者の要望に答える常識的知識の集成としての文学史であり、古代から近世までを扱った固有名詞が多すぎぎず、説明を詳しくかつ平易にし、むずかしい引用文には現代語訳をつけ、和歌・俳句にも簡素な解説をつけ、各階層の生活をあらわすような図版を多く入れた文学史であった。

十月、仙台に設置されていた第三、第四臨時教員養成所の卒業生の会、養正会の『養正会報』第四四号に、「大正初年の思い出」という文を書いた。文の終わりで「幸いに今年の夏からいくぶん元気を恢復し、昨今はたいてい毎日起きていて、旧稿を集めた『数学教育論集』の校正に没頭しております。この書物は多分、年内に刊行されるかと思います」と近況を伝えている。

十一月三日付『週刊読書人』に「科学・人間・社会――小倉金之助氏との一時間」というインタビュー記事が載っている。道徳教育については、

科学で一番、いや、科学だけでなしに学問で一番――学問だけでなくすべてのことで一番大事なのは、批判的精神ですよ。だから批判を許さんような教育とか道徳なんていうやつは、いかんと思います。……

道徳教育だっていろいろあったっていいし、無用だというのもあってもいい。国民全般にやらなくちゃいけないと権力によって法令みたいに決めるのがわからないんだ。

と答えている。

責任というものをどう思うかについては、

一体A級の戦犯みたいな人を首相なんかにすることはどういう意味か、僕にはとんとわからないんです。日本人というのはまるでバカだといわれても、仕方がないような気がするんです。

と批判している。

一九五九（昭和34）年三月、日米安全保障条約改定問題で、小倉を含め谷川徹三・上原専禄ら文化人二八名が、政府の改定方針によると再び戦争にまきこまれる恐れが十分あると、反対声明書を発表した。反対運動が遅れているのを憂慮し、知識人の間に問題意識を深めることをねらいとしたものであった。

1959年９月．書庫にて

四月、算友会の機関誌『和算研究』が創刊された。算友会は一九五八年十月、関孝和二五〇年祭をきっかけに、細井淙・大矢真一を顧問として結成された和算の研究団体である。この創刊号に小倉は巻頭言を書いた。小倉は「決して単なる骨董や考古癖などに陥ることのないように、そして、生き生きとした新鮮な機関誌を、立派に育て上げる方針で、お進み下さるように、期待し、切望して止まない次第です」と記している。

小倉は一九三九年、東京物理学校に数学教育研究会を設け、戦後もいち早く研究をすすめた。それが一九五九年、同窓生だけでなく、広く一般の人々をも糾合し再発足した。小倉はこの会の創立にメッセージを送った。それが「出発を祝して」として、『東京理科大学数学教育研究会誌』創刊号（一九五九年八月）に収録されている。その中で先生たちが自主的であること、数学教育の運動は長い年月にわたる地味な仕事であるべきこと、科学技術の水準を高めることなどを特に主張している。

この年後半から病床にいることが多かった。

一九六〇（昭和35）年一月、前立腺肥大症で入院した。また一九四八年以来在任していた日本科学史学会会長を健康上の理由で辞任した。五月の総会で退任の挨拶が録音によって披露された。後任会長には三枝博音が就任した。

安保闘争で激動したこの年も長い間、病床にあった。

この年の歌を一首あげてみる。

カテーテルの暮らしわびしもたたかいの歴史のなかに身は生くれども

一九六一（昭和36）年春、台所兼食堂を改造した。そこにはストーブが焚かれ、北向きとはいえ、意外なほど明るい感じだった。この年は幸いかなり元気が出てきたので、数カ月間蔵書の整理を行なった。九月十五日は「としよりの日」というので、東京都から御祝いをもらった。「著作家の手紙」(『図書新聞』一九六一年九月三十日)に、「これからはしばらく書物に対するいろんな感想でも書いてみようかと、考えております」と書いている。

十月、『図書新聞』の読書週間特集号(十月二十八日)に「読書雑記」を載せ、明代の数学を研究している武田楠雄の著作、『数学における東西交渉の初期段階』を紹介している。武田は戦前の十年余を満州で過ごした。この本は一九五五年末に、わずか数部が大型のガリ版刷りで発行されたきりであった。「全篇がどこまでも中国の民衆を忘れない立場から、するどい歴史的、批判的精神によって貫かれている」(「隠れた業績　武田楠雄氏『数学における東西交渉の初期段階』」)と高く評価している。小倉はこの本の校訂版が一日も早く刊行されることを望んだ。

一九六二(昭和37)年一月、この年四月に創刊予定の雑誌『数学セミナー』に連載する、「語りつぐ日本の数学」の口述に力を注いだ。これは小倉が数学の研究をはじめた一九〇七年ごろから、数学史をやる一九三〇年ごろまでの約二五年間の、日本の数学界の様子を客観的にのべ、その間に自分のことを思い出すままに話したものである。

武田楠雄「晩年の小倉先生」(『科学史研究』一九六三年第六五号)によれば、この頃小倉はよほど元気になり、毎日少なくとも一時間半はこたつの中で何かしており、第一回分として二〇枚の口述をやった。三月十四日の喜寿では、

春は来ぬくれない匂ふシクラメンの唇《くち》を吸いつつ喜寿を忘れむ

と詠み、この歌を武田に書き送っている。

五月、日本大学で日本数学史学会第一回総会が開かれた。日本数学史学会とは一九五八年に発足した和算研究の組織算友会を一九六二年、小倉の提案で和算だけでなく、世界の数学史を研究対象とすることとして改称した団体である。

小倉は会長に就任したが、体調がすぐれず、総会に出席できなかった。挨拶は録音されたのを流した。要約は機関誌『数学史研究』創刊号の巻頭に、「日本数学史学会へのメッセージ（数学史研究についての感想）」として載せられた。小倉はその中で、数学史を書く目的は現代まで扱うところにあり、世界史的な視野で明治以降や現代の数学史を研究する人々が現われることを望んでいる。

この頃、小倉の胃病はかなり悪化し、床から離れることはもはや絶望となった。胃癌、それも初期ではないと想像された。

戦後間もなく小倉家に寄宿し、七年間同居した阿部わか子の「ひらかれなかった遺書」（『著作集』八、月報）によれば、この時期、小倉は遺書とすべき小説を書いている。七月、その小説の一部が阿部に送られているが、「未熟な私には理解に苦しむような〝小説〟で、すでに妻であり母親である私のおあずかりするようなものではなかったので、先生にお返しした」とある。この小説は未完に終わっている。

小倉は晩年、その日その日の出来事をメモしていたが、八月初旬、赤羽千鶴が訪れた時も小さなメモ帳を出して、現在の病状が悪化したのは何月何日かなどと話した（赤羽千鶴「小倉金之助先生に師事して」『算数と数学』一九六三年二月号）。また同じ頃、孫欣一が小倉に婚約者を紹介しようとした時、二人で読むようにと、エリス『性の心理学的研究』を渡された。そして、この書のもつ意味、女性の解放のために何よりも女性自身が思想をもつべきことを力説した（小倉欣一「祖父金之助の一面」）。

この月、胃癌であることが判明、一カ月ほど入院し、その後退院し、一時は小康を得た。

九月末、宮本敏雄は小倉から阪大時代の写真について尋ねたいとの連絡をうけ、訪問して思い出を語り合った。この頃小倉は写真の整理をしていた。宮本は「小倉先生の思い出」（『算数と数学』一九六三年二月号）で次のように書いている。


このときは、先生は気分はそう悪いようには見えませんでしたが、どうも胸が痛い、医者は肋膜か神経痛などというがどうもおかしい、大変いいというので退院してきたが、はかばかしくないというようなことを言っておられました。


この頃、小倉は孫欣一にはじめて「こころの日記」の若干を示し、人間形成における女性の意義を強調した。

十月一日、下平和夫は家族から三〇分ぐらいならということで面会した。小倉は終始にこやかに林鶴一・掛谷宗一・三輪桓一郎などの思い出話をした（下平和夫「会長・小倉金之助先生の御葬儀に参列して」『数学史研究』一九六二年十月号）。

十月十九日、養正会会員の土居音三郎が見舞った時は、時に呼吸さえも困難である苦しみの中で、「私は最早やこのまま亡くなる、同齢である君よ気をつけて長生し給え」と言ったという（土居音三郎「小倉先生の思い出」『数学教室』一九六三年二月号）。

十月二十一日、午後九時、小倉金之助が死亡した。享年七七歳だった。デスマスクは井手則雄が製作した。村松武司「掌のうえの碗――小倉先生のデス・マスク」（『著作集』五、月報）にはその様子が次のように回想されている。

昼すぎ、井手が柩の蓋をあけた。……石膏を剝がすとき、それが吸着していて先生の顔がぐっと持ちあがった。生きておられる！　目を疑ったとき、ガバッと意外に大きな音をたてて石膏が剝がれた……。

二十二日、通夜、二十三日、密葬が執行された。

二十五日の『毎日新聞』に、遠山啓の「人間らしい人間」が載っている。小倉の多彩な活動には民主主義という一本の太い線が貫いており、「先生の民主主義は頭だけの民主主義ではなかった。先生は足のつま先までのデモクラットであ」り、「すぐれた科学者であったが、しかし、何にもまして人間らしい人間であった」とその死を悼んだ。

二十七日、告別式が中野の宝仙寺でしめやかに行なわれ、五〇〇人にのぼる参列者が別れを惜しんだ。下平和夫「会長・小倉金之助先生の御葬儀に参列して」、赤羽千鶴「小倉金之助先生の御葬儀に参列して」（『算数と数学』一九六二年十二月号）から告別式の様子をまとめてみる。

正面に遺影とデスマスクが置かれ、その左右に各方面からの盛花が飾られた。開会の辞の後、「小倉金之助回顧」で黒田孝郎が生い立ち、研究歴を語った。次に一九五〇年頃から小倉の身体をみてきた家田主治医が、身体についての所見および病状の報告を行なった。

本年六月頃より胃の不快感があり、食欲が減退され、精密検査の結果胃ガンと診断、入院されたが、心臓、肺臓の機能が低下し、手術不可能のため自宅に帰られた。十月にはいってからとみに衰弱し、悪寒嘔吐が続き遂に御逝去された（下平前掲文）

弔辞は、東京理科大学学長・日本科学史学会会長・日本数学教育会会長・数学教育協議会会長・民主主義科学者協会会長・理窓会会長・養正会会長・門下生代表（大矢真一）が読み、その他、日本数学史学会などの弔辞が奉呈された。弔文・弔電朗読、読経、焼香、遺族代表挨拶、葬儀委員長挨拶と告別式が続いた。弔文の中には、安倍能成からの、「小倉金之助様のことは級友伊藤吉之助からたびたびうかがっていました、生前についにお目にかかる機を得ませんでした、御冥福をお祈りします」という意のものがあった。

十一月には中国の数学史家李儼から日本数学史学会の下平和夫宛に弔文が寄せられた。

小倉の遺骨は十一月三日、遺族に抱かれ、急行「はぐろ」で郷里酒田に旅立った。小倉家の墓所は酒田のほぼ中央に位置する善称寺にある。「大正二年七月三十日　小倉金蔵建之」の「小倉家累代之墓」には初代金蔵から葬られているが、金之助は三代である。法名は遺族が「小倉金之助」とつけた。

十一月下旬、小倉の遺族が酒田市長を訪れ、

　山王の祭も近きふるさとの五月若葉のかぐはしきかな

と書かれた色紙を贈った。この歌は小倉が一九五四年五月に作ったものらしく、添え書きに、「郷里のひとに」としたためてあった。

一九八八年二月、酒田市の「文学の散歩道」の一環として、日和山公園内の招魂社境内入口に小倉と伊藤吉之助の歌碑が建立された。小倉の碑は仙台石の自然石に、前記の歌を刻んだみかげ石がはめ込まれている。

日和山公園　歌碑

小倉金之助年譜

年号	満年齢	事歴
一八八五年（明18）		三月十四日、山形県飽海郡酒田町船場町一九〇番地の廻漕問屋の長男に生まれる。
一八八六年（明19）	1	七月、妹倉代生まれる。八月、父末吉死亡する。
一八八九年（明22）	4	五月、母里江、再婚する。
一八九〇年（明23）	5	四月、酒田高等尋常小学校に入学する（一八九二年、酒田尋常高等小学校に名称変更）。
一八九一年（明24）	6	十二月、母、妹をつれて分家する。金之助、祖父金蔵・祖母志賀のもとで養育される。
一八九三年（明26）	8	四月、藤巻しま（小倉金之助夫人すみ子）、祖父の養女となる。
一八九四年（明27）	9	十月、庄内大地震で家は焼失、学校は倒壊する。
一八九六年（明29）	11	高等科三年で、和島与之助が担任になる（高等四年も同じ）。この頃からいろいろな書物に接する。病弱のため、夏に海岸の温泉で静養する。
一八九七年（明30）	12	化学の実験に没頭し、かたわら代数と英語を独習する。
一八九八年（明31）	13	三月、酒田尋常高等小学校を卒業する。四月、祖父の上方参りの留守中、祖母を説きふせ、荘内私立尋常中学校（一九〇一年、山形県立荘内中学校となる）を受験し、合格する。五月、入学する。
一八九九年（明32）	14	八月、赤痢にかかり療養する。十二月、祖父が退学届を出す。
一九〇〇年（明33）	15	二月、再入学の手続きをとり復学する。この年から独立の時間割を作成し、化学と物理学、そして、その準備としての数学・英語を勉強する。一方、関係ない教科は無視する。学友会の幹事となり、また中学会の演説会に参加し、学校の姿勢を批判する。
一九〇二年（明35）	17	三月、祖父の許可をえずに中学を中退、上京して東京物理学校に入学する。
一九〇三年（明36）	18	物理学校に通うかたわら、ドイツ語を学ぶ。春から夏にかけ、気管支カタルを患い帰郷する。物理学校講師桑木彧雄の感化を受ける。
一九〇四年（明37）	19	九月、物理学校に通うかたわら、私立大成中学校五年級に入学する。

		物理学校講師愛知敬一の講義をきき、理論物理学に興味をもつ。十二月、『東京物理学校雑誌』に二つの科学論文を寄稿する。
一九〇五年（明38）	20	二月、東京物理学校全科を卒業する。三月、大成中学校を卒業する。五月、祖父隠居のため家督を相続する。九月、池田菊苗の厚意で、東京帝国大学理科大学化学選科に入学する。すみ子と同居する。 この年、三上義夫と知り合う。
一九〇六年（明39）	21	一月、悪性の感冒にかかり、長く病臥する。三月、家業の不振もあり、大学を退学して家業につくことを決意する。五月、和島与之助死亡する。六月、すみ子と結婚する。十一月、上京して林鶴一の指導を受け、家業のかたわら、数学の研究をすることを決める。
一九〇七年（明40）	22	五月、長男真美生まれる。六月、東京数学物理学会に入会する。 この年から本格的に数学の研究をはじめる。また酒田で発行の雑誌『木鐸』に寄稿しはじめる。
一九〇八年（明41）	23	この年から『東京数学物理学会記事』に論文を載せる。丸善に専門書を注文し、多くの洋書を読む。クライン、リーの著作に刺激を受け、幾何学に興味をもつ。 秋、船長と上京し、カムチャツカ漁業の許可を受ける。
一九〇九年（明42）	24	九月、商用のため新潟に赴き、三カ月滞在する。滞在中、商売から手をひき、職業数学者になることを決意する。危機ともいえる時期に、荷風文学に大いに激励される。
一九一〇年（明43）	25	二月、東京物理学校講師に就任、微積分を講ずる。十月、本代を捻出するため「数学叢書」の一篇『級数概論』を書きはじめる。
一九一一年（明44）	26	四月、新設の東北帝国大学理科大学助手に就任する。七月、林鶴一の私費で『東北数学雑誌』が発刊され、共編者の一人として編集を担当する。
一九一二年（明45・大元）	27	一月、祖父死亡する。十一月、林鶴一との共著『級数概論』刊行。
一九一三年（大2）	28	二月、ルーシェ、コンブルース『初等幾何学』第一巻の訳書を刊行、沢柳政太郎総長から励まされる。四月、第三臨時教員養成所の講師となり、代数を担当する。

年号	満年齢	事歴
一九一四年(大3)	29	この年、祖母も酒田を引き揚げ、仙台で同居する。八月、サーモン『円錐曲線解析幾何学』の訳書刊行。 春、祖母の手で酒田の家産の整理が完了する。
一九一五年(大4)	30	三月、ルーシェ、コンブルース『初等幾何学』第二巻の訳書刊行。四月、助手のままで「授業嘱託」となり、一年の代数解析を担当する。 この年から、数多くの長い論文を書けるようになる。
一九一六年(大5)	31	四月、二、三年の射影幾何学を担当する。八月、前年提出の論文「保存力場における径路」で理学博士の学位を授与される。
一九一七年(大6)	32	二月、大阪医科大学学長佐多愛彦より、新設の塩見理化学研究所の研究員に招聘され、これに応じる。三月、大阪に転じる。大学までの通勤時間が五〇分の、大阪府池田町室町の住宅街の一軒を購入する。四月、大阪医科大学教授として、予科の講義を開始する。五月、塩見理化学研究所数学部研究員となる。九月、妹倉代死亡する。
一九一九年(大8)	34	大阪医大が医学士になるために開催の講習会で統計法を講じる。大阪医大予科の教科課程の改造を行なう。十月、医大予科の新校舎が石橋待兼山に建設される。十二月、フランス留学のため神戸を出帆する。
一九二〇年(大9)	35	一月、パリに到着し、パンテオン広場に面した宿舎に住む。八月までフランス語に没頭する。 九月、ストラスブールで開催の国際数学者大会に、高木貞治と出席する。冬学期から大学で、ボレル、ランジュバンらの講義をきく。 この年から、相対性理論の研究を行なう。
一九二一年(大10)	36	春、相対性理論研究の一部をパリ科学学士院の報告に載せる。秋、訪欧中の藤原松三郎から石原純の休職をきく。十一月、アンペール発見百年記念式に出席し、フランスの文化の高さにうたれる。十二月、マルセーユを出帆、帰国の途につく。

一九二二年（大11）　37
一月、帰国する。医大予科の一隅を借り、研究所の仕事を開始する。四月、医大予科の講義で、系統的な実用数学の講義をはじめる。七月、東京物理学校夏季巡回講習会で図計算、図表を講義する。十一月、アインシュタイン来日、東京帝大での特別講義をきく。十二月、大阪府の依頼で中学校の数学の授業を視察する。

一九二三年（大12）　38
この年から三年間、大阪府主催産業能率増進の講習会で統計法を講じる。
三月、前年夏の巡回講習会の講義をもとに『図計算及び図表』刊行。七月、東京物理学校夏季巡回講習会で微分幾何学の概念を講じる。十一月、大阪府の実業学校の数学の授業を視察する。

一九二四年（大13）　39
三月、『数学教育の根本問題』刊行。十二月、青山師範学校の講習会で小原国芳とはじめて会う。

一九二五年（大14）　40
この春、蜷川虎三がよく訪れる。六月、塩見理化学研究所所長に就任する。『統計的研究法』刊行。大原社会問題研究所所長高野岩三郎から感想を書いた手紙をもらう。以後、森戸辰男らの好意で、大原社会問題研究所の図書閲覧室を利用する。
秋から肺門淋巴腺炎のために半年以上も病臥する。

一九二六年（大15 昭元）　41
一月、鉄筋三階建の塩見理化学研究所の建物が落成する。五月、大阪医科大学教授を辞職する。この年は療養生活を送るが、かたわら、「数学教育名著叢書」の編集に参加し、訳書の序文などを書く。

一九二七年（昭2）　42
療養生活を続ける。病床にあっては文学書などを読むが、特にトルストイの科学論には強く心を動かされる。

一九二八年（昭3）　43
二月、近藤鷲との共訳、ザンデン『実用解析学』刊行。九月、井出弥門との共訳、カジョリ『初等数学史』刊行。

一九二九年（昭4）　44
この年、健康ようやく恢復する。カジョリの訳業を通じて数学史に興味をもつ。
一月、祖母死亡する。四月まで病床にあり、恢復期に算術の社会性・階級性の問題を研究す

年号	満年齢	事歴
		る。九月、祖母の遺骨を納めるため帰郷する。その帰途、東京で三木清にはじめて会う。この年、羽仁五郎からマルクス文献を教わり、読む。
一九三〇年(昭5)	45	古本屋で和算書の収集をはじめる。秋、就職の相談にきた戸坂潤を知る。
一九三一年(昭6)	46	早春から病臥する。四月、大阪帝国大学創設される。五月から九月まで、広島文理科大学で三年の数学史、数学教育学を講じる。
一九三二年(昭7)	47	六月、『数学教育史』刊行。七月、藤森良蔵主宰の日土大学講習会で数学教育史を講じる。在京中、戸坂や服部之総らと会い、唯物論研究会の創設について談合する。また平野義太郎と会い「日本資本主義発達史講座」執筆の方針を決める。自由学園の雑誌『婦人之友』の座談会に出席。羽仁五郎とはじめて会う。秋、中国数学書の収集をはじめる。十二月、大阪帝大理学部講師に就任する。
一九三三年(昭8)	48	四月、唯物論研究会の例会で講話する。この年、比較的健康にめぐまれ、和算および中国数学書の研究も順調にすすむ。
一九三四年(昭9)	49	四月、大阪帝大理学部で実用解析学の講義をはじめる。八月、松田源治文相の反動的な数学教育の根本改革の考え方に対し、「数学教育の改造問題」を書き、警告する。
一九三五年(昭10)	50	四月、統計法の講義を担当する。以後、実用解析学と統計法を隔年ごとに講義する。七月、父の五〇年忌を郷里で営む。十月、林鶴一死亡する。十二月、『数学史研究』第一輯刊行。この年から国定教科書『尋常小学算術』（緑表紙）の刊行はじまる。
一九三六年(昭11)	51	黒田孝郎ら数名の学生と科学史研究の会を開く。しかし負担が重く、半年ばかりでやめる。七月、大阪帝大の夏期講習会で「日本における近代的数学の成立」を講じる。十一月、田辺元が書いた「科学政策の矛盾」を擁護する意味もこめ、「自然科学者の任務」を書き、科学をファシズムから守るため科学者の団結を訴える。
一九三七年(昭12)	52	三月、長男の真美結婚する。塩見理化学研究所長を辞任する。六月、東京杉並区馬橋二丁目

年	年齢	事項
一九三八年（昭13）	53	に移住する。七月、『科学的精神と数学教育』刊行。十二月、東京物理学校の講義を担当する。
		この年から春秋二回、大阪帝大で講義することになる。十一月、岩波新書が発刊され、『家計の数学』が配本となる。
一九三九年（昭14）	54	二月、急性肺炎にかかる。四月、快癒したが、大阪帝大の春の講義は休む。五月、国民学術協会が設立され、会員となる。東京物理学校理事長に就任する（翌年二月、退任）。六月、酒田市教育会主催の講習会で講義をする。十月、大阪帝大で講義をする。大阪帝大での講義を終え、帰京後まもなく、五日間にわたりラジオで「日本の数学」の放送をする。
一九四〇年（昭15）	55	三月、前年のラジオ講演をもとに、岩波新書『日本の数学』刊行。四月、大矢真一を助手に日本数学史の著述にとりかかるが、未完に終わる。十月、『計算図表』刊行。東京物理学校理事長に就任、十二月には幹事も兼任し、経営と校務のため多忙をきわめることになる。十二月、「大政翼賛促進の会」に加わる。
		この年、嶋中雄作を院長とする国民生活学院の理事となり、経営に参与する。また「満州国」民生部教科書の編集顧問となる（翌年三月、解職）。
一九四一年（昭16）	56	三月、「現時局における科学者の責務」を書き、科学と技術の研究を国家目的のため統制することを主張する。四月、桑木彧雄を会長とする日本科学史学会結成され、顧問に就任する。五月、大阪毎日新聞社主催の文化講座で「数学の日本的性格」を講演する。八月、日本中等教育数学会総会の準備委員長として尽力していたが、軍部から輸送の関係上多人数の旅行が禁ぜられ、中止となる。
		この年から約一年間、日本出版文化協会の文化委員ならびに図書推薦委員となる。十二月から翌年三月まで病臥する。
一九四二年（昭17）	57	四月、高熱が続き入院する。以後、健康がとみに衰える。九月から年末まで、胃酸過多症にかかる。

年号	満年齢	事歴
一九四三年（昭18）	58	この年は病気療養と物理学校の校務の他はほとんど活動ができなかった。五月、大阪帝大での春の講義の時、辞表を提出する。十月、病気と校務のわずらわしさから理事長を辞職する。十一月、幹事も辞任し、物理学校から完全に身を引く。
一九四四年（昭19）	59	この年になると、出版社からまったく原稿依頼がなくなり、事実上の執筆禁止となる。二月、欧文の数学論文の整理を試みたが、思い通りにはかどらなかった。八月、妻と孫三人と女中で、酒田に疎開する。十一月、『戦時下の数学』刊行。
一九四五年（昭20）	60	二月、厳冬の中、気管支炎を病み、三月、病床で満六〇歳を迎える。四月、真美夫妻も酒田に疎開する。六月、酒田に空襲があり、市内の児童が周辺町村へ疎開することになる。七月、西田川郡袖浦村黒森に疎開する。八月、敗戦。黒森の寺で石原莞爾の講話をきく。十月、酒田市北千日堂前に移住する。母死亡する。十二月、東京の自宅に帰る。
一九四六年（昭21）	61	一月、民主主義科学者協会が結成され、会長に推挙される。三月、日本放送協会会長に推されるが、固辞する。五月、二月よりの胃潰瘍悪化し、吐血する。七月、戦争調査局参与となるが、間もなく解散する。秋、健康状態がよくなり、欧文の数学論文を整理する。十月、『科学の指標』刊行。
一九四七年（昭22）	62	二月、宮本百合子と対談する。七月、急性肺炎にかかる。日本民主主義文化連盟の常任委員長に就任する。八月、学術体制刷新委員会の理科部門の委員に当選する。十月、「明治数学史の基礎工事」完成する。十二月、再び急性肺炎にかかる。
一九四八年（昭23）	63	二月、急性肺炎にかかる。四月、日本科学史学会会長に就任する。六月、ようやく散歩ができるようになる。十月、感冒のため病床につく。十一月、『数学史研究』第二輯刊行。十二月、『一数学者の記録』刊行。「数学者の回想」の口述筆記をはじめる。
一九四九年（昭24）	64	二月、日本民主主義文化連盟会長を辞任する。東京物理学校同窓会「理窓会」の初代会長に就任する。『数学教育の刷新』刊行。三月、急性肺炎にかかる。十一月、理窓会会長として

一九五〇年（昭25）	65	東京理科大学理事となる。四月、『数学者の回想』刊行。民主主義科学者協会会長を辞任する。十二月、三上義夫死亡する。
一九五一年（昭26）	66	この年、半年も病臥し、一度も電車に乗ることがなかった。三月、遠山啓ら数学教育協議会結成について相談にくる。四月、数学教育協議会結成。十二月、数学教育協議会会長に就任する。
一九五二年（昭27）	67	この年の後半は健康が徐々に恢復し、ようやく三度電車に乗ることができた。口述筆記でなく、自分で文章を書けるようになる。また平和憲法擁護のために尽力する覚悟を決める。二月、所蔵の和算書を早稲田大学図書館に譲渡する話がまとまる。四月、一月からの病床生活を終え、意外なほど健康を保つことができた。それで文学書を多く読み、人の生き方、新しい人間性の探求の道へ歩み始める。
一九五三年（昭28）	68	三月、東京理科大学理事を辞任する。四月、『数学の窓から』刊行。春から翌年春まで「読書雑記」十数篇を口述し、『図書新聞』に掲載する。昨年末から六月まで病床にあり、歌集を読み出し、短歌を作るようになる。十一月、数学教育協議会会長を辞任する。
一九五四年（昭29）	69	春、孫たちをつれ、伊豆の温泉に滞在。春の旅は奇蹟的な喜びだった。この年は病気らしい病気もせず、体調がよかった。
一九五五年（昭30）	70	三月、古稀の祝いの後に大患にかかる。八月、小倉補訳の改訂『カジョリ初等数学史』上巻刊行。十二月、中国科学院の学術視察団訪日。集会に出席できず、挨拶の言葉を送る。
一九五六年（昭31）	71	三月、改訂『カジョリ初等数学史』下巻刊行。七月、『近代日本の数学』刊行。小倉金之助先生古稀記念出版編集委員会編『科学史と科学教育』刊行。九月、『数学者の回想』の続編「回想の半世紀」の口述筆記を行なう。十月、病床につく。十一月、第一〇回毎日出版文化賞を受賞する。十二月、『一数学者の肖像』刊行。

年号	満年齢	事歴
一九五七年（昭32）	72	一月、『読書と人間』刊行。六月、第六回平和文化賞を受賞する。九月、鍋島信太郎との共著『現代数学教育史』刊行。十二月、再び病臥す。
一九五八年（昭33）	73	六月、大矢真一と数学教育に関する半世紀の旧稿から二〇篇選び、編集する。十二月、『数学教育論集』刊行。
一九五九年（昭34）	74	三月、日米安全保障条約改定問題で、小倉を含め28人が反対声明書を出す。この年、後半から病床にいることが多かった。
一九六〇年（昭35）	75	五月、日本科学史学会会長を辞任する。前立腺肥大で入院する。この年も長い間病床にあった。
一九六一年（昭36）	76	この年は幸いかなり元気が出てきたので、数カ月間蔵書整理を行なう。
一九六二年（昭37）	77	一月、「語りつぐ日本の数学」の口述に力を注ぐ。三月、喜寿を迎える。五月、和算研究の組織である算友会が改称した日本数学史学会の会長に就任する。八月、胃癌であることが判明、一カ月ほど入院する。十月二十一日、死亡する。二十七日、告別式を執行する。十一月、小倉家の菩提寺善称寺の墓所に納骨する。法名「小倉金之助」

主要参考文献

一　本書全体に関連するもの

『小倉金之助著作集』第一〜第八巻　小倉金之助　勁草書房　一九七四〜一九七五年
『近代日本総合年表』　岩波書店編　岩波書店　一九六八年
『日本の数学一〇〇年史』上、下　「日本の数学一〇〇年史」編集委員会編　岩波書店　一九八三年、一九八四年
『科学史と科学教育』　小倉金之助先生古稀記念出版編集委員会編　大日本図書　一九五六年
『日本科学技術史大系』一、二、三、四、五、六、八、九、一二　日本科学史学会編　第一法規出版　一（一九六四年）、二（一九六七年）、三（一九六七年）、四（一九六六年）、五（一九六四年）、六（一九六八年）、八（一九六四年）、九（一九六五年）、一二（一九六九年）
『小倉金之助と現代』第一〜第四集　小倉金之助研究会編　教育研究社　一九八五〜一九八八年
『弾圧に抗して』　塩沢茂編　オリオン社　一九七〇年
『小倉金之助　その思想』　岡部進　教育研究社　一九八三年

二　伝記

『池田亀三郎』　池田亀三郎追悼録編集委員会編　日本経済新聞社　一九七八年
『岡田武松伝』　須田瀧雄　岩波書店　一九六八年

『日下部四郎太』　津金仙太郎　中央書院　一九七三年
『一戸直蔵』　中山茂　リブロポート　一九八九年
『原阿佐緒の生涯』　小野勝美　古川書房　一九五七年
『惜櫟荘主人』　小林勇　岩波書店　一九六三年
『岩波茂雄伝』　安倍能成　岩波書店　一九五七年
『ソーニャ・コヴァレフスカヤ』　野上弥生子訳　岩波書店　一九七八年
『自由　それは私自身』　井手文子　筑摩書房　一九七九年
『長岡半太郎伝』　藤岡由夫監修　朝日新聞社　一九七三年
『吾が半生』　高見健一編　一九一七年
『洛陽に吼ゆ』　蜷川虎三　朝日新聞社　一九七九年
『蜷川虎三の生涯』　細野武男・吉村康　三省堂　一九八二年
『高野岩三郎伝』　大島清　岩波書店　一九六八年
『回想の戸坂潤』　田辺元他　勁草書房　一九七六年
『野呂栄太郎』　松本剛　新日本出版社　一九八五年
『社会主義運動半生記』　山辺健太郎　岩波書店　一九七六年
『山辺健太郎・回想と遺文』　遠山茂樹・牧瀬恒二・犬丸義一・藤井忠俊編　みすず書房　一九八〇年
『ある弁護士の生涯』　布施柑治　岩波書店　一九六三年
『母親がかわれば社会がかわる』　林光　草土文化社　一九七四年
『ある遍歴の自叙伝』　帯刀貞代　草土文化社　一九八〇年
『激動期に生きる』　堀田政孝　朝雲新聞社　一九六六年

三　地域史

『酒田市制50年』　酒田市　一九八三年
『加茂港史』　加茂郷土史編纂委員会編　一九六五年
『酒田市史』下巻　酒田市　一九五八年
『酒田市史』改訂版上巻　酒田市　一九八七年
『酒田市史年表』改訂版　酒田市　一九八八年
『続酒田みてあるき』　田村寛三　一九六五年
『酒田の歴史』　佐藤三郎　東洋書院　一九八四年
『目でみる酒田市史』　酒田市史編纂委員会編　一九七八年
『山形県史』第三巻、第四巻、第五巻　山形県　一九八七年、一九八四年、一九八六年
『方寸』第四号〜第八号　酒田古文書同好会編　一九七二年、一九七四年、一九七六年、一九八二年、一九八八年
『山形県史』商工業編　山形県　一九七五年
『酒田築港調査資料』　酒田築港期成同盟会編　一九一〇年
『山形県紳士鑑』　有泉亀二郎編　一九〇〇年
『山形県荘内実業家伝』　高田可恒編　一九〇九年
『仙台市史』第二巻、第九巻　仙台市史編纂委員会編　仙台市役所　一九五五年、一九五三年
『仙台あちらこちら』　佐々久　宝文堂　一九八二年
『大阪府の歴史』　藤本篤　山川出版社　一九六九年
『大阪の歴史』　岡本良一　岩波書店　一九八九年
『酒田市議会年表』　酒田市議会史編さん委員会編　酒田市議会　一九八三年
『山形県警察史』下巻　山形県警察本部　一九七一年
『調査　酒田の空襲』　山形県立酒田東高等学校社会部　一九七九年

四　校史・社史等

『琢成百年』　琢成小学校記念誌編集委員会編　一九七五年
『琢成五十年』　酒田町役場　一九二四年
『荘内中学校沿革史』　一九〇一年
『山形県立鶴岡南高等学校創立七十周年記念誌』　山形県立鶴岡南高等学校創立七十周年記念事業実行委員会　一九五八年
『山形県立鶴岡南高等学校八十年史』　山形県立鶴岡南高等学校創立八十周年記念事業期成同盟会　一九七〇年
『目でみる獨協百年』　獨協学園百年史編纂委員会編　獨協学園　一九八三年
『東京理科大学百年史』　東京理科大学　一九八一年
『東京理科大学一〇〇年略史』　東京理科大学百年史編纂委員会編　東京理科大学　一九八一年
『大成七十年史』　大成学園　一九六七年
『東京帝国大学五十年史』上、下　東京帝国大学編　一九三二年
『東京大学百年史』通史一　東京大学百年史編集委員会編　東京大学出版会　一九八五年
『酒田商業高等学校八十年史』　山形県立酒田商業高等学校　一九八七年
『東北大学五十年史』　東北大学　一九六〇年
『東北大学数学教室の歴史』　佐々木重夫　東北大学数学教室同窓会　一九八四年
『東北帝国大学の昔と今』　東北大学庶務課編　一九三六年
『広島文理大学・広島高等師範学校・第二臨時教員養成所一覧』　広島文理大学編　広島文理大学　一九三〇年
『中央公論社七十年史』　中央公論社　一九五五年
『日本放送史』上巻　日本放送協会放送史編修室編　日本放送出版協会　一九六五年

五　その他の著書

『黒崎幸吉著作集』五　黒崎幸吉　新教出版社　一九七三年
『聞き書　山形の食事』「日本の食生活全集　山形」編集委員会編　農山漁村文化協会　一九八八年
『不敬罪〝天皇ごっこ〟』石堂秀夫　三一書房　一九九〇年
『日本人の自伝』一四　小倉金之助・比嘉春潮　平凡社　一九八二年
『日本教育小史』山住正己　岩波書店　一九八七年
『阿部先生の横顔』阿部次郎先生還暦祝賀記念刊行会　一九五一年
『回顧五十年』嶋中雄作編　中央公論社　一九三五年
『帝国大学の誕生』中山茂　中央公論社　一九七八年
『東京　市電と街並み』林順信　小学館　一九八三年
『自叙伝』一　河上肇　岩波書店　一九七六年
『科学者の自由な楽園』宮田親平　文藝春秋　一九八三年
『魯迅の伝統』今村与志雄　勁草書房　一九六七年
『北洋漁業の盛衰――大いなる回帰』板橋守邦　東洋経済新報社　一九八三年
『明治文芸院始末記』和田利夫　筑摩書房　一九八九年
『かわりだねの科学者』板倉聖宣　仮説社　一九八七年
『大学の自治の歴史』伊ケ崎暁生　新日本出版社　一九六五年
『大学の自由の歴史』家永三郎　塙書房　一九六二年
『激流』滝川幸辰　河出書房　一九六三年
『嵐のなかの百年』向坂逸郎編　勁草書房　一九五二年
『苦悶するデモクラシー』美濃部亮吉　文藝春秋　一九五九年

『最近の自然科学』 田辺元 岩波書店 一九一五年
『科学概論』 田辺元 岩波書店 一九一八年
『数理哲学研究』 田辺元 岩波書店 一九二四年
『田辺元の思想史的研究』 家永三郎 法政大学出版局 一九七四年
『短歌文学全集』石原純編 第一書房 一九三七年
『青鞜の時代』 堀場清子 岩波書店 一九八八年
『仙台における魯迅の記録』 仙台における魯迅の記録を調べる会 平凡社 一九七八年
『魯迅・藤野先生・仙台』 半沢正二郎 日中出版 一九六六年
『大阪大学史紀要』第一号 大阪大学五十年史資料編集室 一九八一年
『私の大学』 羽仁五郎 講談社 一九六六年
『フランス史』 井上幸治編 山川出版社 一九六八年
『フランス現代史』 河野健二 山川出版社 一九七七年
『小出楢重随筆集』 小出楢重 岩波書店 一九八七年
『近世数学史談』高木貞治 河出書房 一九四二年
『原色現代日本の美術』六 匠秀夫 小学館 一九七八年
『アインシュタイン講演集』 石原純 東京図書 一九七一年
『人に志あり』 大島清 岩波書店 一九七四年
『高い山』 大内兵衛 岩波書店 一九六三年
『湯川秀樹自選集』第五巻 湯川秀樹 朝日新聞社 一九七一年
『日本のこころ』 中谷宇吉郎 文藝春秋新社 一九五一年
『戦時下の唯物論者たち』 古在由重 青木書店 一九八二年
「日本資本主義発達史講座〔復刻版〕」 岩波書店 一九八二年
『横浜事件の人びと』増補二版 中村智子 田畑書店 一九八九年

『支那数学史』 李儼 生活社 一九四〇年
『日本教科書大系』近代編 第一三巻、第一四巻 講談社 一九六二年、一九六四年
『尋常小学算術』(復刻版) 啓林館 一九七〇年
『数学教育論』 塩野直道 河出書房 一九四六年
『科学と社会文化』 石原純 岩波書店 一九三七年
『科学者のあゆんだ道』上、下 日本科学者会議編 水曜社 一九八二年
『中井正一 美と集団の論理』 久野収編 中央公論社 一九六三年
『シナ思想と日本』 津田左右吉 岩波書店 一九三八年
『激流の中で――岩波新書の25年』 岩波書店 一九六三年
『急流の如く――岩波新書の三十年』 岩波書店 一九六七年
『津田左右吉の思想史的研究』 家永三郎 岩波書店 一九七二年
『日本ファシズムの言論弾圧抄史』 畑中繁雄 高文研 一九八六年
『戦後雑誌の周辺』 福島鑄郎 筑摩書房 一九八七年
『子どもたちの太平洋戦争』 山中恒 岩波書店 一九八六年
『言論六十年の軌跡』 服部敬雄 山形中央図書館 一九八七年
『ニッポン日記』 マーク・ゲイン 筑摩書房 一九七一年
『民科と私』 柘植秀臣 勁草書房 一九八〇年
『戦後日本の科学運動』 広重徹 中央公論社 一九六〇年
『続歴史と民族の発見』 石母田正 東京大学出版会 一九五三年
『追想末川博』 末川博先生追悼文集編集委員会編 有斐閣 一九七九年
『遠山啓著作集』 数学教育論シリーズ一三 遠山啓 太郎次郎社 一九八一年

＊全集、論文は紙面の都合上割愛した。

あとがき

私が小倉金之助を読んだのは十六年ほど前である。『数学者の回想』では、目の前の壁に立ち向っていく反逆精神にひかれ、『読書雑記』（『小倉金之助著作集』八）所収の戦後に病床で書いた文章群からは、老境に達してもますます前向きに生きようとする、みずみずしい精神に感動した。

当時、私は酒田の高等学校（小倉の妻、妹が学んだ旧制高等女学校）に勤めており、冬期間は下宿した。私が小倉を読んだ船場町の下宿は、日和山の皇大神社への参道登り口付近にあった。次の年は同じ船場町で、明治期は川岸近くであった、商家のたたずまいを残す下宿屋に寄宿した。

授業で生徒に、私が興味ある酒田人は小倉金之助と土門拳だといって本の感動を語っても、小倉の名前を知っている生徒はほとんどいなかった。ちなみに、一九八四年、庄内地方で有数の進学校である酒田東高等学校で、黒田孝郎氏が「小倉金之助先生の生涯と仕事」という講演をしたが、事前に数学の教師がプリントを使って学習をしなければならなかったという。地元の高校生には小倉は未知の人なのである。

一九八五年は小倉の生誕百年であった。生誕百年といっても小倉を遠い存在と感じないのは、小倉の中学校の同期生である西川速水、池田亀三郎は、私が大学時代に寄宿していた寮「荘内館」の館友で、館の行事に出席しては、郷里の後輩たちにさまざまな話をしてくれたのを聞いていたからかもしれない。

私が小倉について調べるきっかけとなったのは、新庄市で刊行されていた雑誌『ポランの広場』の主宰者、大滝十二郎先生から、誌上に何か書くようにいわれたことにはじまる。先生は『ポランの広場』第六号（一九八四年九月刊）に「酒田在住時代の小倉金之助」を書いており、それに触発され、小倉について、特に幼少時代、酒田商人時代を中心に書いてみることにしたのである。

小倉は刻苦勉励立身出世型の一人物として、偉人視・神聖視されることが多く、特に郷土ではそのイメージが強い。それは小倉の最も嫌うところであった。私もそういうふうになるのを恐れ、なかなか調査がはかどらなかった。

小倉が中学時代に購読していた雑誌『英語青年』（一八九八年四月創刊）の一九八五年七月号は「中野好夫追悼」であった。戦後、平和と民主主義を守る運動に大きな足跡を残した中野が逝去したのは、この年の二月だった。中野は敗戦直後、ある新聞社から、だれが戦争犯罪人と思うかとのアンケートを求められた時、「中野好夫」とだけ書いたという。中野の戦後の活動は戦時中の自分の言動に対する痛切な反省から出発している。

追悼文中に木下順二の「無題」がある。木下は自分が手を汚さずに戦後の社会に出られたのは年齢のせいに過ぎぬと述べている。中野は太平洋戦争当時、四十歳前後、東京帝大助教授であった。沈黙を守るにきわめて難しい年齢と社会的地位だったのである。そのくだりを読んで、ハッと小倉を思い浮かべた。小倉は中野より十八歳年長、戦争時は五十歳台後半、そして、東京物理学校理事長だったのである。

小倉は戦時中の自分の態度を権力の前に屈服したと考えていた。戦後、民主主義と憲法の擁護に力を尽くすのは、その深刻な反省と、同じことを決してくりかえさないという誓いが根幹にあったと思う。小倉は中野とちがい、戦後、第一線で行動することが健康上許されなかった。

木下の追悼文を読み、小倉の戦中から戦後にかけての言動を視野に入れながら、小倉の幼少期からのさまざまな資料を集めて本書を書くことにしたのである。

「回想の半世紀」によれば、『数学者の回想』は、彼が作った「心身活動力の曲線」が最低位であった時期に、自作の年譜を土台とし、臥床しながら口述したものである。単に記憶だけにたよらず、事実をしっかりと踏まえており、数学史家の面目躍如たるものがある。気負いのない、完成度の高い作品である。

そこで、私はこの著作にそいながら、その周辺に目を向け、書きはじめることにした。学校時代、数学が最も不得意だったため、小倉の数学上の業績を詳細に分析することなどは最初からあきらめざるをえなかった。

書いたものは「小倉金之助ノート」として、『ポランの広場』誌上に、酒田商人時代までを三回載せてもらった（小倉金之助研究会編『小倉金之助と現代』にも転載された）。今回はそれに大幅な加筆をした。

小倉の妹泰さんは九五歳の今も矍鑠としている。泰さんからは三回にわたり、小倉の船場町時代、小倉家の一族のことなどを聞くことができた。泰さんは面差しが小倉に一番似ていると言われたという。

小倉の生まれ育った船場町界隈を歩いてみた。小倉の屋敷があった現荒木米穀店のあたりと、旧琢成学校があった市営駐車場は非常に近く、なるほど学校の火災がよく見えたはずである。

大日本帝国陸地測量部による一九一三年測図の五万分の一の地図がある。その地図から鶴岡と酒田を結ぶ街道をたどった。現在の国道七号線とはほとんど重ならず、村々をつなぐ曲りくねった道は現在改修されている。

小倉の東京遊学時代は『東京理科大学百年史』『東京理科大学一〇〇年略史』などを参考にした。東京理科大学図書館の酒巻淑郎事務長には大変御世話になった。小倉の書籍、原稿類は、現在理科大学図書館に寄贈されており、数回訪れ、コピーや筆写をさせてもらった。

東京帝大選科のことについては、東大図書館閲覧課運営掛に願いを出し、『東京大学百年史』などで調べた。

小倉の師和島与之助については、酒田商業高校で見せてもらった資料を手がかりに、酒田市大宮の和島姓に電話をした。二回目に電話した人から、村のことに詳しい和島利三郎さんを紹介してもらい連絡したところ、与之助の弟利助の孫ということであった。利三郎さんによると、与之助には七男二女あり、家督を継いだ長男喜与太郎には子がなく、末弟を養子としたが、銀行員であったため、農地改革で田地を失った。後に、土地・屋敷を整理し、東京に移住したという。

利三郎さんは与之助の父与惣右衛門の最後の分家で、村に住んでいる与之助に一番近い親戚である。与之助が死んで八十五年、頭のよい気持のやさしい人で、女学校の先生をしていたというくらいしか伝えられていない。

青山堂書店の堀真一社長にもお会いした。青山堂は現在は多くの支店をもち、家業は隆盛しているが、浮き沈みの激しい書籍業の状況、酒田の書店界の歴史を聞くと、堀美代治およびその後継者の苦心は並大抵のものではなかったと思う。佐藤三郎「ですかばー荘内人」(28)に書いてある、当時の青山堂の出版物『新希望』『庄内少年文庫シリーズ』は青山堂にも残っていない。

『木鐸』は光丘文庫、鶴岡市資料館ともに全巻揃っておらず、所収の小倉の文は大滝十二郎先生が苦心して集めたものをコピーさせてもらった。

小倉の仙台時代を調べるために、二度仙台に行った。最初の時は、東北大学理学部数学科の難波誠助教授(現大阪大学教授)の紹介で数学科図書館を訪れ、『東北数学雑誌』『東北帝国大学理科報告』などの小倉に関する部分を筆写した。部外者にはさまざまな制約があるようだが、難波先生に便宜をはかっていただいた。

二度目は、東北大学記念資料室で『東北帝国大学の昔と今』をコピーさせてもらった。記念資料室を出て正門に向う右手の科学計測研究所の前に、「東北帝国大学理科大学創設の地記念碑」があった。正門を出て、小倉が三年住んだ米ヶ袋界隈を歩いた。交通量が少なく、閑静な所だった。

『養正会報』所収の小倉の二つの文はなかなか手に入らなかった。東北大学本部、理学部、記念資料室に問いあわせても、養正会に関する確かな情報を得ることができなかった。偶然、東京理科大学の小倉文庫で別の『養正会報』を見つけ、それに載っていた同窓会員名簿を手がかりに調べた。そして、養正会事務局の飯沼勇造さんからコピーを送付していただいた。

小倉の著作を数多く刊行した山海堂については、たまたま『朝日新聞』に山海堂の広告が出ていたので、さっそく問いあわせた。川井正男会長から丁寧な手紙をいただき、山海堂の歴史を知ることができた。

大阪時代、東京時代は黒田孝郎・大矢真一両氏をはじめさまざまな人々が小倉について書いた文章を参考にした。この期間については聞き取りはしていない。特に大阪時代の小倉の論稿は工学院大学の蔵原清人先生からコピーを送ってもらった。蔵原先生からは『小倉金之助と現代』の恵贈をうけるなど多くの便宜をはかっていただいた。

小倉真美夫人アツ子さん、小倉の令孫東洋大学経済学部教授小倉欣一さんからは、酒田疎開時代や戦後の生活などをうかがうことができた。また、さまざまな資料を見せてもらった。

酒田疎開時代では、小倉が数学を教えた中学生が佐藤久一さんであると酒田市史編纂室に勤めていた田村寛三さんから聞いた。佐藤さんは少年時代に小倉と出会ったことは人間形成の上で、なんらかの影響を受けているはずだと話してくれた。

『広報さかた』に載った黒森郵便局の佐藤広治さんのインタビュー記事を見つけた。広治さんは故人となっていたが、子息の広基さんや小倉の黒森での寄宿先だった五十嵐茂雄さんからもいろいろうかがった。小倉と石原莞爾とのかかわりは興味深かった。鶴岡市立資料館所蔵の石原関係資料を見たが、石原と黒森をつなげるものは探せなかった。また、記事の中にあった正伝寺の住職佐々木正俊さん、イバヤ薬局の川島恵美子さんを訪れ、当時の話をうかがった。

本書のカバー装幀は長い間船場町に居住し、船場町の今昔に詳しい山形県立遊佐高等学校の美術教師白幡正史先生にお願いした。

写真は小倉欣一さん、鶴岡南高等学校、東京理科大学、酒田市史編纂室より提供していただいた。

法政大学出版局編集部の稲義人・松永辰郎両氏からは細かなところまでいろいろ御教示いただいた。

校正は畏友川田信夫君に手伝ってもらった。

右に記した諸氏、諸機関をはじめ多くの人々の協力がなければ、この本はとうてい完成しなかっただろう。心からの御礼を申し上げたい。

なお、一九九〇年に山形市に開館された遊学館の中に、「県人文庫」がある。二十二名の中に、庄内地方関係では高山樗牛・阿部次郎・小倉金之助・相良守峯が入り、常設展示されている。

一九九一年八月十二日

冷夏、鶴岡にて

阿部博行

著 者

阿 部 博 行（あべ ひろゆき）

1948年，山形県鶴岡市に生まれる。早稲田大学教育学部卒業，山形県立庄内農業高等学校教諭。著書に，『石原莞爾』上下（2005），『土門 拳』（1997）がある。また，小倉金之助『われ科学者たるを恥ず』（2007）の編集にも携わった（以上，いずれも法政大学出版局刊）。本書『小倉金之助』により第8回「真壁仁・野の文化賞」受賞。

小倉金之助——生涯とその時代

1992年 1 月30日　　初版第 1 刷発行
2007年 7 月17日　新装版第 1 刷発行

著 者　阿 部 博 行 © 1992 Hiroyuki ABE

発行所　財団法人 法政大学出版局
〒102-0073 東京都千代田区九段北3-2-7
電話03（5214）5540／振替00160-6-95814

組版・印刷：平文社，製本：鈴木製本所

ISBN978-4-588-31617-3
Printed in Japan

人名索引